D1688894

Jan Eik
Besondere Vorkommnisse
Politische Affären und Attentate in der DDR

Mit einem Beitrag von Klaus Behling

Das Neue Berlin

Inhalt

Vorwort zur aktuellen Auflage   7

Tod einer Legende –
Der Funkhausbrand vom 16. Februar 1955   9

Selbstmord ohne Abschiedsbrief –
Der Tod des Erich Apel am 3. Dezember 1965   65
von Klaus Behling

Tod eines Kronprinzen –
Werner Lamberz und der Hubschrauberabsturz in Libyen   101

Tod eines Ofensetzers –
Das Honecker-»Attentat« von Klosterfelde   156

Tod eines Sängers –
Leben und Tod des Dean Reed   190

Literatur, Dank, Archive   253

Vorwort zur aktuellen Auflage

Die erste Auflage dieses Buches erschien 1995. Die Geschichte der DDR ist reich an »Besonderen Vorkommnissen«, immerhin betrieb die Staatssicherheit eine eigene Abteilung Vorkommnisuntersuchung. Vierzig Jahre lang waren die Zeiten kritisch und die Lage ernst in dem engen Land. Alles, was vom »Normalen« abwich – also dem, was den eigenen Medien als DDR-Alltag zu reflektieren gestattet war – musste erfasst, ausgewertet – und verheimlicht werden. Kein Wunder, dass es den Westmedien, erfuhren sie von solchen Abweichungen, vorbehalten blieb, darüber zu berichten oder, in Ermangelung korrekter Informationen, wenigstens zu spekulieren.
Seit 1990 besteht die Möglichkeit des Zugangs zu den einstigen DDR-Archiven. Da Recherchen aufwendig sind und die meisten Journalisten für den Tag schreiben, erging sich die bunte, mitunter aber auch die seriöse Presse bald in mancherlei abstrusen Vermutungen über das dämonische Wirken des Molochs Staatssicherheit. Neue Mythen entstanden, die eher zur Mystifizierung der ach so deutschen Firma Stasi als zur wirklichen Aufklärung von Sachverhalten beitrugen.
Der Autor versuchte seit Dezember 1989, Genaueres über die spektakulärsten Vorkommnisse herauszufinden. Im vorliegenden Buch, das nicht den Anspruch einer wissenschaftlichen Arbeit erhebt, wohl aber den auf eine korrekte Darstellung von Tatsachen, werden fünf »Besondere Vorkommnisse« aus dem geheim gehaltenen Aktenbestand und ihre Widerspiegelung in den Medien vorgestellt. Über keins der Ereignisse, die jedes für sich eine Medienaffäre nach sich zogen, ist vor 1995 schlüssig und ausführlich berichtet worden. Die meisten der zitierten Dokumente sind niemals vorher oder nicht im richtigen Zusammenhang betrachtet und bewertet worden. Der Autor, obwohl Verfasser von Kriminalromanen, hat es sorgfältig vermieden, Fakten durch Fiktion zu ersetzen.

Die DDR war ein ordnungsliebender Staat, unfähig zwar, auch die weniger heroischen Kapitel der eigenen Geschichte zu schreiben, aber glücklicherweise ebenso unfähig, alle papierenen Spuren zu beseitigen. So ist der Rundfunkbrand vom Februar 1955 ein Exempel für die in der DDR und von den einst im MfS Verantwortlichen bis heute praktizierte Geschichtsklitterung, die vor keiner Fälschung und vor keinem Rufmord zurückschreckte. Die Aufdeckung des wirklichen Tatbestandes und die Rehabilitierung des zu Unrecht Beschuldigten lagen dem Autor auch aus persönlichem Interesse am Herzen.

Mit dem Selbstmord von Erich Apel – dankenswerterweise von Klaus Behling sorgfältig recherchiert und beschrieben –, dem Hubschrauberabsturz des Werner Lamberz in der libyschen Wüste und dem angeblichen Honecker-Attentat von Klosterfelde gerät die »Königsebene« der DDR ins Blickfeld, der fehlenden Offenheit und Öffentlichkeit wegen jahrzehntelang besonders geheimnis- und gerüchteumwittert. Rätselhaft erschien auch der Tod des amerikanischen Paradiesvogels Dean Reed, der Anlass zu vielerlei Spekulationen bot. Hier wie bei den anderen »Besonderen Vorkommnissen« haben umfangreiche Recherchen schon 1995 zu Schlüssen geführt, die der Autor – auch nach neuen staatsanwaltlichen Ermittlungen – bis heute nicht zu revidieren braucht und die durch zahlreiche Dokumente belegt sind. So bietet die vorliegende Auflage der »Besonderen Vorkommnisse« keine grundsätzlich neue Bewertung, sondern nur eine Aktualisierung und Ergänzungen durch neuere Entwicklungen und Aktenfunde.

Auch in Zukunft können weitere Fakten ans Licht kommen. Weitaus eher aber ist zu erwarten, dass die Medien in dem einen oder anderen Fall einen neuerlichen Sturm im Wasserglas entfachen und – wie in den vergangenen 16 Jahren immer wieder geschehen – ein findiger Journalist einen alten Hut in eine neue Balkenschlagzeile oder einen sensationellen Fernsehbericht umdämpft. Der Leser dieses Buches wird dem mit Misstrauen begegnen.

Berlin, im Mai 2011 J.E.

Tod einer Legende –
Der Funkhausbrand
vom 16. Februar 1955

1

Am Donnerstag, dem 17. Februar 1955, meldete die Nachrichtenagentur *DPA*:
»Ein Großbrand, der am Mittwochabend im Block B des ›Staatlichen Rundfunkkomitees‹ in Berlin-Oberschöneweide entstanden war, konnte durch sieben Löschzüge der Ostberliner Feuerwehr erst in den Morgenstunden des Donnerstag eingedämmt werden. Der Sowjetzonenrundfunk teilte mit, daß neun Feuerwehrleute und zwei Arbeiter Rauchvergiftungen erlitten hatten. Die Rundfunksendungen seien nicht gestört worden. Der betroffene Block B des Komplexes ›Staatliches Rundfunkkomitee‹ ist ein modern eingerichtetes Gebäude mit zwei Sendesälen und Räumen für den technischen Hörspielstab. Der Bau sollte in den nächsten Tagen in Dienst gestellt werden. Wie ein Augenzeuge dem Untersuchungsausschuß freiheitlicher Juristen mitteilte, ist Totalschaden wahrscheinlich. Volkspolizisten hätten den ganzen Bereich des Staatlichen Rundfunkkomitees abgesperrt.«
Die Ostberliner, soweit sie den Großeinsatz der Feuerwehr nicht bemerkt hatten, erfuhren erst am Sonnabend durch eine nichtssagende Lokalnotiz in der Tagespresse: »Beim Rundfunk brannte es«, und am gleichen Abend verbreitete *ADN* eine ausführliche Meldung, die vornehmlich dem selbstlosen Einsatz und der Spendenbereitschaft der Rundfunkmitarbeiter galt, und in der es hieß:
»Von dem Feuer wurde ein Neubau des Staatlichen Rundfunkkomitees erfaßt, der mit seinen technischen Einrichtungen von in- und ausländischen Fachleuten, darunter auch dem Leiter des Finnischen Rundfunks, als technisch einzigartig dastehend bezeichnet wurde.
Der durch das Feuer entstandene Sachschaden beträgt ca. 2 Millionen DM. Die bisherigen Ermittlungen ergaben, daß es sich bei der Brandursache mit großer Wahrscheinlichkeit um eine Brandlegung handelt, die den kurz vor seiner Inbetriebnahme stehenden Neubau mit seinen wertvollen Einrichtungen zerstören sollte.«

Am 20. Februar teilte die *Berliner Zeitung* mit, die *New York Herald Tribune* hätte bereits am 17. Februar, also am Tag nach dem Brand, den Schaden laut dem Untersuchungsausschuss freiheitlicher Juristen (UfJ) mit 9,4 Millionen Dollar angegeben.
Der in Westberlin ansässige UfJ, der in der DDR über ein gut organisiertes Informationsnetz verfügte, galt im Osten als einer der Hauptfeinde im Kalten Krieg. Zwei Monate nach dem Brand im Funkhaus, am 12. April 1955, veröffentlichte der Ministerrat der DDR eine umfangreiche Erklärung »Westberlin wird als Zentrum der Spionageagenturen ausgenutzt«, in der die Verhaftung von »521 Agenten amerikanischer und englischer Geheimdienststellen, der Spionageorganisation Gehlen und verschiedener Westberliner Hilfsorgane – wie der Kampfgruppe gegen Unmenschlichkeit (KgU), des sogenannten ›Untersuchungsausschusses Freiheitlicher Juristen‹, des RIAS, der Ostbüros Westberliner Parteien und anderer« gemeldet wurde. Zum Brand im Funkhaus hieß es:

»Die Organe der Staatssicherheit haben den amerikanischen Agenten Bade, Arno verhaftet. Der Bauingenieur Bade, Arno, der nach Beendigung seines Studiums an der Westberliner Technischen Hochschule vom amerikanischen Geheimdienst in die Bauindustrie der DDR geschickt worden war, verübte am 16. Februar d.J. eine Brandstiftung in einem neuen Gebäude des Staatlichen Rundfunkkomitees. Mit Hilfe von Brandsätzen des amerikanischen Geheimdienstes, die er in das Kanalsystem der Klimaanlage einbaute, steckte er die neuerbauten Sendesäle in Brand. Bei Löscharbeiten erlitten vierzehn Personen schwere Verletzungen.«

Diese Ministerrats-Erklärung blieb vierzig Jahre lang die einzige offizielle Quelle über den Brand. Anlässlich der Inbetriebnahme der neuen Musik- und Hörspielstudios am 10. Februar 1956 erschien in der (einzigen) Programmzeitschrift des DDR-Rundfunks ein Foto, das Bade bei der Rekonstruktion seiner Tat vor rauchgeschwärztem Gemäuer zeigt. »Da legt am 16. Februar vorigen Jahres der Agent Arno Bade im Auftrag der Sabotagezentrale in Westberlin amerikanische Brandsätze in den Saal«, hieß es dazu (*Der Rundfunk* 7/56). Dass der angekündigte öffentliche Schauprozess gegen den angeblich überführten und geständigen Agenten niemals stattfand und keinerlei Informationen über sein weiteres Schicksal zu erlangen waren, nährte Zweifel an der offiziellen Darstellung. Hartnäckig hielten sich Gerüchte, der Beschuldigte sei im Prozess nicht wegen Brandstiftung, sondern wegen »Vernachlässigung der Aufsichtspflicht auf der Bau-

stelle« verurteilt worden, und zwar zu einer – gemessen an Urteilen in anderen Prozessen zu jener Zeit – relativ niedrigen Haftstrafe.
Völlig in Vergessenheit geriet das Ereignis vom Februar 1955 nicht. Mitte der sechziger Jahre folgte die Studiotechnik Rundfunk, seit 1956 als Zentrales Amt der Deutschen Post für den technischen Rundfunkbetrieb verantwortlich, dem Aufruf, ihre Betriebsgeschichte zu schreiben. Dazu gehörte natürlich auch der Großbrand von 1955. Vergeblich suchten die Verfasser nach Belegen, die über die Pressemeldungen vom Februar und April 1955 hinausgingen. Intern stießen sie auf das Gerücht, man habe Bade am Abend des Brandes nach einer Parteiversammlung verhaftet, weil er in eine Westberliner Zeitung vom gleichen Tage eingewickelte Bananen bei sich gehabt hätte.
In den siebziger Jahren bemühte sich der ehemalige Angehörige der Kriminalpolizei Wolfgang St., der die ersten Untersuchungen am Brandort geführt hatte, vergeblich um Einsicht in die – angeblich verschwundenen – Akten. Auch ihm war die Bananen-Legende geläufig.
1972 publizierte der *Militärverlag* der DDR in seiner »Tatsachenreihe« die Erzählung von Helga Stötzer »Hier spricht Berlin«. In dem erkennbar stärker vom Klassenstandpunkt als von Sachkenntnis geprägten Text heißt es u. a.:
»Die Untersuchungen am nächsten Tag bringen das Verbrechen ans Licht. Ein Saboteur hatte sich eingeschlichen, der in das Kanalsystem der Klimaanlage mehrere Brandsätze legte. Für diese Verbrechen hat er sich nun vor den Sicherheitsorganen unserer Republik zu verantworten ...«
Auch die Illustrierten-Serie der *NBI* »Die Köpfe der Hydra« von K.G. Eickenjäger berichtete 1979 von der »Brandstiftung im Großen Sendesaal des Staatlichen Rundfunkkomitees der DDR durch den Agenten des amerikanischen Geheimdienstes Bade«, und den letzten Intendanten des Berliner Rundfunks trieb das Wunschdenken gar zu der Behauptung, der Attentäter sei nicht nur gefasst, sondern auch hingerichtet worden.

In Klaus Ullrichs und Eberhard Heinrichs »Befehdet seit dem ersten Tag« ist auf einem Foto der »Agent A. Bade ... bei der Rekonstruktion der Tat« zu sehen: ein junger Mann mit vollem, dunklem Haar, hellem Jackett und blank geputzten Schuhen, der gerade die Brandsätze aus einer Aktentasche holt. Auf anderen, von der Agentur Zentralbild verbreiteten Fotos hantiert derselbe Mann in Augenhöhe mit einer Flasche, die eine brennbare Flüssigkeit enthalten soll. Exakte Angaben, ob der angebliche Agent für seine Untat Brandsätze, Filmreste oder eben diese brennbare Flüssigkeit verwendete und welche Strafe ihn dafür ereilte, finden sich nirgendwo. Ein Rätsel mehr in der Kriminalgeschichte der DDR.

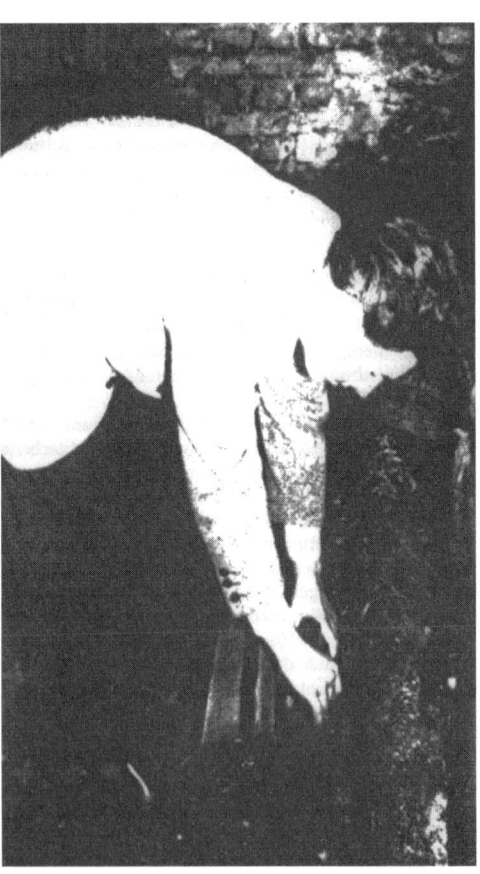

Agent A. Bade, der mithilfe von Brandsätzen des amerikanischen Geheimdienstes, die er in das Kanalsystem der Klimaanlage gebaut hatte, den Sendesaal des Staatlichen Rundfunkkomitees in Brand steckte, bei der Rekonstruktion der Tat, 16. Februar 1955

Ein Rätsel, das mich als Krimiautor, der als Studioassistent und Ingenieur fast dreißig Jahre im Funkhaus Nalepastraße gearbeitet und zahllose Gäste durch den Block B geführt hatte, seit Jahren interessierte. Im Bestand des Deutschen Rundfunkarchivs fanden sich Unterlagen, aus denen sich zumindest der zeitliche Ablauf und die Begleitumstände des Brandes rekonstruieren ließen.

Außerdem gelang es mir, mich mit Arno Bade in Verbindung zu setzen. Bei unserem ersten Treffen im Mai 1993 erfuhr ich endlich, was sich nach dem 16. Februar 1955 wirklich zugetragen hatte. Arno Bade, den die fünfeinhalb Jahre in Hohenschönhausen und in Bautzen nicht gebrochen haben, sprach ohne Verbitterung über die Vergangenheit. Den Richterspruch, mit dem Bade zu fünf Jahren Haft verurteilt wurde, obwohl seine Unschuld zweifelsfrei bewiesen war, kassierte das Landgericht Berlin 1991. Arno Bade ist rehabilitiert. Dem Gesetz nach jedenfalls. Für viele, die in der DDR seinen Namen gehört oder gelesen hatten, blieb er der Brandstifter. Legenden sind zählebig. »Der Bauingenieur Arno Bade steckte am 16. Februar 1955 die neuen Sendesäle des DDR-Rundfunks in Berlin-Oberschöneweide in Brand«, behauptet beispielsweise Mielkes Stellvertreter Neiber in der zweibändigen Ausgabe »Die Sicherheit. Zur Abwehrarbeit des MfS«; ein Werk, dem der letzte DDR-Innenminister Dr. jur. Peter-Michael Diestel im Vorwort bescheinigt:

»Dieses Buch genügt wissenschaftlichen Ansprüchen und steht damit im auffälligen Gegensatz zu mehr oder minder seichten Elaboraten von Möchtegern-Historikern, Politikern im Talar, einäugigen Bürgerrechtlern sowie unzähligen Viel- und Dampfschreibern.«

Im *Neuen Deutschland* war am 19. September 2005 (!) in einer Reportage über das Funkhausgelände zu lesen:

»Ein in Sabotageabsicht gelegter Brand hatte ... den großen Sendesaal ausbrennen lassen.«

In Vorbereitung eines Radio-Features besuchte ich im Oktober 1994 gemeinsam mit Arno Bade den Block B im ehemaligen Funkhaus. Ein seltsames Gefühl für Bade, nach vierzig Jahren durch das Gebäude am Spreeufer zu gehen, das in seinem Leben eine so fundamentale Rolle gespielt und das er fertig nie gesehen hatte. Nur eine Handvoll Techniker und Regisseure produzieren hier noch Hörspiele und Musik. In den akustisch perfekten Studios nagt der Zahn der Zeit an Wandbespannung und Holzpaneel. Auch wenn die Besitzverhältnisse des Geländes mittlerweile – nach den umstrittenen Verkaufsvorgängen in den Jahren 2005/06 – geklärt sind, geht es mit dem geplanten hochmodernen Kultur- und Medienzentrum nur schleppend voran.

Für mich hatte sich 1994 überraschend auch die Frage geklärt, wie es am 16. Februar 1955 zum Ausbruch des Feuers gekommen war.

40 Jahre später: Arno Bade zum ersten Mal wieder im Saal I

Zu dem aus Ostberlin übernommenen Archiv-Bestand der Polizeihistorischen Sammlung im Berliner Polizeipräsidium am Platz der Luftbrücke gehört eine Mappe mit Berichten, Protokollen, Skizzen und Gutachten sowie 39 Seiten Hochglanzfotos:
   D o k u m e n t a t i o n
   Großbrand Staatliches Rundfunkkomitee
   Berlin – Oberschöneweide 16. 2. 55

2

Die Vorgeschichte des Ostberliner Funkhauses in der Nalepastraße reicht zurück bis zum Kriegsende. Am Morgen des 2. Mai 1945 besetzte eine sowjetische Einheit die nahezu unbeschädigte Reichsrundfunkzentrale des dahingegangenen Großdeutschen Reiches in Berlin-Charlottenburg. Das Funkhaus Masurenallee, 1929–31 von Hans Poelzig erbaut, war bei den zahllosen Luftangriffen verschont geblieben und in den letzten Apriltagen nur von Scharfschützen beschossen worden.
Unter der Regie von Hans Mahle, Redakteur am Moskauer Sender des Nationalkomitees Freies Deutschland und Mitglied der gerade eingeflogenen KP-»Gruppe Ulbricht«, ging am 13. Mai die erste Sendung von Radio Berlin in den Äther. Dieser Berliner Rundfunk war vorerst der einzige Rundfunksender in Berlin und in der sowjetischen Besatzungszone. Chef der sowjetischen Kontrolloffiziere im Hause wurde Markus Wolf, der sich als Kommentator Michael Storm nannte.
Als im Juli 1945 die westlichen Alliierten in Berlin einrückten, blieb das nunmehr im britischen Sektor gelegene Funkhaus samt Programm unter sowjetischer Hoheit. Getreu Ulbrichts Motto: »Es muss demokratisch aussehen, aber wir müssen alles in der Hand haben«, nahmen die Kommunisten in der Masurenallee alle Schlüsselstellungen ein und betrachteten den demokratischen Rundfunk als ihr unverzichtbares Propagandainstrument. Vergeblich kämpfte die westliche Seite in den Folgejahren mit gelegentlichen Störversuchen dagegen an. Noch 1951 bestätigte das Westberliner Moabiter Schwurgericht in einem Urteil, dass

> »der Gebäudekomplex des Berliner Rundfunks ... nach den Abmachungen der vier Besatzungsmächte von 1945 eine unter sowjetischer Besatzungshoheit stehende Enklave innerhalb des britischen Sektors von Berlin darstellt und insoweit nicht zu den Westsektoren zu rechnen ist.«

In Westberlin, dem die Besatzungsmächte 1953 den Sender Freies Berlin zugestanden, verschärfte sich die Stimmung gegen die kommunistische Zentrale des Deutschen Demokratischen Rundfunks in Charlottenburg. Doch erst, nachdem Ende Mai 1952 im Zusammenhang mit den DDR-Maßnahmen zum strengeren Grenzregime Westberlin von seinem Umland abgeriegelt und einzelne territoriale Exklaven besetzt worden waren, sperrten in den Morgenstunden des 3. Juni Stacheldraht-Verhaue und eine doppelte Postenkette der bri-

tischen Militär- und der Westberliner Polizei das Gebäude von der Außenwelt ab. Der britische Stadtkommandant gab strikte Anweisung, dass »niemand, auch kein sowjetischer Militärangehöriger, das Gebäude betreten dürfe«, jedoch »Personen, die das Funkhaus verlassen wollen, ungehindert passieren zu lassen« seien.
Im Funkhaus befanden sich in dieser Nacht neben der fünfzehnköpfigen sowjetischen Wachmannschaft der Chef vom Dienst Karl Eduard von Schnitzler und eine normale technische und redaktionelle Besetzung für die Programme Berliner Rundfunk und Deutschlandsender. Die wenigsten davon waren Mitglieder der SED; es dominierten junge Ostberliner, die ihre Tätigkeit erst seit kurzer Zeit ausübten. Zwischen 1949 und 1951 hatte man 1100 (!) Westberliner Rundfunkmitarbeitern gekündigt. Das Personalbüro der Generalintendanz (GI) in Ostberlin unterstand direkt der Kaderabteilung des SED-Zentralkomitees; einer der Kaderleiter war Franz Gold, der ab 1950 im Ministerium für Staatssicherheit den Personenschutz aufbaute und es bis zum Generalleutnant brachte.
Nachdem sich die Lage um die Westberliner Exklaven entspannt hatte, wurde die Absperrung gelockert. In Ostberlin stellte man in aller Eile eine Gruppe von etwa 50 Redakteuren, Sprechern und Technikern zusammen, die in den nächsten Wochen den Programmbetrieb in der Masurenallee aufrechterhielten. Alle Leitungsverbindungen zu den Sendern in der DDR blieben intakt – im Gegensatz zum Berliner Telefonnetz, das zuvor auf östlicher Seite unterbrochen worden war.
Erst am 22. August verließen die letzten vier Techniker das weitgehend demontierte und danach allmählich verfallende Haus, in dem nur die sowjetische Wachmannschaft zurückblieb. Vier Jahre später wurde es dem Westberliner Senat übergeben.
Für die DDR waren die britischen Maßnahmen keineswegs so überraschend gekommen, wie es der propagandistische Aufschrei vermuten ließ. Die SED-Führung hatte lange zuvor erkannt, dass die exponierte Lage ihrer Rundfunkzentrale auf die Dauer keinen ungestörten Betrieb erwarten ließ. Das in einem früheren Bootshaus eingerichtete Funkhaus Grünau diente bei »politischen Höhepunkten« wie den Weltfestspielen 1951 als technische Zentrale, bot jedoch keine Dauerlösung. Generalintendant Mahle plädierte für den Ausbau des zerstörten Hauses der Technik in der Friedrichstraße, stieß wegen der Grenznähe damit jedoch auf wenig Gegenliebe.

Bei der Suche nach einem geeigneten Gebäude abseits des Zentrums geriet das Gelände einer demontierten Furnierfabrik am Spreeufer im nordwestlichsten Oberschöneweide ins Blickfeld. Sechs Architekten und Ingenieure, darunter ein Cousin des Reichskanzlers von Papen, der Bauleiter Karl Metz und der neu ernannte Chefingenieur des Rundfunks, Gerhard Probst, erarbeiten ab April 1951 in Hullerbusch bei Feldberg unter der Leitung des Leipziger Architekten Franz Ehrlich die Pläne für das höchst geheime Regierungsobjekt – ein komplettes, vorerst als Verwaltungsgebäude getarntes Funkhaus.
Bereits im Juni 1951 begannen die Bauarbeiten. Auf die vier Geschosse des Backsteinbaus wurde ein fünftes aufgesetzt und der Baukörper um den achtstöckigen Turm ergänzt, in dem sich später die Leitung der Rundfunkhierarchie einquartierte. Von Anfang an war auf dem Gelände auch die Errichtung eines modernen Produktionskomplexes für Musik- und Hörspielaufnahmen vorgesehen (Block B).
Ein Bauvorhaben dieser Größenordnung ließ sich nicht lange geheim halten. Der unter dem Namen »Adler« agierende Chefingenieur Probst berichtet in den »Erinnerungen von Pionieren und Aktivisten des Rundfunks der DDR«, dass die Straßenbahnschaffner bald »fröhlich und ungezwungen die Haltestelle ›Neues Funkhaus‹ ausriefen«. Ende Dezember 1951 war der Ausbau der Technik-Etage abgeschlossen; ab 26. Mai 1952 erprobte ein Vorauskommando von Sprechern und Technikern die Studios und Anlagen im Haus X.
Just an diesem Tag beauftragte der Ministerrat der DDR das Ministerium für Staatssicherheit, »unverzüglich« die von Pieck und Ulbricht Anfang April mit Stalin ausgehandelten »Maßnahmen zu treffen für die Verstärkung der Bewachung der Demarkationslinie«. Der Kalte Krieg erreichte einen seiner Höhepunkte. Anfang Juli verkündete Ulbricht auf der Zweiten Parteikonferenz der SED die planmäßige Schaffung der Grundlagen für den beschleunigten Aufbau des Sozialismus.
Am 14. August 1952 wurde laut Beschluss des Ministerrats der DDR das Staatliche Rundfunkkomitee unter seinem Vorsitzenden Kurt Heiss gebildet. Damit war der zentrale Staatsrundfunk endgültig etabliert. Ab 1. September stellten Deutschlandsender und Mitteldeutscher Rundfunk ihre Programme ein. Mit der Inbetriebnahme des Funkhauses Nalepastraße am 14. September 1952 gab es nur noch die zentralen Programme Berlin I, II und III.

In diesem ereignisreichen Sommer 1952 begannen die Bauarbeiten für die dringend benötigten Musik- und Hörspielstudios. In der Masurenallee hatten für die künstlerischen Wort- und Musikaufnahmen ideale Voraussetzungen bestanden; jetzt produzierte man im Funkhaus Grünau Hörspiele unter völlig unzulänglichen Bedingungen. Als Aufnahmestudios für die Orchester dienten Kultursäle überall in Ostberlin. Dabei waren viele Musiker und Dirigenten noch immer Einwohner Westberlins.

Der Bau eines modernen Studiokomplexes der geplanten Größenordnung stellte an die Beteiligten erhebliche Anforderungen. Bedenkt man die Produktionsmöglichkeiten der DDR-Industrie Anfang der fünfziger Jahre und die zeitlichen und materiellen Vorgaben, so ist das Ergebnis eindrucksvoll. In einem Gebäude, das sich mit seinen sandsteingefassten Klinkerfronten architektonisch dem Gesamtkomplex anpasst, liegen in acht im Fundament voneinander getrennten »Häusern« zwei große und zwei kleinere Musiksäle mit Regie- und Abhörräumen, dazu zwei Hörspielkomplexe mit jeweils mehreren, sämtlich asymmetrisch angelegten Studios, deren Wände mit aufwendigen Holztäfelungen oder anderen akustisch vorteilhaften Materialien belegt sind.

Die Baukosten für die Gesamtanlage Nalepastraße bezifferte der Architekt Franz Ehrlich im Februar 1955 auf geplante 34 Millionen Mark, die nicht wesentlich überschritten wurden. Als Fertigstellungstermin für die Säle I und II war der 1. Juli 1955 vorgesehen, für die Säle III und IV und die Hörspielstudios der 31. Dezember 1955. Die endgültige Übergabe aller technischen Einrichtungen sollte zum 31. März 1956 erfolgen. Weshalb Franz Ehrlich sich in seinem Beitrag für die *Deutsche Architektur* (Heft 9/1956) hinsichtlich der von ihm selbst genannten Daten und des Schadenumfangs so auffällig »irrte«, bleibt ungeklärt:

> »Die Säle I und II sollten Anfang 1954 (sic!) dem Betrieb übergeben werden. Bis Ende des Jahres sollte das Haus in der Gesamtheit fertig gestellt werden. Durch den Sabotageakt vom 16. 2. 1954 (sic!) blieb nur der Rohbau des Hauses erhalten. Im April 1955 konnte der Wiederaufbau begonnen werden ...«

Im Februar 1955 war der kleinere Saal II fertig ausgebaut; im Saal I fehlten die Orgel, Teile der Wandverkleidung, die Türen und die Dreifachscheiben der großen Regiefenster. Überall in den Klimakanälen und Nebenräumen wurde noch gearbeitet. Die Baubeleuch-

tung bestand, da Kupferleitungen für eine ordnungsgemäße Installation fehlten, nur aus Provisorien. Auf der Baustelle arbeiteten am Tag des Brandes einhundertzwölf Arbeiter elf verschiedener Betriebe aus der ganzen DDR. Die Aufbauleitung hatte ihr Büro in den mit Fenstern versehenen Räumen an der Südostecke des Gebäudes neben dem Großen Saal.
Franz Ehrlich, 1927 von Walter Gropius am Bauhaus aufgenommen, hatte sich dort mit plastischer Gestaltung und Malerei befasst und sich für das sozial orientierte funktionale Bauen begeistert. Die Nazis sperrten den Kommunisten Ehrlich ins Zuchthaus und in das KZ Buchenwald. 1945 geriet er als Soldat des Strafbataillons 999 in jugoslawische Kriegsgefangenschaft, von wo ihn die Genossen zum Vereinigungsparteitag von KPD und SPD nach Deutschland schickten. Ehrlich arbeitete u.a. in Dresden und Leipzig, bevor man ihm den Aufbau des Rundfunks anvertraute. Das von ihm in der – von der SED in jenen Jahren verpönten – Bauhaus-Tradition entworfene Aufnahme- und Studiogebäude samt der bis heute in Teilen erhaltenen Innenarchitektur stellt als geschlossenes Ensemble ein interessantes Zeugnis der fünfziger Jahre dar, in dem sich, wie es in einer Laudatio anlässlich Ehrlichs 75. Geburtstag hieß, »funktionelle Zweckmäßigkeit mit einer soliden Qualität der Gestaltung verbinden«.

3

Am 16. Februar 1955, einem Mittwoch, herrscht im Funkhaus nach 18 Uhr der normale abendliche Betrieb. Im »Tablettensaal« im fünften Stock – so genannt wegen der Deckenornamente aus weißen Gipslinsen – zieht sich eine der endlosen Gewerkschaftsversammlungen hin. In der Kantine im Erdgeschoss sitzen Journalisten beim Bier und warten darauf, zur Sporthalle in der Stalinallee zu fahren. Die öffentliche Veranstaltung »Da lacht der Bär« ist die populärste Rundfunksendung in der DDR. In den Kontrollräumen im ersten Stock laufen die Bänder für das Erste und Zweite Berliner Programm und den wiedererweckten Deutschlandsender. Im zweiten Stock bearbeiten Redakteure die drögen Texte der Abendnachrichten; in einem Zimmer am Übergang zur Baustelle Block B bereiten sich Sprecher auf einen Hörspieltermin in Grünau vor.
Plötzlich erlischt das Licht. Als einer der Sprecher die Tür zum Flur öffnet, nimmt er etwas Beunruhigendes wahr: Aus der Flügeltür am

Ende des Ganges quillt eine graue Qualmwolke. »Feuer!«, schreit da auch schon jemand.
Die erste Meldung über das Feuer stammt vom Heizungskontrolleur Franz Tilkowski. Der hat um 18 Uhr planmäßig seinen Kollegen von der Tagesschicht abgelöst und unternimmt einen ersten Rundgang zu den Anlagen in den verschiedenen Gebäudeteilen. Als er am Gangabzweig zu den Klimaanlagen vorbeigeht, nimmt er den Geruch brennenden Holzes wahr und bemerkt durch die offen stehende Eisentür zur Druckkammer der Klimaanlage II einen Feuerschein. Tilkowski hält sich nicht mit Löschversuchen auf; er rennt durch die nahe gelegene Bautür zum Block A. Zwei Monteure der Erfurter Firma EKM, die nach ihrer Abendbrotpause zur Klimaanlage I zurückkehren, rufen ihm etwas zu, doch er hetzt weiter.
In der Zentrale der Betriebsfeuerwehr guckt ihn der Schichtführer ungläubig an, als er mit seiner Meldung hereinplatzt. Tilkowski drängt: »Beeilt euch ein bisschen!«
Der Angesprochene weiß, dass seine Wehr einem größeren Brand hilflos gegenübersteht. Dafür sind die drei Männer, von denen der älteste einundsiebzig ist, nicht ausgerüstet. Außerdem kennt niemand den Grundriss des verwinkelten Neubaus. Um überhaupt etwas zu tun, schickt er seine Leute mit Handfeuerlöschern zum Brandort.
Als die Feuerwehrmänner zusammen mit Tilkowski die Bautür öffnen, quellen ihnen Rauchschwaden entgegen. Das Licht ist erloschen; aus der Tür der Klimakammer schlagen helle Flammen. Die beiden Erfurter Monteure spritzen mit Handfeuerlöschern hinein, doch ist jeder Angriff mit den schwachen Geräten nutzlos. Ein Feuerwehrmann rennt zurück. Um 19.01 Uhr meldet der Schichtführer dem Kommando Feuerwehr Köpenick telefonisch das Feuer.
Die Meldung vom Brand im Block B erreicht auch den Schichtleiter der Nachrichtenabteilung, der seine Redakteure alarmiert. Sie dringen in den Übergang im ersten Stock ein, der durch die Fensterfront nur schwach erhellt wird. Nach sechzig Metern versperren ihnen die Flügeltüren den Weg in den Block B. Rauch dringt durch den Türspalt.
Kurz entschlossen werfen sie sich gegen die Türen. Die geben nach. Die Männer prallen zurück. Dicker Qualm nimmt ihnen den Atem. Der junge Redakteur Horst Rä. rennt zurück und trifft den Feuerwehrmann. »Eine Gasmaske!«, schreit er. »Da kannst du nicht rein!«, entgegnet der biedere Brandschützer, dem man den Schreck über den

plötzlichen Alarm anmerkt. Rä. reißt ihm die Gasmaske aus der Hand. »Red' nicht, wir müssen da löschen! Hast du eine Taschenlampe?« Zögernd reicht ihm der Feuerwehrmann auch die, und Rä. versucht, sich einen Weg durch den immer dichter werdenden Qualm zu bahnen. Der Schein der Taschenlampe reicht kaum einen halben Meter weit.
Inzwischen sind die Journalisten aus der Kantine in den Hof hinausgelaufen. Es ist kalt, minus vier Grad, und ein böiger Wind weht Eisnadeln über das verschneite Gelände. Düster hebt sich der zwanzig Meter hohe Neubau der Säle gegen den Abendhimmel ab; rechts schließt sich die geschwungene Fensterfront zu den Hörspielstudios an. Hinter den Scheiben im Parterre lodert Feuerschein. Die Männer der Betriebsfeuerwehr versuchen, einen Hydranten von Schnee und Eis zu befreien und einen Schlauch anzuschließen.
Die Teilnehmer der Gewerkschaftsversammlung strömen in den Hof. »Werft die Fenster ein, damit der Qualm abzieht!«, ruft jemand. Als die ersten Steine die Fenster im unteren Gang treffen, facht die einströmende Luft den Brand an. Diese Aufforderung gilt deshalb später unter den Rundfunkmitarbeitern als Beweis, der Brandstifter hätte sich mitten unter ihnen befunden. Im Ermittlungsbericht der Kriminalpolizei vom gleichen Abend ist davon keine Rede. Hauptwachtmeister Wolfgang St. beschränkt sich auf Tatsachen und vermeidet jede Spekulation über die Brandursache.
Der Löschzug 26 der Schöneweider Berufs-Feuerwehr rollt gegen 19.15 Uhr aufs Gelände. Im Verlauf der nächsten Stunden werden sechs weitere Züge aus ganz Ostberlin dazukommen. Mit Mühe schließen die Männer die C-Rohre an die vereisten Hydranten an. Andere bahnen sich mit den Schlauchtrommeln einen Weg quer über die unter dem Schnee verborgenen Balken und Baumaterialien. Jeder von den Umstehenden greift zu, aber niemand weiß, wie und wo man überhaupt in das weitgehend fensterlose Gebäude gelangen kann, das bis dahin kaum jemand von innen gesehen hat.
Auch Horst Rä. ist hinausgerannt in den Hof; er weiß wenigstens ungefähr, wie es dort drinnen aussieht. Gemeinsam mit dem Sekretär der Betriebsparteiorganisation der SED läuft er zum Haupteingang des Neubaus. Sie durchqueren das verqualmte Foyer und eilen die Freitreppe zu den Sälen hinauf. Überall liegen Balken und Bretter, Polstermaterial und Parketteile herum. Die beiden sind von der Idee besessen, den Brandherd ausfindig zu machen, doch die Hitze

ist unerträglich. Horst Rä. überkommt eine Vision der Brandursache, die er knapp zwei Monate später sehr anschaulich schriftlich niederlegt:

»Als wir so durch den dicken Rauch stolperten, kam mir unwillkürlich der Gedanke, daß vielleicht die Brandstifter in irgend einem verborgenen Gangsterwinkel schon den Sieg feiern. Eines war mir klar, das war keine Selbstentzündung, das war Brandstiftung. Schon einmal hatten die Feinde des deutschen Volkes versucht, den demokratischen Rundfunk zum Schweigen zu bringen, als sie Pfingsten 1952 das Funkhaus in der Masurenallee in Westberlin abriegelten. Das mißlang ihnen, wir bauten uns ein neues Funkhaus. Und jetzt, vor der Ratifizierung der Pariser Verträge im Bonner Bundestag, wollten sie die Stimme des Friedens, unseren Rundfunk, zum Schweigen bringen. Das darf ihnen nicht gelingen.«

Im Augenblick aber ist die Hitze zu groß und der Qualm zu dicht, um weitere Gedanken an den Klassenfeind zu verschwenden. Die beiden bekommen kaum noch Luft und wanken zurück zum oberen Foyer, wo sie ein Fenster öffnen, um wieder zu Atem zu kommen. Ihr Einsatz war nicht umsonst, wie sie glauben.

4

Die Männer vom Feuerwehrzug 26 haben indessen mit einem C-Rohr den Gang vor der Klimakammer erreicht, wo die Betriebsfeuerwehr und die beiden Handwerker ihre Versuche zur Brandbekämpfung aufgegeben haben. Wenig später dringt ein Löschmeister vom Köpenicker Zug 28 bis in den Vorraum der Druckkammer vor, in der die Schallschutzverkleidung in hellen Flammen steht. In einem Nebenraum gelingt es einem Oberfeuerwehrmann, die Zwischendecke aus verputztem Schilf zu durchstoßen und in den freien Raum darüber einzudringen, in dem 8 Zentimeter starke Kanthölzer lichterloh brennen. Die Einsatzleitung der Feuerwehr weiß nicht, wie weit sich das Kanalsystem der Klimaanlagen durch den Gebäudekomplex zieht und wie weit das Feuer bereits vorgedrungen ist.

Die Feuerwehrleute, in dem unbeleuchteten Bau auf eine vage Grundrissskizze angewiesen, weisen alle Zivilpersonen aus dem Brandbereich. Die Baupläne für das Gebäude, das auch nach der Fertigstellung für Uneingeweihte ein Labyrinth bleibt, sind nicht auffindbar. Erst gegen 22 Uhr dringt die Feuerwehr mit dem Bauleiter Metz, den man aus der Veranstaltung in der Sporthalle geholt hat,

zu den Räumen der Aufbauleitung vor und stellt die Bauzeichnungen sicher.
Der Löschzug 29 steht eine halbe Stunde vor dem Turm am Block A, bevor die Männer ihren Einsatzbefehl erhalten. Um 19.35 trifft Hauptwachtmeister St. vom Kriminal-Dauerdienst der Volkspolizei-Inspektion Köpenick ein. Er verständigt die Brandkommission im Polizeipräsidium und den Köpenicker Brandsachbearbeiter. Nach und nach versammeln sich hochrangige VP-Offiziere an der Brandstelle. Immer neue Feuerwehrkräfte, ausgerüstet mit Scheinwerfern und Sauerstoffgeräten, versuchen die Flammen einzudämmen, scheitern jedoch an der Rauchentwicklung und der gewaltigen Hitze.
Das Feuer hat inzwischen auf den kleineren Saal II übergegriffen. Dieser Saal mit rund 4000 Kubikmetern umbautem Raum ist für die Produktion von Unterhaltungs- und Blasmusik gedacht. An der Decke befinden sich tonnenartige Sperrholzkörper, über einem Holzpaneel sind Holzpilaster im Wechsel mit Schallschluckflächen unter Holzspangeflecht angebracht. Das Holz ist nicht einmal feuerhemmend imprägniert. Der Zugang zum Saal II liegt in dem schmalen Gang unter den Regieräumen, den niemand mehr betreten kann. Hinter einer Holzverschalung wird die Saaltür zum Außengang an der Nordseite gewaltsam geöffnet, um dem Rauch einen Abzug zu verschaffen.
Die ersten Feuerwehrmänner müssen abgelöst werden:
»Außer der sehr starken Verqualmung, die auch unter Verwendung von starken Beleuchtungsmitteln jegliche Sichtmöglichkeit nahm, schlugen das menschliche Widerstandsvermögen übersteigende Wärmetemperaturen aus dem kleinen Aufnahmesaal heraus.«
Glutstücke und Reste der hölzernen Deckenteile fallen herab. Gegen 21 Uhr stellt man die Brandbekämpfung im Saal ein und konzentriert sich auf das Feuer in den Zwischendecken und im Kanalsystem der Klimaanlage. Längst ist der Block B großräumig abgeriegelt. Alle Kampfgruppenmitglieder unter den Teilnehmern der Gewerkschaftsversammlung sind im Einsatz. Niemand außer den Sicherheitskräften und der Feuerwehr darf das Gelände betreten oder verlassen.
VP-Oberkommissar Wo. schreibt die Strafanzeige und eröffnet das Ermittlungsverfahren gegen Unbekannt gem. §§ 306 und 308 StGB (Schwere Brandstiftung und Brandstiftung). Gegen 20.45 Uhr beginnen die ersten Zeugenvernehmungen, denen im Verlauf der Nacht und der folgenden Tage noch hunderte folgen. Vorerst führt die

Saal II unmittelbar nach dem Brand ...

... und ein Jahr später nach der Inbetriebnahme

Brandkommission der Kriminalpolizei unter Volkspolizei-Rat He. die Untersuchungen; die Staatssicherheit, nach dem 17. Juni 1953 vom Ministerium zum Staatssekretariat degradiert, ist von Anfang an einbezogen. Die Vernehmungsprotokolle der Kripo sind erschreckend unprofessionell abgefasst, Zeitangaben zu einzelnen Beobachtungen fehlen fast immer.

Die Rundfunkmitarbeiter dürfen das Gelände nach eingehender Leibesvisitation erst nach Mitternacht verlassen. Die berechtigten Lohnansprüche der schlecht bezahlten Techniker für die im Haus verbrachten »Überstunden« lösen später in einer Versammlung der gutbezahlten Leitungsmitglieder des Hauses Empörung aus.

Der Brand wütet seit Stunden, ohne dass ein Ende abzusehen ist. Gegen 1.30 Uhr wird festgestellt, dass auch die Zwischendecke mit dem Hauptlüftungskanal unter dem Großen Saal brennt. Ein Feuerwehroffizier, der in den Großen Saal vordringt, sieht helle Flammen an der eingerüsteten Orgelwand züngeln. Das Feuer hat sich durch die Fensteröffnungen von Regie- und Abhörraum einen Weg gesucht. Die sind baulich mit den Regieräumen des Saals II verbunden, in denen das Feuer schon seit Stunden lodert. Die dreifachen Regiefenster im Saal II sind zersprungen. Ungehindert fressen sich die Flammen an den holzverkleideten Wänden entlang und schießen mit einer Stichflamme in den Großen Saal.

Der Saal I, mit 23 x 40 Metern Grundfläche und einer Höhe von 14 Metern, ist mit einem Rüsterholzpaneel und Schallschluckflächen unter Holzgittern ausgekleidet; der Bericht der Feuerwehr erwähnt außerdem 200 Kubikmeter Rüstholz.

Mit einer Drehleiter gelangen die Löschmannschaften auf das Dach und öffnen unter erheblichen Schwierigkeiten die Rauchklappen über beiden Sälen. Später gelingt es, mit einem C-Rohr die Hängedecke des Großen Saals zu kühlen und Holzteile abzulöschen. Insgesamt werden vier B-Rohre und zwölf C-Rohre eingesetzt. Von den 217 Feuerwehrleuten erleiden im Laufe der Löscharbeiten neun leichte und zwei schwere Rauchvergiftungen, einer zieht sich eine Beinverletzung zu. Gegen 6.30 Uhr erkämpfen die mit schwerem Atemschutzgerät ausgerüsteten Löschtrupps die Zugänge zu den beiden Sälen. Eine halbe Stunde später flackern nur noch einzelne Brandnester, und das volle Ausmaß der Schäden wird sichtbar.

5

Am Donnerstagmorgen liegt das Spreeufer still in der Morgendämmerung. Schnee liegt auf den Wegen und zwischen den Bäumen im Plänterwald. In der Nacht ist das Sturmtief Zoe mit Windstärke 8 über die Stadt gefegt.
Am Fährsteg in Baumschulenweg tuckert die weiße Motorbarkasse im Leerlauf. Fröstelnd drängen die Fahrgäste am Fährmann vorbei ins Innere. Jemand erzählt einen Witz, den Quermann gestern Abend im »Lachenden Bär« zum Besten gegeben hat.
»Guck mal da!«, sagt plötzlich einer. »Der Qualm über dem Funkhaus.«
»Das brennt schon seit gestern Abend«, meint der Fährmann, während sein Gehilfe die Leine loswirft. »Muss'n mächtiges Feuer sein.«
Der schlanke junge Mann mit der Aktentasche, der als einer der Letzten an Bord gekommen ist, schaut nach links, wo über den roten Klinkerbauten eine Rauchwolke lastet. Das ist nicht der übliche Ruß aus den acht Metallessen des nahen Kraftwerks Klingenberg. Die Leute um ihn herum geraten in Aufregung. Dass es dort brennt, kann ihnen nicht gleichgültig sein. Sie alle arbeiten in dem neuen Funkhaus.
Auch der junge Mann mit der Aktentasche ist betroffen. Es ist der erste große Bau, an dem er als Konstrukteur mitgearbeitet hat, und ausgerechnet dort brennt es!
Und sofort fällt ihm etwas ein. Er lebt schließlich lange genug in diesem Land. Bei so einem Brand wird es eine Untersuchung geben, und man wird wieder einmal nach allem Möglichen fragen. Arno Bade ist kein heuriger Hase. Als sechzehnjähriger Luftwaffenhelfer hat er bei der Flak gedient und eine amerikanische Liberator abgeschossen. Gar nicht weit von hier, im Schlosspark Friedrichsfelde, ist sie abgestürzt. Später war er in amerikanische Gefangenschaft geraten und hatte auch die mit einiger Geschicklichkeit überstanden. Dann die bitteren Nachkriegsjahre, der ewige Hunger. Dennoch hatte er seinen Weg gemacht in der geteilten Stadt, hatte an der Gauß-Schule studiert und nach der Mitarbeit im Konstruktionsbüro von Franz Ehrlich diese Arbeitsstelle gefunden, kaum eine Viertelstunde entfernt von Mutters Wohnung in Baumschulenweg, wo er noch immer lebt. Im August wird er siebenundzwanzig.
Arno Bade fasst in die Tasche und findet sofort, was er sucht: zwei

Kinokarten. Ihm sind Filme lieber als Festveranstaltungen in der Sporthalle. Mit einer Freundin ist er gestern in Neukölln im Kino gewesen. »Inferno«, ein Farbfilm mit Richard Widmark. Als »zwiespältig durch seine tendenziöse Ideologie« charakterisiert ihn das Filmlexikon.
Bade knüllt die Papierstreifen zusammen und wirft sie ins Wasser. Als die Fähre anlegt, hastet er mit den anderen in Richtung Funkhaus. Vielleicht ist ja Hilfe notwendig bei so einem Brand.
Vor dem provisorischen Pförtnerhäuschen hat sich eine Schlange gebildet. Das Kommando führt an diesem Morgen ein Mann in der blauen Uniform der Betriebskampfgruppe, mit einer roten Armbinde. »Alle Bauarbeiter und alle Mitarbeiter des Hauses versammeln sich bitte im Block A zu einer Besprechung«, sagt er, als Bade an der Reihe ist.
Der weist seinen Dienstausweis vor. »Ich bin von der Aufbauleitung«, fügt er erklärend hinzu. Er arbeitet erst seit vierzehn Tagen auf dem Gelände.
Ernst Buschmann, der Mann in der Kampfgruppenuniform, betrachtet ihn aufmerksam. »Können wir mal in Ihre Tasche schauen?«
»Ja, selbstverständlich.« Beruhigt denkt Arno Bade an die Kinokarten in der Spree. Ihm kann nichts passieren.
Buschmann begnügt sich nicht mit einem Blick in Bades bereitwillig geöffnete Aktentasche. Er nimmt die Stullenbüchse heraus, visitiert die vorderen Fächer und findet einen Zettel mit einem Gedicht. Der gewissenhafte Kontrolleur bezeichnet es in seiner schriftlichen Meldung als »im nazistisch-amerikanischen Soldatenjargon« verfasst. Aufmerksam geworden fährt Buschmann mit der flachen Hand in das schmale Dokumentenfach an der Rückseite und zieht eine zusammengefaltete Zeitung hervor. Bade, der die ganze Zeit mit leisem Triumph an die Kinokarten gedacht hat, weiß in diesem Augenblick, wie unvorsichtig er in Wahrheit gewesen ist. Der Westberliner *Telegraf*. »Berija hingerichtet«, steht da balkendick. »Malenkow beseitigte den Rivalen«. Politisch ist die Meldung über die Hinrichtung Berijas und sechs weiterer führender sowjetischer Staatsfunktionäre ein alter Hut; gerade schickt sich Bulganin an, Malenkow zu entmachten. Darüber wollte Bade mit Freunden reden und hatte die hier im Osten offiziell so verhasste Zeitung in der Tasche glatt vergessen.
Der Kampfgruppenmann knallt das Blatt mit einer harten Handbewegung auf den Tisch. »Ach, so einer sind Sie!«, sagt er schneidend.

Arno Bade, gebürtiger Berliner, ist nicht auf den Mund gefallen. »Na hören Sie mal, was denken Sie denn von mir! Das ist ein reiner Zufall, dass ich die Zeitung bei mir habe. Sie könnten mir einen großen Gefallen tun, wenn Sie die verschwinden lassen.«
»Das kann ich mir vorstellen!« Der Mann mit der roten Armbinde steckt Bades Ausweis ein. Arno Bade ist blass geworden. »Machen Sie doch wegen der Geschichte nicht so ein Aufsehen«, sagt er und hat einen Kloß im Hals. »Können Sie die Sache nicht unter den Tisch fallen lassen? Schauen Sie, Sie machen mir ja alles kaputt. Ich habe hier gerade erst angefangen …«
»Ach so! Jetzt wollen Sie mich wohl auch noch bestechen!« Ernst Buschmann (1914–1996), Kommunist, Commandante Ernesto des Etkar-André-Bataillons in Spanien, Oberstleutnant im französischen Maquis, von den Amerikanern als Fallschirmagent ausgebildet und zu dieser Zeit Chefredakteur beim Deutschlandsender, ist es gewohnt, ausschließlich in den Kategorien des Klassenkampfes zu denken. Auch am 17. Juni 1953 hat er sich beim Schutz des Funkhauses hervorgetan. Später wird er in der westdeutschen Friedensbewegung eine führende Rolle übernehmen und die Jahre in der DDR nicht mehr erwähnen. Jetzt jedenfalls hat er das Gefühl, den Klassenfeind persönlich entlarvt zu haben.
Triumphierend will er die Zeitung aufnehmen. Bade nutzt den Augenblick. Sein Blick fällt auf den eisernen Ofen. Er rafft das Blatt an sich, reißt die Klappe auf und will das Papier hineinstopfen. Aber der Ofen ist gar nicht geheizt.
Hilflos dreht er sich um und zerreißt die Zeitung.
Buschmann nimmt ihm die Reste aus der Hand und greift nach der Aktentasche. »Sie kommen jetzt mit!«, raunzt er barsch.

6

Zur gleichen Zeit ist Wolfgang Kleinert, stellvertretender Vorsitzender des Staatlichen Rundfunkkomitees und später Intendant des Senders Radio DDR, mit dem Diktat eines streng vertraulichen Berichts an Walter Ulbricht beschäftigt, in dem es heißt:

> »Meines Erachtens liegt Sabotage vor, da gegen 19 Uhr 30 der Chef vom Dienst des Funkhauses einen fingierten Anruf angeblich aus der Sporthalle in der Stalinallee erhielt, mit der Aufforderung, sofort 30 – 40 Genossen aus dem Funkhaus zur Sporthalle zu senden zur Sicherung einer

öffentlichen Veranstaltung, die am 16. 2. abends von uns dort durchgeführt wurde. Der Chef vom Dienst, der sofort zur Sporthalle zurückrief und sich mit dem dort von uns verantwortlichen Kollegen in Verbindung setzte, erfuhr, daß alles normal verlaufe und keine Kräfte zur Sicherung der Veranstaltung nötig seien.«

Das Telefonat, später mehrfach als Indiz für die Sabotage angeführt, spielt in den kriminalpolizeilichen Unterlagen keine Rolle. Die Staatssicherheit hat diese Spur anscheinend ohne Erfolg verfolgt. Hatte sich nur ein Spaßvogel wichtig gemacht? Der Informant des UfJ, den es im Funkhaus zweifellos gab, wird jedenfalls nicht enttarnt.

Arno Bade wird Kleinert vorgeführt und dort einem Mann übergeben, der sich ihm nicht vorstellt. Der durchwühlt die Aktentasche noch einmal gründlich und stößt auf Bades Notizbuch. Bade ahnt, was dem darin auffallen wird: die siebenstelligen Telefonnummern.

»Was ist das für eine Nummer?«, fragt der auch schon.

»Von einem Freund ...«, antwortet Bade vage.

»Wo arbeitet der? In Westberlin?«

»Bei den Amerikanern ...«

Bade weiß, dass er sich immer tiefer hineinreitet, aber unwahre Angaben können ihn jetzt auch nicht mehr retten.

»Und diese Nummer hier? Was macht der?«

»Er studiert an der Hochschule für Politische Wissenschaften. Mehr weiß ich nicht.«

Sein Gegenüber mustert ihn scharf. Wir wissen alles!, sagt dieser Blick. Der Mann rafft Bades Utensilien zusammen und verlässt mit der Tasche den Raum. Bade wird im Sitzungsraum A 505 festgesetzt. Als Bewachung bleibt ein betagter Betriebsschutzposten zurück.

Stunden vergehen. Bade sitzt wie auf glühenden Kohlen. Außerdem muss er auf die Toilette. Doch der Posten geht wortlos an der Tür auf und ab, die Hand am Koppel mit der Pistolentasche.

Bade wird lauter. »Wenn Sie mich nicht zur Toilette lassen, dann rufe ich augenblicklich Ihren Vorgesetzten an!«

Das Telefon steht auf dem Tisch, und Bade nimmt den Hörer ab. Der Posten reagiert nicht.

Bade beginnt zu wählen. Der Posten hindert ihn nicht daran, eine Null für die Amtsleitung und dann sechs Ziffern zu wählen, die er auswendig weiß. Seine Bekannte ist zu Hause. »Du hör mal, Ingrid«, sagt er. »Geh doch mal schnell zu meiner Mutter rüber. Schöne

Grüße. Ich werde heute abends mit Sicherheit nicht nach Hause kommen. Die haben mich hier festgesetzt.«
Er blickt zu dem Mann an der Tür. Der tut, als bemerke er nichts.
»Meine Mutter soll doch mal den Schreibtisch durchgucken und ein bisschen sortieren ...«
Da wird sich etliches zum Aussortieren finden. Die Mutter wird schon wissen. Hoffentlich beseitigt sie auch die alten Bauzeichnungen, von denen er einige mit nach Hause genommen hat, benutzte Pausen, die inzwischen bearbeitet und erneuert worden sind. Und die politischen Broschüren aus Westberlin, *Die Tarantel*, ein giftiges Satireblatt gegen den Osten. Weshalb hat er das alles aufgehoben?
Die Zeichnungen, das war klar. Immerhin handelte es sich um das erste größere Bauvorhaben, an dem er mitarbeitete. Zuerst im Entwurfsbüro am Köllnischen Park und nun seit vierzehn Tagen in der Aufbauleitung. Aber die würden auch das falsch verstehen.
Gegen Mittag tauchen die Herren auf, die so aussehen, wie es ihr Beruf verlangt. Eine ganze Gruppe junger, gut durchtrainierter Männer. Zwei im Ledermantel, der eine trägt einen Schlapphut. »Mit wem haben Sie telefoniert?«
»Ich habe meine Mutter angerufen.«
»Mensch!«, schreit der Chef der Gruppe. »Wie konnten Sie denn so was machen? Sie belasten sich doch nur damit!« Und macht auf dem Absatz kehrt, die Truppe hinter ihm her. Bade weiß: Jetzt fahren sie nach Baumschulenweg und stellen die Wohnung auf den Kopf.
Die Männer von der Staatssicherheit treffen Bades Mutter, eine selbständige Hebamme, vor dem Kachelofen an. Einen Teil der Papiere, die ihr verdächtig erscheinen, hat sie schon verbrannt, anderes liegt noch auf dem Boden. Die Stasi-Leute löschen das Feuer und sichern, was noch zu sichern ist.

7

Im Block B sind inzwischen die Aufräumungsarbeiten in vollem Gange. Vier Löschgruppen und vierzig Arbeiter versuchen, Ordnung in das Chaos zu bringen. Die Kriminaltechniker sichern Brandschuttproben aus dem Kleinen Saal, der restlos ausgebrannt ist, und aus der Druckkammer der Klimaanlage II, deren Klimakanäle direkt in den Saal führen. Es besteht kein Zweifel, dass der Brand in dem schmalen, etwa zehn Meter langen Raum entstanden ist. An der Wand sind in zwei Metern Höhe deutlich die Spuren der größten Hitzeeinwirkung zu erkennen; an dieser Stelle hat der Brand am längsten angestanden. Die Schallschutzverkleidung ist hier gänzlich verbrannt, das Feuer hat die Oberfläche der darunter liegenden Ziegel angegriffen.

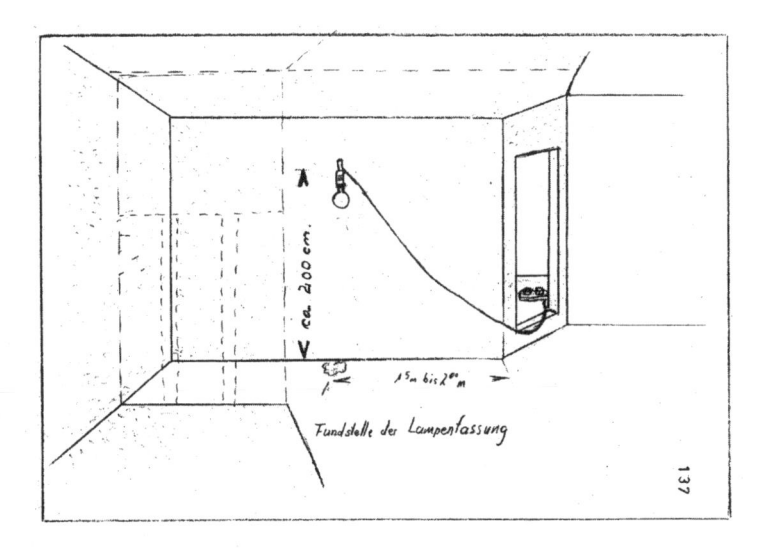

Skizze des Brandherdes

Die Schallschutzverkleidung, die eine Übertragung der Pumpengeräusche durch die Klimaschächte verhindern soll, besteht aus mit perforierter Presspappe benagelten Holzrahmen. Dazwischen befindet sich mit Nesselstoff abgedeckte Glaswolle. In der Druckkammer waren etwa 60 Quadratmeter Pappe und 30 Meter Nesselstoff eingebaut, dazu ein halber Kubikmeter Holzleisten für die Rahmen und eine Zwischendecke. Die beiden Monteure der Erfurter Firma EKM waren unmittelbar vor dem Brand in der Klimaanlage I mit dem Auskleiden der Kanäle mit perforierten Blechplatten beschäftigt; in der Anlage II fehlte die Verkleidung noch.
Knapp zwei Meter entfernt von der Eisentür, durch die der Heizungskontrolleur zuerst das Feuer bemerkte, findet sich im Brandschutt der Sockel einer Glühlampe in einer Goliath-Fassung, von der drei Aluminiumadern zu einem Steckerbrett außerhalb des Druckraums führen. Geschmolzene Glaswollreste sind ebenfalls ein Beweis dafür, dass die Hitze hier am größten war. Das Feuer hatte sich infolge der

starken Sogwirkung im Kanal nach rechts oben in den Hauptlüftungskanal zum Kleinen Saal ausgebreitet; am Boden und links von der Tür dagegen sind noch Reste der Verkleidung und der Bodenleisten erhalten. Eine Leiter, die nur zwei Meter entfernt vom Brandherd links an der Wand lehnt, ist nur oben rechts verbrannt.
Der Heizungskontrolleur Tilkowski und die Monteure sagen übereinstimmend aus, sie hätten die Flammenbildung von der hölzernen Zwischendecke herunterschlagend festgestellt. Von dort aus hatte sich der Brand in die zu 75 Prozent aus brennbarem Material bestehenden Klimaschächte ausgedehnt.
In der Akte findet sich auf Blatt 124 ein bemerkenswertes Dokument: Nur zwölf Tage vor dem Brand im Funkhaus war es im Anatomischen Institut der Humboldt-Universität zu einem Brand gekommen, der sich ebenfalls durch die Heizkanäle gleicher Bauart vom selben Hersteller, des VEB Gummi-Metallwerkes Velten, vormals Genest, ausbreitete. Auch Franz Ehrlichs zweiter Bau aus jener Zeit, eine Klinik für Schlaftherapie in Berlin-Buch, fiel einem Brand zum Opfer – durch einen Sabotageakt, genau wie im Rundfunk, behauptete Ehrlich bis an sein Lebensende.
Im Funkhaus konzentrieren sich die von der Kriminalpolizei vorgenommenen Vernehmungen auf die Bauarbeiter, die am 16. Februar in der Druckkammer gearbeitet hatten: zwei Betonierer, die Teile des Fußbodens gossen, ein Rohrisolierer, ein Maurer, der Reparaturarbeiten ausführte. Um 16.25 Uhr kontrollierte der Oberpolier die Arbeit der Maurer und stellte fest, dass in der Druckkammer Licht brannte. Er betrat den Raum mit dem frischen Betonfußboden jedoch nicht.
Der Installateur Scha. von der Firma Sanar Halle, der zwischen 15.30 und 16.15 Uhr zwei Meter entfernt von der halbgeöffneten Eisentür zum Druckraum II Metallteile geschweißt hatte, arbeitete dort bis gegen 18 Uhr; die Monteure hörten seine Hammerschläge. Scha. verließ nach 18 Uhr die Baustelle und fuhr nach Hause. Während er vor der Druckkammer arbeitete, bemerkte er keine anderen Personen.
Die Schweißarbeiten, vorschriftswidrig ohne Information der Betriebsfeuerwehr und ohne Brandschutzposten ausgeführt, werfen ein ebenso bezeichnendes Licht auf die Sicherheitsmängel auf der Baustelle wie die provisorische Baubeleuchtung. Bereits am 15. Oktober 1953 (!) hatte der Brandschutzverantwortliche in einem Schreiben die besonders gravierenden Mängel genannt. Im Verlauf der

Untersuchungen stellt sich heraus, dass es bis zum Herbst 1954 im Block B bereits zu fünf (!) Schwelbränden durch mangelhafte Baulampen oder beim Biegen von Kunststoffrohren gekommen war, die rechtzeitig bemerkt wurden und keinen weiteren Schaden anrichteten. Nach intensiven Befragungen zeigen die Bauarbeiter der Kripo mehrere Brandspuren.

Dem Hauptbrandschutzverantwortlichen des Rundfunks, einem aus der Emigration in China zurückgekehrten Tischler und bewährten Genossen, bescheinigt der Bericht der Feuerwehr zwar »berufliche Erfahrung«, doch »verstand er es nicht ... einen energischen Kampf gegen die im Betrieb bestehende Unterschätzung des vorbeugenden Brandschutzes zu organisieren«.

In die Akte aufgenommen wird auch ein Schreiben der verantwortlichen Bauleiter Metz und Kühne, am 18. November 1954 an den VEB Anlagenbau, Baustelle Staatliches Rundfunkkomitee, gerichtet:

»Bei einer Baubegehung wurde festgestellt, daß Glühbirnen der Baubeleuchtung unbeaufsichtigt auf Holzteilen liegen. Dadurch besteht die Gefahr eines Brandes. Bis Sonnabend, dem 20.11.1954 sind sämtliche Glühbirnen der Baubeleuchtung, die keinen Schirm haben, zu entfernen oder mit einem Schirm zu versehen.«

Es änderte sich jedoch nichts an der allgemeinen Schlamperei. Wenige Tage vor dem Brand beauftragte Kühne, der vergeblich immer wieder die Veränderung der Baubeleuchtung gefordert hatte, den Elektromonteur der Klimaanlage Otto He., von seinen Kollegen »Taubenotto« genannt, täglich nach Arbeitsschluss alle Stromverbraucher auf der Baustelle auszuschalten und ihm den Vollzug zu melden. Das tat Taubenotto auch am 16. Februar. Gegen 16.50 Uhr unterbrach er die Stromversorgung in den Räumen der Klimaanlage, schaltete jedoch wieder ein, als sich die Erfurter Monteure lautstark meldeten. Die beiden, überschrittener Termine wegen mehrfach gemahnt, wollten an diesem Tag unbedingt die Blechverkleidung in der Klimaanlage I fertigstellen. Sie arbeiteten bis 18.05 Uhr, begaben sich dann zu der Baracke, in der sie auf dem Gelände untergebracht waren, holten vom Spreeufer Kohlen und kauften in der HO-Verkaufsstelle ein. Dann aßen sie, kehrten zur Baustelle zurück und entdeckten das Feuer.

Die Befragungen der Bauarbeiter bringen nicht nur ans Licht, welche Unordnung, sondern auch, welche Stimmung auf dem Bau herrschte. Am letzten Zahltag vor dem Brand, dem 10. Februar, waren sechs Kollegen entlassen worden, die nach reichlichem Alkoholgenuss Angehörige des Staatlichen Rundfunkkomitees belästigt und »Reden gegen unsere Ordnung« geführt hatten. Nach einer Aussprache, bei der die Betroffenen Besserung gelobten, war die Kündigung am 11. Februar zurückgenommen worden.

8

In den Abteilungen des Funkhauses jagt am 17. Februar 1955 ein Gerücht das nächste; auf eilends einberufenen Versammlungen hat jeder seine Empörung über den Sabotageakt zu äußern, von dem von Anfang an ausgegangen wird. In der kaufmännischen Leitung findet eine erste Beratung über den »Brandschaden beim StaRuKo Block B« statt, an der neben dem kaufmännischen Direktor Ebel der Architekt Ehrlich und der Bauleiter Kühne teilnehmen. Als Schaden werden im Einzelnen errechnet:

10 % vom Rohbau	300 000 Mark
Neuausbau Säle, Regien, Nebenräume	1 350 000 Mark
Klima-Kanäle	200 000 Mark
Klima-Anlage geschätzt	150 000 Mark
Technik (restlos vernichtet)	400 000 Mark

Das unterscheidet sich beträchtlich von Franz Ehrlichs späterer Behauptung, nur der Rohbau sei erhalten geblieben. Die Baustufe B 2 mit den Sälen III und IV und den beiden Hörspielkomplexen war vom Brand nicht betroffen.

Die der Versicherung gemeldete Schadenssumme von 2,7 Millionen Mark ist später anscheinend bezahlt worden; Hinweise auf die finanzielle Verfahrensweise sind nicht vorhanden. Es bleibt auch unklar, was mit den Spendengeldern der Mitarbeiter geschah, die z. T. bis zum Dezember 1955 jeweils ein Prozent ihres Monatseinkommens opferten. Künstler verpflichteten sich sogar zu Spenden von zehn Prozent ihrer Honorare. Im Rundfunkarchiv befindet sich ein (nicht eingelöster) Original-Scheck der Brecht-Witwe Helene Weigel vom 28. März 1955 über 94,60 Mark.

Am Abend wird Arno Bade in die Untersuchungshaft der Staatssicherheit abtransportiert. Die Hände auf dem Rücken gefesselt, hockt er zwischen zwei Bewachern im Fond eines EMW. Man setzt ihm eine Motorradbrille mit schwarzen Gläsern auf, damit er nicht erkennt, wohin man ihn bringt. Solche Praktiken erscheinen heute unglaubwürdig, gehörten jedoch nach Karl Wilhelm Fricke bis zur Mitte der fünfziger Jahre zur gängigen und heute geleugneten Praxis bei Verhaftungen.

Bade findet sich in Hohenschönhausen im berüchtigten U-Boot wieder. Er wird nackt visitiert und muss seine Kleidung gegen schäbige Zuchthauskluft eintauschen. Dann führt man ihn zu seiner ersten Nachtvernehmung. Uniformierte hohe Offiziere fragen ihn immer wieder nach Familie, Freunden, Vorleben, nach seinem Studium, der Arbeit, den Ereignissen des 16. Februar. Irgendwann zwischen fünf und sechs Uhr morgens wird er zurückgeführt hinter die Luftschutztüren im Keller, in eine Zelle, die nur durch einen abgedeckten Lichtschacht mit der Außenwelt verbunden ist.

Kaum hat Bade sich auf der Pritsche ausgestreckt, scheucht man ihn wieder auf. Die nächste Vernehmung. Drei Spezialisten sind es diesmal, die alle Register ziehen und vor gemeinsten Beschimpfungen nicht zurückschrecken. Ungerührt sitzen die Protokollantinnen dabei. So geht es in den nächsten Tagen und Nächten weiter, verbunden immer mit der Androhung der Todesstrafe.

»Sie wüssten genau, dass ich das gemacht habe. Ich brauchte nur noch zu sprechen. Und wenn ich nicht sprechen wollte, dann würden sie mir schon sehr genau sagen, wie alles gelaufen ist. Sie werden die Sache schon rekonstruieren. Ich hätte keine andere Chance mehr ... Ich wüsste doch als politisch aufgeklärter Mensch, was wir mit unseren Gegnern machen. Die werden zerbrochen! Die werden fertiggemacht!«
(Gespräch mit Arno Bade am 18. Mai 1993)

Arno Bade, in dünnen Stoffschuhen, mit einem Sträflingshemd und der verschmutzten, gelbgestreiften Zuchthauskleidung ohne Knöpfe, vor Kälte zitternd, weiß, dass die Todesstrafe keine leere Drohung ist. Ein Bekannter aus Baumschulenweg, der Reichsbahndisponent Ewald Misera, hatte sich im November 1954 in einem Schauprozess vor laufenden DEFA-Kameras der Spionage für schuldig bekannt und war zum Tode verurteilt und hingerichtet worden. Bade hat die Wochenschau gesehen. Die Namen des gefürchteten Generalstaatsanwalts Ernst Melsheimer und der berüchtigten Justizministerin Hilde Benjamin und deren drakonische Strafen sind ihm so gut bekannt wie jedem in der DDR. Man sagt ihm: »Sie werden Gelegenheit haben, mit Melsheimer zu sprechen! Aber erst, wenn Sie ein umfangreiches Geständnis abgelegt haben.«

Obwohl nach den ersten Untersuchungen keinerlei Beweise, ja nicht einmal konkrete Anhaltspunkte für eine Brandstiftung sprechen, bleibt Bade in Haft. Im Bericht der Hauptabteilung Kriminalpolizei vom 18. Februar 1955 heißt es:
»Folgende Hinweise liegen in vorsätzlicher Richtung vor:
1.) Am 16. 2. 1955 fingierter Anruf an den Chef vom Dienst ...
2.) Am 17. 2. 1955 07.45 Uhr stellte bei der angeordneten Personen- und Taschenkontrolle ein Mitglied der Kampfgruppe bei dem Bauleiter Bade – tätig innerhalb des Brandobjektes gewesen – eine Hetzzeitung innerhalb der Aktentasche *Telegraf* vom 24. 12. 1954 (sic!) mit den Schlagzeilen ›Berija hingerichtet – Malenko beseitigt den Piraten‹ (sic!) fest.
Die nach der Festnahme durchgeführte Wohnungsdurchsuchung ergab Flugblätter, ein Schlagring und bereits im Ofen verbrannte Hetzblätter.
Die Genossen SFS haben die weiteren Ermittlungen übernommen. Ferner steht einwandfrei fest, daß B. in den Nachmittagsstunden, etwa zwei Stunden vor Feststellung der ersten Flammenbildung sich in unmittelbarer Nähe der Brandentstehungsstelle befand.
3.) In der westberliner Hetzpresse wurde bereits am 17. Febr. 55, also wenige Stunden nach dem Brandausbruch eine Meldung über den Brand im Staatlichen Rundfunkkomitee mit verschiedenen Einzelheiten gebracht, die nur von einer gut eingeweihten Person in dieser kurzen Zeitspanne der Westpresse übermittelt worden sein muß.«

Der entlarvende Irrtum im *Telegraf*-Untertitel und die falsche Jahresangabe beweisen, dass die beiden Volkspolizei-Offiziere, die den Bericht verfasst haben, das angebliche Beweismittel nicht einmal gesehen, sondern die Information ungeprüft und falsch aus der Meldung Ernst Buschmanns abgeschrieben haben. Die Schlagzeile über Berijas Hinrichtung stammt vom 24. Dezember 1953; der *Telegraf* in Bades Tasche war über ein Jahr alt!

Am Freitag, dem 18. Februar 1955, findet um 14 Uhr im Staatlichen Rundfunkkomitee eine Kurzversammlung der Abteilungsleiter des Hauses statt, wiederum geleitet von Wolfgang Kleinert, der gegen die mangelnde Wachsamkeit wettert und nicht vergisst, Ernst Buschmann lobend zu erwähnen, denn ohne ihn
»hätten wir nicht von der Aufbauleitung den Koll. Bade festgestellt, der einen *Telegraf*, ein antimarxistisches Buch, Zeichnungen und pornografische Literatur in seiner Tasche hatte.«
Einige Tage später diktiert Wolfgang Kleinert einen »Zusammenfas-

senden Bericht über den Brand vom 16. 2. 1955« und zählt darin u. a. Unzulänglichkeiten auf:

»1. Der BS (Betriebsschutz) ist nicht den bindenden Anweisungen gefolgt, sofort nach Brandmeldung den Ausgang zu sperren. ...

2. Die Betriebswehr – besonders ihr Leiter, Koll. En., stehen keinesfalls auf der Höhe der geforderten Aufgaben. En. ist nicht fähig für die sofortige Sicherung anderer brandgefährdeter Objekte.

3. Koll. Metz hatte die Bauunterlagen im Zimmer der Aufbauleitung. Den Schrankschlüssel für die Unterlagen trug er nicht bei sich, sondern hatte sie unter einem Stapel Zeitungen u. a. in seinem Zimmer liegen.

Dazu kommt, daß Metz mehr spricht als er tut.

4. Durch das Fehlen der Bauunterlagen beim Ausbruch des Brandes wurde der Feuerwehr, insbesondere durch die starke Rauchentwicklung, die Bekämpfung erschwert.

5. Der Kollege Lange (Parteisekretär) hat sich unbedacht in Gefahr begeben, obwohl er real gar keine Bekämpfung des Brandes persönlich vornehmen konnte. Dabei zog er sich eine leichte Rauchvergiftung zu.

III. Die Brandursachen

Ermittlungsergebnisse liegen von den zuständigen Organen noch nicht bei uns vor.

Vermutungen:

Brandstiftung – entweder durch

a) brennbares Material, das in die Klimaschächte geworfen wurde,
b) durch eine starke Glühlampe, die unmittelbar an die Preßpappe gehängt wurde.
Die verschiedenen Hinweise, die uns bekannt sind, plus die rasche Ausbreitung des Brandes lassen auf eine genaue Ortskenntnis des Brandstifters schließen.
Die Hinweise: ...
3. Bei Ortskenntnis Zugang zur Klimaanlage ohne besondere Schwierigkeiten möglich,
4. der Telefonanruf zur Abziehung der Mitarbeiter aus dem Objekt,
5. die vom Koll. Metz verbreitete falsche Losung, am 16. II. würde der Kleine Saal übergeben,
6. der starke Eissturm in der Brandnacht (eventl. Funkenflug, Vereisung der Hydranten usw.),
7. der labile Zustand des Bauobjektes B, das aus Rohbau und fertigen Bauteilen in einem Komplex besteht. Durch den Rohbau gibt es Baulücken,
8. ungenügende Kontrolle des Objektes durch die Aufbauleitung,
9. die Sicherung des Gebäudes nur von außen (Torposten u. Streife),
10. die Beendigung eines Prozesses gegen ehemalige Mitarbeiter des Rundfunks, die aktive Agenten waren und verurteilt wurden,
11. die Tatsache, daß am 15. II. von der Leitung wichtige Beschlüsse zur Konterpropaganda gegen die Ratifizierung der Pariser Verträge in Bonn beschlossen worden sind.«

Dieses wunderliche Sammelsurium aus »Baulücken«, Wetterlage, zweifelhaften Gerüchten und den üblichen Schuldzuweisungen an den Klassengegner kann kaum zur Aufklärung der Brandursache beigetragen haben. Der Spionage-Prozeß gegen fünf Rundfunkmitarbeiter war wenige Tage vor dem Brand mit Zuchthausstrafen bis zu vierzehn Jahren zu Ende gegangen. Nicht einmal die Staatssicherheit verdächtigte Bade der Zusammenarbeit mit dieser Gruppe, die sich seit langem in Haft befand.

Und das Gerücht über die angebliche Fertigstellung des Kleinen Saals am Tag des Brandes war keineswegs nur vom Bauleiter Metz verbreitet worden.

Kleinerts »Maßnahmen (im Zusammenhang mit dem Brand)« entsprechen der Qualität seiner »Hinweise« und reichen von der »Veröffentlichung zweier Wandzeitungen zur Weckung eines starken Aufschwungs der Wachsamkeit im Betrieb« bis zu längst überfälligen Sicherheitsmaßnahmen auf der Baustelle.

Das Strafgericht für die Bauleitung bleibt nicht aus. In einer Beratung am 25. Februar beim Generalintendanten Heiss wird festgelegt: »Die Bauleitung wird abgelöst. Als neuer Leiter mit allen Vollmachten wird Koll. Ehrlich eingesetzt. Die Koll. Metz, Mundt und Kühne werden nacheinander in der Reihenfolge dieser Aufzählung entlassen.«
Anscheinend wurde Kühne nicht entlassen; Ehrlich nennt ihn in der *Deutschen Architektur* als Oberbauleiter.
Später ging Kühne wie viele andere der am Bau Beteiligten in den Westen. Ungerechtfertigte Verdächtigungen und Agentenhysterie trugen in jenen Jahren zum Exodus der technischen Intelligenz aus der DDR bei.
Franz Ehrlich verteidigt in seiner Niederschrift erfolgreich seine Terminplanung und äußert erste Zweifel an Bades Redlichkeit. Nicht ohne Stolz weist er auf die Aufmerksamkeit hin, die der neue Studiobau in der internationalen Fachwelt erregt. In Hamburg sei der verantwortliche Akustiker vom Begründer der modernen Raum- und Bauakustik, Professor Meyer aus Göttingen, darauf angesprochen worden, und der (in Westberlin wohnende) Cheftonmeister des DDR-Rundfunks habe die Klangdurchsichtigkeit der Säle gelobt, wie er sie noch in keinem Saal Gesamtdeutschlands und einem Teil des Auslandes vorgefunden hätte – ein Urteil übrigens, dem sich fünfzig Jahre später Daniel Barenboim bezüglich des Saal I anschließen wird.
Ehrlich, der noch zwei Stunden vor dem Brand im Großen Saal gewesen ist, schätzt ein, dass dort durch ein gleichmäßiges Abbrennen der Oberfläche die bauliche Substanz nicht gelitten hat. Er gibt an, sich nie um das Licht auf der Baustelle gekümmert und sich ausschließlich an zufällig brennenden Lampen orientiert zu haben. Er glaubt an keinen Zufall bei der Brandursache und schon gar nicht an eine Selbstentzündung. Jemand mit solchen Zweifeln wird bald gebraucht werden.
Der Ingenieur und Bauleiter Karl Metz hat Bade am Brandabend noch gegen 17.30 Uhr am Schreibtisch gesehen. Er erinnert sich, Bade hätte in den letzten Tagen Klimakanäle gezeichnet, weil die Detailzeichnungen der Erfurter Firma EKM nicht den Ansprüchen genügten. Und Kühne sei zwischen 15.30 und 16.30 Uhr mit Bade durch den Block gegangen. Dabei hätten sie auch die Klimakammer II passiert, wo Bade angeblich den Stecker der Lampe zog.
Die Vernehmungsprotokolle der Kriminalpolizei machen deutlich, wie sehr sich jeder bemüht, seinen Hals aus der Schlinge zu ziehen.

Wie gut, dass bereits am Tag nach dem Brand ein potenzieller Brandstifter festgenommen worden ist. Die inquisitorischen Fragen der Ermittlungsorgane zielen nicht auf eine fahrlässige Inbrandsetzung, sondern auf die vorsätzliche Brandstiftung.

9

Die Suche der Kriminaltechniker und Kriminalisten nach der tatsächlichen Brandursache konzentriert sich auf die Reste der im Schutt gefundenen Baulampe. Strommarken oder Lichtbogenfußpunkte, die auf einen Kurzschluss hindeuten, werden nicht gefunden; die elektrische Anlage scheidet danach als Brandursache aus. Darüber, dass zumindest kurz nach Ausbruch des Brandes ein Kurzschluss zum Ausfall der Beleuchtung führte, findet sich keine Bemerkung.
Aus den Aussagen der Bauarbeiter, die in den Tagen vor dem Brand in der Klimakammer gearbeitet hatten, geht eindeutig hervor, dass die bewusste Lampe seit Wochen ohne vorgeschriebenen Schutzschirm auf der Baustelle benutzt worden war und seit dem 10. Februar an verschiedenen Stellen im Druckraum gehangen hatte. Am Vortag des Brandes hatte ein Betonierer die Lampe mit der starren Kabelschleife an einen bereits vorhandenen Nagel in zwei Metern Höhe an die Wand gehängt.

»Dieser Nagel war in eine senkrechte Holzleiste ... der Schallschluckverkleidung eingeschlagen, so daß sich zwischen Glühlampe und Holzrahmen nur noch die 4 mm starke Lochpappe befand. Am anderen Ende des Gummikabels befand sich ein Schukostecker, der in einem auf dem Flur liegenden behelfsmäßigen Steckdosenbrett eingesteckt war. Von diesem Brett führte eine mehrere Meter lange Gummikabelleitung zu einer Steckdose, die in der Nähe des Einganges der Klimaanlage an die Wand montiert war. Jeder Arbeiter, der den Mittelgang passierte, mußte über das Gummikabel hinwegsteigen. Wurde das Kabel berührt, bzw. mit dem Fuß angestoßen, war es möglich, daß eine Veränderung der in den Druckraum hineinführenden Leitung und der daran hängenden Beleuchtung eintrat.
Dies war durch die Starrheit des 3-adrigen Alu-Kabels bedingt.
... Da die Monteure des EKM-Erfurt die Flammen zuerst im oberen Teil des Raumes feststellten, kann mit Sicherheit angenommen werden, daß die unvorschriftsmäßige Baubeleuchtung brandverursachend war.«
(Zwischenbericht der Hauptabteilung K vom 5. März 1955; Polizeihistorische Sammlung, Blätter 040/041)

In dem Bericht wird außerdem festgestellt, dass die Baubeleuchtung am 16. Februar von 7.00 bis 18.05 Uhr in Betrieb gewesen war; dann wollte ein Monteur die Lampe durch Ausschalten der gesamten Anlage stromlos gemacht haben, ohne einen weiteren Blick in den Druckraum zu werfen. Bei der ersten Untersuchung noch am Abend des Brandes stand der Hauptschalter im Gang zur Klimaanlage, wo der Strom für die gesamte provisorische Baubeleuchtung entnommen wurde, eindeutig auf EIN. Keiner der Feuerwehrleute hatte diesen Schalter betätigt. Der Monteur blieb bei allen weiteren Vernehmungen bei seiner Aussage. Er wusste, was davon für ihn abhing.

Möglicherweise war der Schwelbrand ja schon kurz vor 18.05 Uhr entstanden – nach einer Brenndauer der Lampe von elf Stunden! Versuche am Kriminaltechnischen Institut mit einer 300-Watt-Lampe – um eine solche musste es sich mindestens gehandelt haben, einzelne Zeugen sprachen von 500 Watt – ergaben unter angenäherten Bedingungen nach 132 Minuten eine Flamme am Holzrahmen; bei einem weiteren Experiment brannte die Pappe bereits nach 55 Minuten, ohne allerdings das Holz in Brand zu setzen. Ein dritter Versuch verlief ohne Flammenbildung.

Die Versuche, von Kriminaltechnikern ohne wissenschaftliche Ausbildung improvisiert, lieferten keine eindeutigen Ergebnisse oder Beweise. Gleichzeitig wird jedoch in dem Bericht ein erster Ansatz sichtbar, den verhafteten Arno Bade direkt mit der Brandauslösung in Zusammenhang zu bringen:

> »Eine vom KTI durchgeführte Rekonstruktion ergab, daß vom Aufhängen der Lampe bis zum Brandausbruch ca. 2 Stunden und 12 Minuten vergingen.
>
> Hierzu muß erwähnt werden, daß der festgenommene Bauleiter Arno Bade am 16. 2. gegen 16.30 Uhr, also ca. 2:15 Std. vor Brandausbruch, vor dem Druckraum der Klimaanlage erschien und sich an der Baubeleuchtung zu schaffen machte, indem er den Stecker der betreffenden Lampe aus dem Steckbrett zog. Diesen Stecker steckte er sofort wieder ein, da, wie er selbst angibt, jemand durch die Klimaanlage kam.
>
> Aufgrund des starren Gummikabels kann zu dieser Zeit vorsätzlich oder fahrlässig eine Veränderung in der Glühlampenaufhängung erfolgt sein, das heißt, die 300 Watt Glühlampe wurde durch die Bewegung des Kabels direkt an die Pappe gebracht, wodurch dann gegen 18.45 Uhr die Flammen wie bereits erwähnt, festgestellt wurden.
>
> Da die Lampe ca. 2 mtr. hoch hing, war es den beiden Monteuren von

EKM-Erfurt gegen 18.05 Uhr nicht möglich, Rauchbildung oder ein Schwelen festzustellen.
Diese mögliche Rauchbildung konnte durch die fast an der Decke des Raumes befindlichen Klimakanalöffnungen abziehen.« (a.o.O., Blatt 042)
Auch das eine Woche später abgegebene Gutachten des Kriminaltechnischen Instituts vom 12. März 1955 gelangt zu der
»Schlußfolgerung:
Das Ergebnis der Untersuchungen läßt den Schluß zu, daß der Brand von einer Glühbirne von mindestens 300 W verursacht wurde, die mit ihrem Glaskolben unmittelbar an der Pappwand gehangen hat.«
Ausdrücklich wird in diesem neunseitigen Schriftstück darauf hingewiesen, dass
»bei der Beräumung des Brandschuttes außer dem Sockel der Glühbirne keine weiteren Anhaltspunkte gefunden wurden, die auf ein eventuell verwendetes Brandlegungsmittel hinweisen ... Weiterhin steht fest, daß der Stecker, der die Lampe mit dem Stromkreis verbindet, in die Steckdose eingeführt war.«
Ein Durchschlag des vom stellvertretenden Leiter der Kriminaltechnik abgezeichneten Gutachtens war für das Staatssekretariat für Staatssicherheit (SfS) bestimmt.

10

Die Genossen der Staatssicherheit sind inzwischen nicht untätig geblieben. Wie viele Verdächtige sie vernehmen, geht aus der Polizeiakte nicht hervor. Dass es zu zahlreichen, auch länger andauernden Verhaftungen kommt, beweist ein Schriftstück »In der Angelegenheit der Zahlung von Löhnen und Gehältern an Werktätige, die ... im Zusammenhang mit der Brandstiftung polizeilichen Verhören unterzogen wurden«, das der Justitiar Dr. F. K. Kaul am 4. November 1955 an den Leiter der Finanzabteilung im Staatlichen Rundfunkkomitee richtet und in dem es u.a. heißt:
»... besteht kein Zweifel daran, daß die einzelnen Betriebe nicht berechtigt waren, den in Zusammenhang mit der Brandstiftung Inhaftierten für die Zeit der Inhaftnahme Löhne zu zahlen bzw. die Vernehmungszeiten zu vergüten. Aus dieser Feststellung folgt, daß auch die Aufbauleitung des Staatlichen Rundfunkkomitees nicht berechtigt war, den einzelnen Betrieben wiederum die ausgelegten Löhne und Gehälter zu vergüten. Daraus folgt, daß die Betriebe verpflichtet sind, die vergüteten Beträge

an die Aufbauleitung zurückzuzahlen, ihrerseits die von ihnen an die betroffenen Werktätigen gezahlte Vergütung zurückzuverlangen und diese zu veranlassen, sich entsprechend dem Inhalt des Schreibens des Generalstaatsanwalts zu verhalten, d. h. wenn sie festgenommen waren und sich ihre Unschuld herausgestellt hat, Entschädigungsansprüche beim Generalstaatsanwalt direkt zu stellen, wenn sie durch Vernehmungen bei der Polizei Einbuße am Stundenlohn hatten, sich diesbezüglich an die VP zu wenden ...«

Im Folgenden empfiehlt Kaul den Text eines Schreibens »an die infrage kommenden Betriebe«, in dem es u. a. heißt:

»Wurde die Arbeitsleistung durch Inhaftnahme unmöglich, dann mußte eine Entlassung zumindest aber eine Kündigung erfolgen ...«

(Rundfunkarchiv, Signatur Kaul 1955)

Es bleibt nicht die einzige Gelegenheit, bei der Staranwalt Kaul, Verteidiger und Nebenkläger in ungezählten Prozessen vor bundesdeutschen Gerichten, in der Folge des Brandes kleinerer Beträge wegen tätig wird.

Für die Staatssicherheit ist Arno Bade von Anfang an der Hauptverdächtige. Tag und Nacht bearbeiten die Vernehmer den Bauingenieur, der ihren simplen Vorstellungen von einem amerikanischen Agenten hundertprozentig entspricht: kleinbürgerliche Herkunft, Dienst in der faschistischen Wehrmacht, amerikanische Kriegsgefangenschaft, Student der Bauschule in Westberlin, häufiger Aufenthalt dort und im Amerikahaus, also unter dem Einfluss westlicher Hetzpropaganda stehend, mit Verbindungen zu amerikanischen Sicherheitskräften und zur Westberliner Hochschule für Politik. Dass ein Agent, der am Tag zuvor einen Brand dieses Ausmaßes gelegt hat, kaum so unvorsichtig wäre, am nächsten Tag (wenn überhaupt; die Grenze war offen) mit einem uralten *Telegraf* in der Aktentasche am Tatort zu erscheinen, kann ihr vorgefasstes Urteil nicht beeinflussen.

In immer neuen Nachtverhören wirft man Bade immer die gleichen Unterstellungen an den Kopf. Man misshandelt ihn nicht körperlich, doch ist die Drohung damit allgegenwärtig. Ein fast zwei Meter großer Vernehmungsoffizier streckt ihm die Faust entgegen: »Gucken Sie sich die Knochen an! Überlegen Sie sich's. Wenn Sie jetzt nicht ordentlich antworten, schlage ich Ihnen alle Zähne aus. Ich mache Sie fertig!«

Für die Staatssicherheit, die sich bis zum letzten Tag ihres Bestehens stolz auf die Traditionen der Tscheka beruft, gilt ganz selbstverständlich, was Alexander Solschenizyn im »Archipel Gulag« schildert:
> »Die der Untersuchung zugeteilte Zeit wurde nicht darauf verwandt, das Verbrechen zu klären, sondern in fünfundneunzig Prozent der Fälle nur darauf, den Untersuchungsgefangenen dahin zu bringen, dass er, übermüdet, erschöpft und entkräftet, alles in Kauf nimmt, damit's bloß zu Ende geht.«

Bade lernt schnell, was jeder Stasi-Häftling in dieser Zeit erfahren muss:
> »Je fantastischer die Anklage ausfällt, desto härter muss die Untersuchung sein, um ein Geständnis zu erzwingen.« (a.o.O. S. 57)

Bade sitzt auf dem Stuhl, die gefesselten Hände auf dem Rücken. Stundenlang kann er sich nicht bewegen. Nach drei, vier Tagen und Nächten nimmt er nur noch verschwommen wahr, was die eigentlich von ihm wollen. Er weiß, dass es um Leben und Tod geht. Immer wieder liest man ihm Sätze vor, die er so nie gesagt hat. Vor Übermüdung und Kälte bricht er zusammen. Man will ihm Brom geben, um ihn zu beruhigen. »Und dann bringen wir Sie in die Irrenanstalt, wenn Sie nicht reden …«

Nach fünf, sechs Tagen ist Bade bereit zuzugeben, was man ihm so beharrlich in den Mund legt. Am siebenten Tag widerruft er. Auf neuen Druck gibt er wieder etwas zu, widerruft wieder. »Merken Sie denn nicht, dass ich nicht mehr kann?«, sagt er. »Das ist doch alles Quatsch; Sie werden das nie beweisen können!«

Er legt ein neues Geständnis ab und widerruft ein drittes Mal, schließlich ist ihm alles egal. Die Stasi-Offiziere lassen ihn seinen Anzug anziehen, geben ihm Schuhe – seine hat man auf der Suche nach Spionagematerial auseinandergerissen – und fahren mit ihm zum Brandort. Hier entstehen die Fotos, die ihn bei der vorgeblichen Rekonstruktion seiner Tat zeigen: über die Aktentasche gebeugt, aus der er angeblich Brandsätze und brennbares Filmmaterial entnimmt, dazu eine mit Benzin gefüllte Schnapsflasche, auf die er einen Schnapsgießer aufsetzen muss. Dreifach genäht hält besser. Die Fotos werden auch in der DEFA-Wochenschau »Der Augenzeuge« (Nr. 16/55) gezeigt.

Dass diese gestellten Details in keinem Punkt mit den Aussagen der Zeugen und den Befunden am Brandort übereinstimmen, stört die Vernehmungsspezialisten nicht. Bis jetzt hat noch jedes DDR-Gericht ihre Tat-Rekonstruktionen als Beweismittel akzeptiert. Man

fragt Bade nicht einmal nach der Herkunft des Benzins oder des Filmmaterials.
Gezwungenermaßen spielt Bade das absurde Spiel mit. Das drohende Todesurteil immer vor Augen, hält ihn nur der Gedanke an den Prozess aufrecht, der irgendwann kommen muss. Dann wird er vor Publikum erklären, dass alles von A bis Z erlogen ist und wie ihn die Staatssicherheit und der untersuchende Staatsanwalt erpresst haben. Den Staatsanwalt Piehl hatte man für den Fall Bade nicht von ungefähr ausgewählt. Im berüchtigten Zwickauer Prozess vom Oktober 1951 hatte Piehl die Anklage gegen eine Gruppe von Schülern aus Werdau vertreten und dabei Zuchthausurteile bis zu 15 Jahren gegen sechzehn- und siebzehnjährige Mädchen und Jungen durchgesetzt; insgesamt 130 Jahre Zuchthaus für 19 Angeklagte.
Einen Schauprozess hatten die politisch Verantwortlichen zweifellos auch gegen Bade im Sinn. Deshalb ging es in erster Linie gar nicht um die Aufklärung der wirklichen Brandursachen. Vielmehr sollte ein weiteres Mal dem Westen alle Schuld an Missständen und Rückschlägen beim Aufbau des Sozialismus in die Schuhe geschoben werden. Dazu musste der Sündenbock Bade zum Reden gebracht werden, so oder so. Und wenn man ihn dann um einen Kopf kürzer machte – wer würde später danach fragen?
Doch vorläufig ist es noch weit bis zu dem Schauprozess, den man den Rundfunkmitarbeitern ein wenig voreilig angekündigt hat. Immerhin möchte die Staatssicherheit wenigstens den Anschein vorhandener Beweise gegen den Beschuldigten wahren. Dazu aber sind die vorliegenden Gutachten ungeeignet, in denen ausdrücklich festgestellt wird, im Bauschutt seien auch spektralanalytisch »keine Spuren anderer Zündquellen« als der Sockel der 300-Watt-Lampe gefunden worden.
Eine neue Gutachterkommission wird eingesetzt, von der nicht zu Unrecht auch neue Ergebnisse erwartet werden. Der Architekt Franz Ehrlich, ein Volkspolizei-Kommandeur von der Hauptabteilung Feuerwehr bei der Hauptverwaltung der VP, ein Oberkommissar und ein Kommissar vom Kriminaltechnischen Institut, dazu ein weiterer Kommissar von der Brandkommission des Polizeipräsidiums und der Leiter des Feuerwehr-Kommandos Köpenick erarbeiten bis zum 20. April 1955 ein Gutachten, das dem vom Kriminaltechnischen Institut am 12. März abgegebenen eindeutig widerspricht, indem es zu dem Schluss gelangt:

»... daß der Brand in der Druckkammer nur mit Hilfe von leicht brennbaren Stoffen wie Benzin, Benzol u.ä. Substanzen entfacht worden ist.«
In einem fünfseitigen Schriftsatz, unterzeichnet von dem gleichen VP-Inspekteur und stellvertretenden Leiter des Kriminaltechnischen Instituts, der sechs Wochen zuvor die gegenteilige Erklärung abgezeichnet hatte, wird am 22. April 1955 vom Referat II des Kriminaltechnischen Instituts ein »Gutachten zur Aussage des B a d e , Arno, geb. 23. 8. 1928 in Berlin« abgegeben.
»Zur Begutachtung lagen vor:
ein Auszug aus der Vernehmung des B a d e ...
Dieser Auszug der Vernehmung beinhaltet die Inbrandsetzung des Blockes B 1 im Staatlichen Rundfunkkomitee.
Einleitung:
Aus dieser Vernehmung geht hervor, daß Bade mit Hilfe von zwei Brandsätzen, deren Zusammenstellung ihm nicht bekannt ist, den Brand legte. Des weiteren hat ihm eine 0,7 Liter-Flasche mit Benzin und eine Filmrolle zur Verfügung gestanden. Diese Brandlegungsmittel bewahrte Bade in seiner Aktentasche auf und betrat damit am 16. 2. 1955 gegen 17.30 Uhr, die Klimaanlage. In der Druckkammer der Klimaanlage 2 des Blockes B 1 entnahm er die o.a. Gegenstände aus seiner Aktentasche und stellte die beiden Brandsätze auf ein Brett, welches er vorher vor die Klimakanäle auf den betonierten Fußboden legte. Danach kippte er mit Hilfe eines Schnapsgießers das in der Flasche enthaltene Benzin in die Perforierung der Klimakanäle. Anschließend riß er die bezeichneten Stellen der Brandsätze auf und zog an der dadurch sichtbar gewordenen Kordel. Die Kordel sowie die leere Flasche und den Schnapsgießer steckte er wieder in seine Aktentasche und verließ 5–6 Minuten nach dem Betreten die Druckkammer. Nun ging er in den kleinen Saal und warf die Filmrolle in die Austrittsöffnung der Klimaanlage, wobei er jedoch einige Meter Film in der Hand behielt und in den Geflechtmatten im kleinen Saal befestigte, um dem Feuer eine Ausbreitungsmöglichkeit nach diesem zu schaffen. Anschließend verließ er den kleinen Saal und ging in sein Bürozimmer.«
Dieser in jeder Hinsicht bemerkenswerte Text erklärt Bade zu einem äußerst kaltblütigen und darüber hinaus während der Brandlegung unsichtbaren Wunder-Täter. Wer einmal mit Benzin hantiert hat, kennt den durchdringenden und lange anhaftenden Geruch, der von kleinsten Mengen ausgeht. Bade hat nicht nur unbemerkt einen ganzen Tag lang eine gefüllte Flasche in seiner Aktentasche gehabt, er hat die leere Flasche und den benutzten Gießer auch in dieser Tasche

abtransportiert und spurlos entsorgt. Weder die Flasche noch die Aktentasche, die am nächsten Tag noch einen intensiven Benzingeruch hätte ausströmen müssen, waren jemals Gegenstand kriminaltechnischer Untersuchungen. Nach Ausgießen von 0,7 Litern Benzin auf einer durch die Glaswolle beträchtlich erweiterten Oberfläche hätte sich durch die offene Tür im Gang zur Klimaanlage 1 ein betäubender Benzingeruch ausbreiten müssen. Dort, nur wenige Meter vom Brandort entfernt, arbeiteten um 17.30 Uhr die beiden Monteure und ein Schweißer, an denen Bade zweimal hätte vorbeigehen müssen. Alle drei hatten trotz mehrfacher intensiver Befragung weder Bade noch irgendeinen auffälligen Geruch bemerkt. Der Heizungskontrolleur Tilkowski, der den Brandgeruch wahrnahm, bevor er den Rauch und die offenen Flammen sah, erklärte nur wenige Stunden danach in seiner ersten Vernehmung eindeutig:

»Abschließend kann ich nur sagen, daß ich festgestellt habe, daß es ein typischer Holzbrand war also nach verbranntem Holz roch.«

(a.a.O., Blatt 085)

Bei Rekonstruktionsversuchen des Kriminaltechnischen Instituts auf einem Ruinengelände wurde ein Liter Benzin mit einem Brandsatz gezündet. Im Bildband der Handakte sind die entstehenden »gewaltigen schwarzen Rauchschwaden« dokumentiert. Schwarzen Rauch aber hatte keiner der Zeugen wahrgenommen.

Arno Bade hätte überdies geradezu lebensmüde gewesen sein müssen, in der engen Druckkammer Benzin auszugießen und damit in der Nähe der seit Stunden brennenden, überhitzten Glühlampe ein hochexplosives Gasgemisch herzustellen. Eine Explosion aber fand nicht statt. Weshalb ließ Bade das Licht überhaupt brennen, das er angeblich schon eine Stunde zuvor einmal gelöscht hatte? Um jeden, der zufällig hereinschaute, auf die Brandsätze am Boden aufmerksam zu machen?

Diese Brandsätze, ihre »Kordeln« und das Brett, auf dem sie standen, hinterließen ebenso wenig Spuren oder Rückstände wie das Benzin, das anscheinend völlig ruß- und geruchfrei verbrannte. Übrigens kann es sich dabei nicht um Fahrzeugbenzin gehandelt haben, die Spektralanalyse zeigte keine Bleispuren. Und das Brett war am Boden ohne Rückstände verbrannt, obwohl nach der ursprünglichen Meinung der Kriminaltechniker »der Brand nicht am Boden, sondern in halber Höhe entstanden« sein musste und sich sogar unverbrannte Reste der Fußbodenleisten fanden!

All das ficht die hohe Sachverständigen-Kommission nicht an. Anderthalb Seiten lang schwadroniert sie über verschiedene Varianten selbsttätiger Brandlegungsmittel, deren Existenz im vorherigen Gutachten ausdrücklich ausgeschlossen worden war. Bereits am 12. März hatte das KTI einen Untersuchungsbericht zum Inhalt einer amerikanischen Konservenbüchse abgegeben, die man in Bades Keller gefunden hatte. »Poison – wood alc – fuel tablet« stand darauf, »Ration Heating Manfc. by Hotel Research Laboratories New York N. Y.« – eine Hartspiritus-Ration zur Essenserwärmung, die der Camping-Freund Bade aus der amerikanischen Gefangenschaft mitgebracht und zu Hause im Keller aufbewahrt hatte. »Kann als Brandlegungsmittel Verwendung finden«, lautet das Gutachten. Auf welche Weise und mittels welcher Kordel die um gut eine Stunde verzögerte Zündung des Metaldehyds erfolgt sein sollte, das mit bläulicher Flamme (rückstandsfrei?) abbrennt, ohne zu schmelzen, bleibt unerwähnt.

»Des weiteren wurde durch die Sachverständigen-Kommission eine Inbrandsetzung der Druckkammer durch natürliche und technische Ursachen ausgeschlossen, da die feststehende Zeit von 40 Minuten zwischen Brandausbruch und Brandbemerken nicht ausreicht. Demnach steht fest, daß zu der Inbrandsetzung Hilfsmittel Verwendung finden mußten, durch die in kürzester Zeit ein Brand gelegt werden kann«,

behauptet die Kommission ohne jeden Beweis. Wenn man schon einen Verdächtigen fängt, dann muss er gefälligst auch der Täter sein. Ein Brandstifter, der – o Wunder! – im frischen Beton der Druckkammer nicht einmal Fußspuren hinterlassen hat! Vergebens hatte der Bauleiter Kühne in seiner zweiten Vernehmung auf diese kriminalistisch höchst relevante Tatsache aufmerksam gemacht.

Wie Bade schließlich den abgerollten Film in die verschlossene Austrittsöffnung der Klimaanlage im Saal warf, wird nicht erläutert; es finden sich im neuerlichen Spektralgutachten plötzlich in zwei von sieben Brandschuttproben schwächste Silberspuren, die als Beweis für die verbrannten Filme herhalten müssen.

Mit diesem Gutachten scheint Bades Schicksal besiegelt. Einer der Unterzeichner, Unter-Kommissar U., der noch als VP-Meister zusammen mit dem damals einzigen Sachverständigen für Branduntersuchung und Havarie-Aufklärung am KTI den Bericht vom 12. März geschrieben hatte, war als 25-Jähriger von der Leipziger Feuerwehr zum im Aufbau befindlichen KTI nach Berlin abkommandiert worden und dem Brandsachverständigen N. gerade einige Wochen als Assistent beigegeben, als man ihn in den Mittagsstunden des 17. Februar 1955 zum Brandort rief. Was ihn dort erwartete, überstieg seine Kenntnisse und Fähigkeiten bei weitem. Auf seine dringliche Forderung hin musste VP-Kommissar N. einen Lehrgang abbrechen und die Untersuchungen in der Nalepastraße übernehmen. Den Verdächtigen Bade bekamen die beiden Sachverständigen nicht zu Gesicht, nicht einmal die angeblichen Brandsätze oder das Gutachten darüber. Sie erfuhren nur von dem *Telegraf* in Bades Tasche und der anstößigen Überschrift, an die sich U. erinnerte. Die in dem Gutachten getroffenen Aussagen dagegen erschienen ihm vierzig Jahre später in ihrem wissenschaftlichen Gehalt höchst bedenklich. Er, der als Diplom-Kriminalist Schulungsmaterialien über »Die Suche und Sicherung von Spuren – Brände und Havarien« verfasste und über Unfälle in der zivilen Luftfahrt promovierte, bildete in den achtziger Jahren die Sachverständigen des zum Kriminalistischen Institut aufgerückten KTI aus. Eine solche kategorische Feststellung hätte er mit seinen späteren Kenntnissen nicht mehr unterschrieben:

»Die im Obigen angeführten Punkte im Zusammenhang mit der Aussage des Bade betrachtet, zeigen, daß eine Inbrandsetzung der Druckkammer in der von ihm geschilderten Weise stattgefunden haben muß.«

11

Die Staatssicherheit hat nun alles, was sie braucht, um Bade den Prozess zu machen: sein Geständnis und dessen scheinbare Bestätigung durch das Gutachten hochrangiger Experten. Bei dem Gedanken an den Prozess aber scheint den Herren in der Lichtenberger Normannenstraße dennoch nicht ganz wohl zu sein. Immer wieder wird Bade vernommen. Sein Alibi für die Zeit des Brandausbruchs ist nicht zu erschüttern. Die gründlichen Hausdurchsuchungen in der Wohnung haben – sieht man von den sogenannten Brandsätzen aus Hartspiritus und den Bauzeichnungen einmal ab, nur magere Ergebnisse erbracht. Am 2. März 1955 liefert das Kriminaltechnische Institut – die Stasi verfügt noch nicht über eine Technische Untersuchungsabteilung – ein Gutachten über verbrannte Papiere aus dem Ofen in Bades Wohnung: eine Illustrierte westlicher Herkunft, das *Magazin der Hausfrau*, eine »Hetzschrift über die Wirtschaft der Sowjetunion« und Teile einer Westberliner Studentenzeitung. Nichts, womit sich ein Spionage- oder Sabotageauftrag erhärten ließe.

Bleiben Bades Freunde. Einer wird während seiner Urlaubsreise observiert, verhaftet und wegen Wirtschaftsverbrechens zu anderthalb Jahren Gefängnis verurteilt.
Bei Werner M., Sohn eines ehemaligen Polizei-Offiziers, muss die Stasi mehr Geduld aufbringen. M. hatte nach der Rückkehr aus der Kriegsgefangenschaft im Osten keine Arbeit gefunden und war in Westberlin beim Labour Service untergekommen, einer uniformierten Hilfstruppe der Amerikaner. Bade besuchte ihn öfter in der Kaserne in Lichterfelde. Die Stasi findet heraus, dass Familie M. in Karolinenhof ein Wassergrundstück besitzt, auf dem M. – entgegen dem Verbot seiner amerikanischen Arbeitgeber – gelegentlich auftaucht. Dort wird er verhaftet. Bei der gründlichen Durchsuchung der elterlichen Wohnung findet sich im Keller die alte Dienstpistole des Vaters. Werner M. hat dennoch Glück und kommt nach einigen Monaten frei. Seinen Job bei den Amerikanern ist er los.
Weniger glimpflich ergeht es Bades Freund Rolf L., Student an der Hochschule für Politik und aktives SPD-Mitglied. Dessen Freundin in Ostberlin wird verhaftet und gezwungen, ihn zu einem Treffen zu bestellen, bei dem er prompt ebenfalls verhaftet wird. L. wird wegen »Boykotthetze« zu fünf Jahren Haft verurteilt, die er in einem Braunkohletagebau verbüßt. Außerdem bezichtigt man ihn und Bade gewisser Wirtschaftsvergehen, die bei Bades Verurteilung eine entscheidende Rolle spielen sollen. Als Student hatte Bade in Ostberlin vier Addiermaschinen gekauft, für die sich in Westberlin leicht Abnehmer fanden. Eigentlich kein Fall für die Staatssicherheit, doch türmt man beharrlich Steinchen auf Steinchen. Inzwischen ist er auch dem Generalstaatsanwalt Melsheimer vorgeführt worden, hinter dem ein ganzer Schwarm von Männern sitzt. Bade, eingeschüchtert und den Vernehmer der Stasi im Rücken, erwartet nichts Gutes von dieser Korona.
Melsheimer hatte es unter den Nazis zum Landgerichtsdirektor und Kammergerichtsrat gebracht. Jetzt kaut er auf irgendwelchen Pillen herum und befragt Bade zu Einzelheiten des Geständnisses. Der hält es im Moment für besser, sich nicht zu den Vorwürfen zu äußern. »Das ist nun mal so gelaufen, wie die Staatssicherheit mir das erzählt hat ...«
Er hat jetzt dreimal widerrufen, und er wird es ein viertes und fünftes Mal tun. Aber erst im Prozess. Er glaubt noch immer, man werde ihn öffentlich anklagen.

Die Stasi hat vorläufig anderes mit ihm vor. Von Ende Mai bis August 1955 sitzt er ohne Vernehmung in einer Zelle im U-Boot, allerdings nicht mehr in Einzelhaft. Ganz unterschiedliche Zellengenossen lernt er kennen, die ihm die Stasi nicht ohne Absicht beigibt. Die versuchen, ihn auszuhorchen, und reden ihm zu, unbedingt bei seinem Geständnis zu bleiben. »Du hast gar keine Chance – sonst hauen die dir den Kopf ab.«

Dann ist er wieder allein. Seine Zähne lockern sich und beginnen zu schmerzen. Auf seinen lautstarken Protest hin unterzieht man ihn einer notdürftigen Behandlung. Bade verlangt nach dem Staatsanwalt oder nach dem Vernehmungsoffizier. Er hat sich entschlossen zu widerrufen. Die Bewacher winken ab, wenn er klopft. Niemand will hören, was er zu sagen hat. Mitte August wird er in eine Dunkelzelle im Mitteltrakt verlegt: kaum vier Quadratmeter, Tag und Nacht von einer 15-Watt-Lampe beleuchtet, Frischluft alle ein, zwei Stunden aus einem Luftstutzen in der Ecke.

Bade beschleicht Angst. Jetzt bereiten die seinen Prozess vor. Und vorher muss er in die Dunkelzelle, damit er den Glauben an Gott und die Menschheit restlos verliert. Er ist einsam, hilflos, ohne Kontakt zu einem Verteidiger oder auch nur zum Staatsanwalt. Hier wollen sie ihn reif machen für das bevorstehende Todesurteil. Alle drei Minuten nähert sich der Posten auf dem teppichbelegten Gang und späht durch den Spion, ob der Häftling sich nichts angetan hat.

Das Essen ist grauenvoll. Alle vier Wochen gibt es einen Hering und eine Zwiebel. Kein Besteck. Und nur morgens etwas Waschwasser. Jeden Tag bekommt er ein Blatt Toilettenpapier. Qualvoll vergehen die Stunden und Tage. Nicht einmal die Wandinschriften kann er in der Düsternis entziffern. Alle zwei Tage wird er in einen ummauerten Käfig im Freien geführt, über dem Posten patrouillieren.

Den ganzen Herbst und Winter geht das so. Der Jahrestag des Brandes ist gerade vorbei, der Block B in Betrieb genommen, da führt man ihn endlich einem Oberstaatsanwalt vor. Ein Mann um die Fünfzig, das Abzeichen der Verfolgten des Naziregimes am Revers.

»Wie geht es Ihnen, Bade?«

»Wie soll es mir gehen? Ich habe derartig geschwollene Füße ...«

»Das ist der Bewegungsmangel. Das kennen wir.«

»Mir geht es schlecht. Wenn ich etwas anderes sagen würde, würde ich Sie belügen. Was ich hier erlebt habe, hat meine Meinung über die Staatssicherheit im negativen Sinne bestätigt! Was haben Sie denn

eigentlich mit mir vor? Sie können mich doch nicht noch länger da unten sitzen lassen!«
Der Oberstaatsanwalt blättert in den Akten. »Da haben wir hier diese Wirtschaftssachen ...« Er redet von den in den Westen verschobenen Rechenmaschinen. Erst dann kommt er auf den Brand zu sprechen.
Bade hat lange auf diesen Augenblick gewartet. Er widerruft in aller Form die Geständnisse, die er bezüglich der Brandursache gemacht hat. »Ich bin unschuldig!«, sagt er erregt. »Nach dieser Dreckzeit bei Ihnen hier unten fühle ich mich gar nicht mehr als Mensch. Sie können jetzt mit mir machen, was Sie wollen. Sie können mir den Kopf abschlagen oder mich in die Irrenanstalt bringen. Schlimmer kann es ja nicht mehr sein, als sechs Monate in dieser Dunkelzelle! Aber eins kann ich Ihnen sagen: Einen Prozess, den können Sie nicht mehr mit mir machen. Da werden Sie noch was erleben!«
»Ach, geben Sie nicht so an«, sagt der Oberstaatsanwalt, ungerührt von dem Ausbruch. »Ob Sie erzählen oder nicht erzählen – wir werden Ihnen das millimetergenau beweisen, wie Sie es gemacht haben.«
»Das können Sie gar nicht beweisen!«
»Ach, seien Sie ruhig. Sie sind ein Verbrecher und bleiben ein Verbrecher. Und dann noch die Wirtschaftsverbrechen. Das reicht bei Ihnen! Sie werden eine sehr hohe Strafe kriegen. Wenn Sie Pech haben, sogar die Todesstrafe. Ohne Pardon.«
Doch Bade lässt sich nicht länger einschüchtern. »Die Todesstrafe könnte höchstens eine Erlösung für mich sein. Ich fühle mich ja gar nicht mehr als Mensch! Sie haben mir jetzt in dieser langen Zeit kein Buch gegeben, keine Zeitung, nichts. Was Sie gemacht haben, das grenzt an Verbrechen. Schlimmer waren die Nazis auch nicht, die ihre Opfer gequält haben. Ich habe alle diese Angaben hier bei Ihnen nur nach Weisung gemacht, weil ich Angst hatte, dass sie mir sämtliche Zähne rausschlagen, dass sie mir die Arme oder das Genick brechen. Wenn Sie mich je vor ein Gericht stellen, Ihnen werden Hören und Sehen vergehen, was ich da über dieses System zu sagen habe!«
Der Oberstaatsanwalt tut ungerührt. »Gut, wenn Sie nicht reden wollen, dann sitzen Sie weiter da. Ich werde mal sehen, dass ich Ihnen ein Buch zukommen lassen kann.«
»Da unten kann ich sowieso nicht lesen, in dieser Dunkelheit!«
Bade wird nach unten geführt, diesmal in eine Zelle an einem der

Außengänge. Daneben liegt die Küche. Manchmal hört er die gefangenen Frauen singen. Eine Zelle für Todeskandidaten?
Hier ist es hell genug, die Wandmalereien zu bewundern, in den Putz geritzt mit Knochensplittern aus der Gemüsebrühe. Bade liest Daten von Todesurteilen, Berufungen, Gnadengesuchen und deren Ablehnung. Die letzte liegt ein halbes Jahr zurück.
Der Oberkalfaktor bringt ihm Bücher sowjetischer Autoren und ein Buch über den Kampf der Internationalen Brigaden in Spanien. Bade ahnt nicht, dass er die Verbesserung seiner Haftbedingungen auch einem Ereignis verdankt, auf dessen Auswirkungen viele im Land warten: Im Februar 1956 hat in Moskau der XX. Parteitag der KPdSU eine erste Entstalinisierungskampagne eingeleitet. Erst als er ein Jahr später schon in Bautzen sitzt, erfährt Bade auf einem zu Toilettenpapier gerissenen Zeitungsblatt von gewissen Veränderungen in der Sowjetunion. Aber vielleicht hatte der Oberstaatsanwalt Chruschtschows Geheimrede gelesen, in der es von einem Untersuchungsrichter hieß:

»Das ist ein elender Mensch mit einem Spatzenhirn, in moralischer Hinsicht buchstäblich eine Missgeburt ... Man hat mir gesagt, dass K. und T. Volksfeinde sind, deshalb musste ich als Untersuchungsrichter von ihnen das Geständnis erlangen, dass sie Feinde sind.«

Im Mai 1956 lädt ihn der Oberstaatsanwalt ein zweites Mal vor, redet ihm väterlich zu, das Geständnis aus dem Vorjahr zu bestätigen. »Sie haben sich beschwert, und wir haben Ihnen bessere Möglichkeiten eingeräumt, bessere als jedem anderen ...«
Bade wird nicht weich. Ahnt er, dass von einem Geständnis oder dem Widerruf noch immer sein Leben abhängt? »Ich bin unschuldig!«, sagt er fest. »So unschuldig wie am ersten Tag, das habe ich Ihnen erklärt. Alles was Sie hier gemacht haben, das war blanke Erpressung.«
Der Oberstaatsanwalt hört sich das an, stellt ein paar Fragen. Bade ist zu keiner Kooperation bereit. »Wie viel kriege ich denn nun nach Ihrem Dafürhalten?«, erkundigt er sich aufsässig.
»Na, wir werden das schon machen ... Sie werden staunen.«
»Diese Rundfunkbrandstiftung werden Sie mir nie nachweisen können! Da können Sie sich Kopf stellen. Und ohne die – wie viel wollen Sie mir denn da geben?«
Der Oberstaatsanwalt lässt durchblicken, dass Bade für die Wirtschaftsverbrechen mit fünf bis acht Jahren rechnen müsse. Und wenn

es wirklich nichts sei mit der Todesstrafe – für die Irreführung der Staatsorgane kämen gewiss noch drei bis fünf Jahre drauf. Also zwölf bis fünfzehn Jahre. Das reicht wahrscheinlich nicht einmal.
Das ist als Druckmittel gemeint. Der Oberstaatsanwalt ahnt nicht, wie erleichtert Bade sich fühlt. Die Todesstrafe ist vom Tisch!
Im Juni wird Bade noch einmal vorgeführt. »Ich kann noch nichts Genaues sagen ...«, äußert sich der Oberstaatsanwalt. »Ich soll Ihnen jedenfalls Grüße Ihrer Frau Mutter ausrichten.«
Es ist das erste Mal nach fünfzehn Monaten, dass Bade von seiner Mutter hört. »Wie geht es ihr?«
»Ach, soweit ich sehen kann, ausgezeichnet. Ich habe mit ihr gesprochen und soll Sie herzlich grüßen.«
Kein Wort darüber, dass die Mutter neun Monate in Rummelsburg in Haft gewesen ist und ihre berufliche Selbständigkeit eingebüßt hat.
Bade weiß jetzt: Von der Todesstrafe ist nicht mehr die Rede. Es kann nur besser werden. Er wird in die Untersuchungshaftanstalt der Staatssicherheit in der Lichtenberger Magdalenenstraße verlegt. Acht Jahre lang hat das sowjetische MGB im alten Lichtenberger Gefängnis seine Häftlinge festgehalten, nun hat die Stasi den U-förmigen Zellenbau übernommen, ihrem Hauptquartier schräg gegenüber. Seit dem 24. November 1955 ist das Staatssekretariat wieder ein eigenes Ministerium unter Ernst Wollweber; die 521 verhafteten Agenten und die schnelle Aufklärung des Großbrandes im Rundfunk mögen zum neuerlichen Aufstieg beigetragen haben. Für die Untersuchungsabteilung ist nach wie vor Erich Mielke verantwortlich, der schon an der Kaltstellung seines Vorgesetzten arbeitet.
Bade wird im ersten Stock in einer »komfortablen« Zelle untergebracht, verglichen mit dem, was er aus Hohenschönhausen gewohnt ist. Die Zellen liegen an einem schmalen Gang zur Nordseite, wo sich hinter den Höfen das Amtsgericht erhebt. Die Gänge im quer zwischen Alfred- und Magdalenenstraße liegenden Gebäude sind durch Drahtgitter von der Giebelwand getrennt. Zweimal sind Häftlinge aus diesem Gefängnis ausgebrochen, das inmitten dichter Wohnbebauung steht. Am 6. März 1945 entkamen Erich Honecker und sein Genosse Erich Hanke über das Dach und eine daneben liegende Brandruine aus der Nazihaft, und am Silvesterabend 1946 fahndete der MGB in den umliegenden Wohnhäusern nach entflohenen Häftlingen.

Von all dem weiß Arno Bade nichts. Er hört die Glocke der nahen Glaubenskirche und zählt die Minuten bis zur vollen Stunde. Er wartet auf seinen Prozess.
Eines Tages betritt der Anstaltsleiter seine Zelle. Bade hat sich vorschriftsmäßig mit dem Gesicht zur Wand aufgestellt, als die Tür geöffnet wird. »Drehen Sie sich mal rum«, sagt der Anstaltsleiter jovial. Dem Alter nach könnte er Bades Vater sein. Er hält ein Fleischermesser in der Hand und ein Paket.
»Kommen Sie mal einen Schritt näher!«
Bade ist irritiert. »Was soll denn das?«
»Sie brauchen keine Angst zu haben.« Der Mann hält ihm das Messer hin. »Ein Paket von Ihrer Mutter.«
Im Paket sind ein Kuchen und eine Wurst, beides mehrmals zerschnitten. »Guten Appetit.«
Noch einmal wird Bade dem Staatsanwalt Piehl vorgeführt. Der lässt durchblicken, dass er im Prozess der Ankläger sein wird, obwohl er sonst nur für Untersuchungen eingesetzt ist. Arno Bade macht sich seinen eigenen Reim darauf. Wahrscheinlich wimmeln sich alle anderen diese verfahrene Kiste ab. Piehl wird denn auch sehr deutlich: »Hören Sie mal, Bade, fahren Sie mir nicht in die Parade! Ich bin der Ankläger. Ich lege das Strafmaß fest. Wenn Sie mir frech werden, müssen Sie mit ein paar Jahren mehr rechnen. Sie sind mir ausgeliefert mit Haut und Haaren!«
Bade lässt sich nicht mehr einschüchtern. Er sagt: »Mir wäre lieber, Sie würden mir endlich einen Rechtsanwalt schicken!« Zwei Tage vor dem Prozess überreicht man ihm ein dickes Bündel Papier: die Anklageschrift. Er weiß nicht einmal, ob er einen Verteidiger haben wird.
Am Montagmorgen – es ist der 6. August 1956 und Bade sitzt seit anderthalb Jahren in Untersuchungshaft – scheint man ihn zu vergessen. Erst als er sich meldet und auf den Prozesstermin hinweist, werden ihm in aller Eile die Haare gestutzt und die Zivilkleider gereicht. Wieder tritt das Dilemma mit den Schuhen auf, also gibt man ihm einfach ein Paar andere, und ab geht's mit der Grünen Minna. Man hat es besonders gut mit ihm gemeint und ihm eine Schachtel Zigaretten und Streichhölzer gegeben. Ein lang entbehrter Genuss. Zu spät merkt er, wie knapp die Luft in dem engen Gehäuse ist; ihm wird übel. In der Littenstraße taumelt er in den Hof.

12

Als Arno Bade von zwei Uniformierten in den Gerichtssaal geführt wird, nähert sich ein Mann in einem schwarzen Talar. »Guten Tag. Mein Name ist Albrecht. Ich bin Ihr Verteidiger.«
Bade ergreift die ausgestreckte Hand. »Wer ich bin ...« Er wirft einen Seitenblick auf die beiden Uniformierten. »Herr Albrecht, wissen Sie überhaupt, weshalb ich angeklagt bin? Wie wollen Sie mich denn verteidigen? Hätten Sie mich nicht wenigstens eine Woche vorher aufsuchen müssen?«
Albrecht winkt ab und nimmt Bade vertraulich beim Ärmel. Die Wächter lassen tatsächlich zu, dass Bade und Albrecht sich ein paar Schritte von ihnen entfernen.
»Ich soll Ihnen Grüße von Ihrer Mutter bestellen. Sie hat mich herausgepickt. Ich habe Verbindung zum Untersuchungsausschuss freiheitlicher Juristen ...«
Bade hat in der Haft gelernt, misstrauisch zu sein. Weshalb erzählt der ihm das? Ist das eine neue Finte der Stasi? So etwas gibt doch niemand ohne weiteres preis.
»Haben Sie überhaupt die Anklageschrift gesehen?«
»Ja. Die habe ich vor zehn Minuten bekommen. Mit dem Rundfunkbrand haben Sie ja nichts zu tun, wie ich gesehen habe. Diese Wirtschaftsvergehen – ist das alles?«
»Das ist alles. Und diese Irreführung der Staatssicherheitsorgane. Ich hoffe, Sie können mir in irgendeiner Form helfen. Wenn nicht, dann ...«
»Hören Sie auf«, sagt Albrecht. »Mit Gott!«
Jetzt ist Bade ein bisschen sicherer. Seine Mutter wird den Richtigen beauftragt haben. »Mit Gott« hätte einer von der Stasi nicht gesagt.

Richter Genrich eröffnet den Prozess vor dem Stadtgericht Groß-Berlin, Strafsenat 1a, und schließt sofort die Öffentlichkeit »aus Gründen der Staatssicherheit« von der Verhandlung aus. Die einzigen Zuhörer, Bades Mutter, seine Tante und eine fremde Frau, müssen den Saal verlassen.
Dabei ist an diesem ersten Tag von der angeblichen »Irreführung der Staatssicherheitsorgane« nur bei der Verlesung der Anklage die Rede; alles dreht sich um die Wirtschaftsverbrechen, die minuziös auseinandergenommen werden.

Erst drei Tage später, am zweiten Verhandlungstag, wendet sich das Gericht Bades »falschen Angaben« zum Brand zu.
»Wie sind denn die nun zustande gekommen?«, will Genrich wissen.
»Das kann ich Ihnen genau sagen: Alles, was hier gelaufen ist, das war Erpressung von Seiten der Staatsmacht. Ich habe von Anfang an meine Unschuld beteuert. Und wenn ich ein Notizbuch hatte, wo Namen drinstanden, die mit normalen westlichen Organisationen zu tun haben, dann sind das in meinen Augen noch keine Agenten.«
»Das haben Sie überhaupt nicht zu beurteilen!«
Staatsanwalt Piehl reagiert hitzig und überschreit Bades Gegenreden. Der versucht, ruhig zu bleiben. »Sie sehen ja, Herr Richter: So ist das anderthalb Jahre gelaufen! Das, was der Staatsanwalt hier macht, das hat er anderthalb Jahre mit mir gemacht, hat mich nie zu Worte kommen lassen.«
»Bei einem Verbrecher Ihres Kalibers, da muss man ja brüllen!«
Bade sieht nun die Gelegenheit, einmal alles aus sich herauszuschreien, was man ihm angetan hat. »Und was war mit der Dunkelzelle? Und mit den Nachtverhören? Ich durfte nicht eine Minute die Augen schließen oder mich erholen!« Er schildert die Vernehmungen und die qualvollen Haftbedingungen und macht aus seiner Abneigung gegen ein System, das so etwas zulässt, keinen Hehl. Der Richter und die Schöffen, beide mit dem Abzeichen der Opfer des Faschismus, hören mit steinernen Mienen zu. Nur Piehl versucht, ihn immer wieder zu unterbrechen: »Das gehört hier nicht her!«
Die Stasi hat am zweiten Verhandlungstag ihre Leute »zu Schulungszwecken« als Auditorium eingeladen. Bade liefert ihnen ein anderes Schauspiel, als sie es erwartet haben. Und der Rechtsanwalt Albrecht nimmt die Verteidigung ernst. Piehl beantragt für die Wirtschaftsverbrechen drei Jahre und zwei wegen »Vortäuschung einer Straftat« unter Nichtanrechnung von einem Jahr Untersuchungshaft. Bade protestiert: »Ich habe pausenlos versucht, meinen Widerruf zu Protokoll zu geben!«
»Das hätten Sie auch schon eher machen können. Sie hätten eben Papier und Bleistift verlangen müssen.«
»Ich habe ja nicht mal genug zu essen bekommen, geschweige denn Papier und Bleistift!«

Nach kurzer Beratung verkündet Genrich das Urteil:
»Der Angeklagte wird wegen fortgesetzten Beiseiteschaffens von Erzeug-

nissen entgegen dem ordnungsgemäßen Wirtschaftsablauf und wegen Anstiftung zu diesem Verbrechen sowie wegen Vortäuschung einer Straftat zu einer Gesamtstrafe von fünf Jahren Gefängnis verurteilt. Die notwendigen Auslagen hat der Angeklagte zu tragen. Untersuchungshaft wird ihm einschließlich ab 13. August 55 auf die erkannte Strafe angerechnet.
...
Gem. § 219 StPO ist dem Angeklagten die Untersuchungshaft dann anzurechnen, wenn er nicht durch sein Verhalten die Ermittlungen verzögert hat. Es steht einwandfrei fest, daß eine solche Verzögerung in diesem Verfahren durch den Angeklagten erfolgte.«

Die übrige Untersuchungshaft vor dem 13. August 1955, so die Meinung des Gerichts, »hat der Angeklagte selbst verschuldet, und sie konnte daher nicht zur Anwendung gebracht werden«.

In der Urteilsbegründung werden langatmig Bades Festnahme samt *Telegraf* und spärlichen Fundstücken der Hausdurchsuchung als Grund für seine Inhaftierung referiert.

»Der Angeklagte hat dann vor den Ermittlungsorganen eine derartig umfassende und in alle Einzelheiten gehende Schilderung der Brandstiftung im StRuKo gegeben, und er hat immer wieder erklärt, daß er diesen Brand auf Anweisung westlicher Agentenzentralen angelegt hat, daß gar kein Zweifel bestehen konnte, daß es sich hier um einen gewissenlosen Feind unserer Gesellschaftsordnung handelt.

Der Angeklagte hat darüber hinaus Personen mit Namen und Adressen benannt, mit denen er in Westberlin in Verbindung stand, die den Ermittlungsorganen bekannt waren und bei denen feststand, daß sie im Dienste der CIC standen ...

Der Angeklagte ist auch dann bei der Schilderung seines Verbrechens geblieben, als er zu verschiedenen Malen dem StA vorgeführt wurde, der die Untersuchungen leitete, und er hat seine Selbstbezichtigungen selbst dann aufrecht erhalten, als er im Juni 55 dem GStA der DDR vorgeführt wurde. Dem Angeklagten war bekannt, daß infolge seiner Angaben die Ermittlungen nicht in der erforderlichen Richtung geführt werden konnten, da immer wieder davon ausgegangen wurde, daß er der Brandstifter war. Der Angeklagte ist sowohl von dem GStA der DDR wie auch vom StA, der die Untersuchungen leitete, und von dem letzteren zu verschiedenen Malen befragt worden, ob er Beschwerden hinsichtlich seiner Unterbringung in der U-Haftanstalt oder seiner Behandlung von seiten der Angehörigen der Ermittlungsorgane vorzubringen habe. Auf alle diese

Fragen habe der Angeklagte geantwortet, daß er keine Beschwerden hatte und menschlich behandelt werde.
Laut Protokoll vom 15. Februar 1956, Blatt 269a d. A. hat der Angeklagte an diesem Tag seine bisherigen Aussagen widerrufen. Der Angeklagte erklärte, daß dieser Widerruf bereits im August 1955 erfolgt sei, gleichzeitig mit der Bitte, ihn einem Vertreter des Generalstaatsanwalts ... vorzuführen. Auf diese Bitten sei aber nichts erfolgt. Der Angeklagte hat dann seine Bemühungen aufgegeben, da er der Ansicht war, daß er bei unseren staatlichen Organen doch kein Recht erhalte, zumal er in jedem Mitarbeiter des Ministeriums für Staatssicherheit einen Kopfjäger gesehen habe, und er sei der Ansicht gewesen, daß auch die Mitarbeiter des Generalstaatsanwalts nicht besser seien. Der Angeklagte ist ferner der Ansicht gewesen, daß es im demokratischen Sektor nur bestechliche Gerichte gibt, die alle Anordnungen der Ermittlungsorgane, die seiner Ansicht nach gesetzwidrig waren, ohne Bedenken ausführen. Diese Ansichten sind bei ihm dadurch entstanden, weil er nur in dem bereits angeführten Personenkreis verkehrt hat, der sich aus Schiebern und den Zuträgern des CIC zusammensetzte. ... Der Angeklagte hat nur gelegentlich die demokratische Presse gelesen, hat den RIAS gehört und hat zu verschiedenen Malen das Amerikahaus besucht. [...]
Es müssen nach Ansicht des Senats andere Beweggründe gewesen sein, die den Angeklagten dazu veranlaßt haben, zuerst eine derartig eingehende Tatschilderung zu geben und später den Widerruf durchzuführen. Durch seine eingehende Schilderung der Brandstiftung war der Erfolg jedenfalls der, daß die Ermittlungsorgane ihre Tätigkeit nicht in die erforderliche Richtung lenkten und es dem eventuellen Verbrecher gelungen ist, sich der gerechten Bestrafung zu entziehen. Die Handlung, die vom Angeklagten in voller Erkenntnis ihrer Folgen begangen wurde, birgt eine derartige Gesellschaftsgefährlichkeit in sich, daß die von dem Vertreter des Generalstaatsanwalts beantragte und in diesem Gesetz vorgesehene Höchststrafe von zwei Jahren Gefängnis auch nach Ansicht des Senats durchaus angebracht ist ...«

13

An Bades ehemaligem Arbeitsplatz im VEB Industriebau und im Staatlichen Rundfunkkomitee erfuhr niemand etwas über den Prozess und dessen Ausgang. Nach der Inbetriebnahme der neuen Studios am 10. Februar 1956 hatten sich die Wogen geglättet; die kurze

Tauwetterperiode in der Folge von Chruschtschows Geheimrede – die in der DDR bis 1989 »geheim« blieb – beschäftigte die Menschen mehr als der scheinbar geklärte Sabotageakt.
Es lässt sich heute nicht mehr nachvollziehen, ob Bades Vermutung zutrifft, man habe seinen Prozess ursprünglich als eine Art Gegenstück zum KPD-Verbotsprozess in Westdeutschland geplant. Jedenfalls wurde die KPD acht Tage nach dem Urteilsspruch gegen Bade, am 17. August 1956, verboten. Am darauffolgenden Abend nahm der Deutsche Freiheitssender 904 sein Programm über den Mittelwellen-Sender Burg bei Magdeburg auf. Als Studio für das »von westdeutschen Patrioten« betriebene Programm diente anfangs der gerade fertiggestellte Hörspielkomplex II im Block B in der Nalepastraße.
Vor Arno Bade liegen nach der Urteilsverkündung vier lange Jahre, die er trotz guter Führung bis zur letzten Stunde absitzen muss. Die Justiz und die hinter ihr stehende Partei fürchten seine Geschichte und sind nicht daran interessiert, den in der Öffentlichkeit bekannt gewordenen Mann auch nur einen Tag früher in Freiheit zu sehen. Die Perfidie erreicht ihren Höhepunkt, als dem Häftling Bade ein »Zahlungsbefehl des Staatlichen Rundfunkkomitees vom 23. Januar 1957, vertreten durch den Prozeßbevollmächtigten F.K. Kaul«, über die Zahlung von 268,50 DM überzahltem Gehalt plus Kosten des Verfahrens, DM 20,15, zugestellt wird. Bades Mutter, durch die neunmonatige Haft um ihre Existenz gebracht, einigt sich mit Kauls Büro auf eine monatliche Ratenzahlung.
Bade wird bald nach seinem Prozess in das »Objekt II« nach Bautzen verlegt. In den 180 Zellen des ehemaligen Amtgerichtsgefängnisses hält die Staatssicherheit seit August 1956 ihre langjährig Verurteilten gefangen. Zwei Jahre sitzt Arno Bade in einer Einzelzelle im vierten Stock. Mit der Zeit erfährt er den Namen des einen oder anderen Mithäftlings. Georg Dertinger, der erste Außenminister der DDR, verbüßt seine Strafe nur zwei Zellen entfernt von ihm. Eines Tages, als beim Duschen der Posten gerufen wird, fragt Bade seinen Nachbarn in der Nebenkabine, wer er sei. Es ist der ehemalige Staatssekretär im DDR-Justizministerium, Dr. Dr. Helmut Brandt, der seit September 1950 inhaftiert ist.
Ab September 1958 ist Bade zusammen mit drei anderen Häftlingen in einer Gemeinschaftszelle untergebracht. Im Gegensatz zu anderen Häftlingen, die – wenn überhaupt – mit stumpfsinnigen Hilfsarbeiten beschäftigt werden, bekommt Bade ein Zeichenbrett in seine

Zelle und arbeitet an der Innenausstattung eines Salonwagens für Mao Zedong mit, den ein Großraumbüro im Zuchthaus Bautzen I entwirft. Später vertraut man ihm Konstruktionsunterlagen des Panzers T 52 an. Für Schulungszwecke der NVA müssen Umarbeitungen in den Dokumentationen vorgenommen werden. Das ist übrigens das Einzige, wofür sich die CIA nach Bades Flucht in den Westen interessiert.

Bade gilt auch in Bautzen II allgemein als »der Brandstifter«. Sein Ruhm hält sich lange. Erich Loest, von 1959 bis 1964 Häftling in Bautzen II, berichtet in seiner Autobiografie:

»... im Laufe ihrer Jahre waren ein paar hundert Schicksale an ihr Ohr gedrungen. Uraltstory: Der Mann, der beschuldigt worden war, den großen Sendesaal im Berliner Rundfunkgebäude in Brand gesteckt zu haben, der schon zugegeben hatte, er sei es gewesen, in allen Zeitungen hatte es gestanden, und dann hatte er das Gegenteil bewiesen. Sieben Jahre wegen Irreführung der Behörden.«

Bald darf Arno Bade täglich das Zentralorgan *Neues Deutschland* lesen und erfährt, dass man den Richter Genrich zum Oberrichter ernannt hat. Zwei Jahre nach seiner Verurteilung, am 16. August 1958, entdeckt er auf Seite fünf des *ND* in einem Artikel »Die indirekte USA-Aggression gegen die DDR – Geheimdienste gehen über Leichen« unter der Zwischenüberschrift »Brandstiftung« seinen Namen in einem Text, der nahezu gleichlautend schon am 13. April 1955 an gleicher Stelle gestanden hatte.

»Die Staatsicherheitsorgane der DDR verhafteten 1955 den amerikanischen Agenten Arno Bade. Bade war nach Beendigung seines Studiums an der Westberliner Technischen Hochschule vom amerikanischen Geheimdienst in die Bauindustrie der DDR geschickt worden und verübte am 16. Februar 1955 eine Brandstiftung in einem neuen Gebäude des Staatlichen Rundfunkkomitees. Er baute Brandsätze des amerikanischen Geheimdienstes in das Kanalsystem der Klimaanlage ein und steckte so die neuerbauten Sendesäle in Brand ...«

Bades Mutter wendet sich ob dieser Verleumdung empört an einen Rechtsanwalt, der von der Redaktion des *Neuen Deutschland* Aufklärung fordert. Die Antwort ist aufschlussreich:

»... im Zusammenhang mit Ihrem Schreiben vom 26. 08. 58 möchten wir Ihnen folgendes mitteilen: Es handelt sich keineswegs um eine Behauptung von uns, daß Arno Bade im Zusammenhang mit einer Brandstiftung im Staatl. Rundfunkkomitee genannt wurde. Vielmehr haben wir den

Abschnitt »Geheimdienste gehen über Leichen« Dokumenten und Erklärungen entnommen, die von der Regierung der Deutschen Dem. Republik der Öffentlichkeit übergeben worden waren. In der Erklärung des Ministerrats der DDR vom 12. April 1955 (veröff. *ND* vom 13. April 55, Berliner Ausgabe) heißt es: ›Die Organe der Staatssicherheit haben den amerikanischen Agenten Bade, Arno verhaftet. Der Bauingenieur Bade, Arno, der nach Beendigung seines Studiums an der Westberliner Technischen Hochschule vom amerikanischen Geheimdienst in die Bauindustrie der DDR geschickt worden war, verübte am 16. Februar d.J. eine Brandstiftung in einem neuen Gebäude des StRuKos. Mit Hilfe von Brandsätzen des amerikanischen Geheimdienstes, die er in das Kanalsystem der Klimaanlage einbaute, steckte er die neuerbauten Sendesäle in Brand. Bei Löscharbeiten erlitten vierzehn Personen schwere Verletzungen.‹
Wir haben dies deshalb so ausführlich zitiert, weil Sie in Ihrem Schreiben sagen, Ihnen sei nicht bekannt, woher der verantwortliche Redakteur dieses Artikels seine Informationen hat. Wir haben uns in diesem Fall auf die Erklärung des Ministerrats der DDR gestützt. Von den Ergebnissen des später durchgeführten Strafverfahrens war uns bisher nichts bekannt. Wir nehmen Ihre Einrede gegen das von uns veröffentlichte Material, den Fall Bade betreffend, zur Kenntnis und bedauern das Mißverständnis. Da es sich indessen in diesem Fall um einen Vorgang handelt, der einem regierungsamtlichen Material entnommen ist, möchten wir eine Berichtigung nicht in Betracht ziehen.«
Am 19. August 1960 wird Arno Bade entlassen und kehrt nach Berlin zurück. Einhundertdreißig Mark erhält er für drei Jahre Arbeit in Bautzen. Die Abteilung Inneres beim Rat des Stadtbezirks Berlin-Treptow bietet ihm sofort eine Arbeitsstelle an: Beim Hafenbau in Rostock fehlen Bauingenieure. Man will ihn unbedingt von seinem alten Freundeskreis in Berlin fernhalten. Bade redet sich damit heraus, dass er erst einmal drei Wochen Urlaub brauche. Wenn er das Haus in Baumschulenweg verlässt, hat er keine Mühe, die Beobachter zu erkennen, die auf ihn angesetzt sind. Ihr grüner Opel fällt auf. Von der Baumschulenstraße, wo Bade wohnt, ist es kaum ein Kilometer bis zur Sonnenallee in Westberlin. Noch ist die Grenze offen. Und die nächste S-Bahn-Station liegt im Westen, wenn er den richtigen Zug nimmt. Aber darauf warten die wahrscheinlich nur. Er hat keine Lust, sich noch einmal einsperren zu lassen.
An seinem 32. Geburtstag holt er sich auf der VP-Inspektion im Rathaus Johannisthal seinen Personalausweis ab und kauft sich ein neues

Faksimile aus »Unser Rundfunk« von 1955 mit den Auszeichnungen der Illustrierten »Revue«

Jackett. Als er zum S-Bahnhof Schöneweide zurückläuft und die erste Brücke unterquert hat, erkennt er die günstige Gelegenheit. Statt die Treppe zum S-Bahnsteig hinaufzugehen, rennt er unter der S-Bahn hindurch, überquert das Adlergestell und betritt das Geschäft eines Uhrmachers. Der Uhrmacher hält sich eine ganze Weile mit der verharzten Armbanduhr auf. Als Bade schließlich das Geschäft verlässt

und sich in eine Gaststätte setzt, taucht auch der grüne Opel wieder auf. Bade hat Glück. Man bemerkt ihn nicht.
In Schöneweide sucht er eine Bekannte seines Vaters auf. Im Nachmittagsverkehr verlässt er das Haus und springt auf einen anfahrenden Bus auf. In Späthsfelde, einer Gartensiedlung am Teltowkanal, der die Grenze zu Westberlin bildet, verschafft ihm eine Bekannte seiner Mutter Zugang zum abgesperrten Kanalufer.
Bades Mutter ist beunruhigt über sein Verschwinden und geht am nächsten Tag zur Polizei. »Was haben Sie mit meinem Sohn gemacht? Haben Sie den wieder verhaftet? Kaum ist der draußen, da beobachten Sie ihn, und jetzt haben Sie ihn festgenommen ...«
»Bei uns wird niemand beobachtet!«
»Ach, und die drei Mann gegenüber im Zigarrenladen?« Frau Bade lässt sich nicht einschüchtern. Neun Monate in Rummelsburg haben ihr jeden Respekt vor dieser Polizei genommen.
Am nächsten Tag besucht sie ein höher Chargierter. »Frau Bade, Ihr Sohn ist nicht verhaftet worden. Wir können Ihnen sagen, der ist in Westberlin. Er ist republikflüchtig geworden.«
Das weiß Frau Bade inzwischen auch. Die Nachbarin hat ihr den *Telegraf* vom 24. August 1960 gezeigt. Der berichtet in seinem Leitartikel von einem spontanen Besuch Willy Brandts bei der Ostberliner SPD. Darunter findet sich ein zweispaltiger Eigenbericht:
»Auf abenteuerliche Weise flüchtete am Mittwochabend ein 32jähriger Mann aus dem Sowjetsektor nach Westberlin. Zwischen Baumschulenweg und Britz schwamm er durch den Teltowkanal. Der Flüchtling gab an, fünf Jahre Strafhaft in Bautzen hinter sich zu haben. Er sei von den sowjetzonalen Behörden für einen Brand im Sender Oberschöneweide verantwortlich gemacht worden. Nach seiner Entlassung aus dem Zuchthaus wäre er laufend beschattet worden. Seine Angaben werden geprüft.«
Arno Bade wird als politischer Flüchtling anerkannt und fliegt eine Woche später nach Westdeutschland. In seiner neuen Heimat interessiert sich niemand für eine Geschichte, die so typisch ist für die Jahre des Kalten Krieges. Nur in der Illustrierten *Revue* erscheint ein Bildbericht über ihn und seine abenteuerliche Flucht.
Heute lebt der 82-Jährige mit seiner Frau im Rheinland, doch es zieht ihn immer wieder zu Freunden und Bekannten nach Berlin. Das Verbrechen, das er begangen haben soll und das eine 16-bändige Stasi-Akte füllt, hat nie stattgefunden und hätte ihn dennoch beinahe das Leben gekostet.

Selbstmord ohne Abschiedsbrief –
Der Tod des Erich Apel
am 3. Dezember 1965

von Klaus Behling

+++ *Neues Deutschland*, 4. Dezember 1965 +++ Ärztliches Bulletin +++ Am 3. Dezember 1965, vormittags 10.00 Uhr, verschied der Stellvertreter des Vorsitzenden des Ministerrates und Vorsitzender der Staatlichen Plankommission, Dr. Erich A p e l. Er litt seit längerem an Kreislaufstörungen. In allerletzter Zeit zeigten sich außerdem Zeichen nervlicher Überlastung, die trotz aller ärztlichen Bemühungen zu einem plötzlichen Nervenzusammenbruch führten. In einer dadurch hervorgerufenen Kurzschlußreaktion schied Dr. Apel aus dem Leben. +++ gez. Prof. Dr. Wittbrodt +++ gez. Prof. Dr. Dr. Auerbach +++ gez. OMR Dr. Schulte +++

Eismanns Fall

Marianne Haagen war noch schnell beim Friseur. Das musste einfach sein, auch wenn die Arbeitszeit dafür draufgeht. Schließlich ist sie Vorzimmerdame bei einem der führenden DDR-Politiker. »Stellvertreter des Vorsitzenden des Ministerrates und Vorsitzender der Staatlichen Plankommission«, steht auf dem Briefkopf von Erich Apel. Und natürlich sein Doktortitel. Doktor der Ökonomie ist der studierte Hydraulik-Ingenieur inzwischen; 1960, mit 41 Jahren, hat er den akademischen Abschluss noch geschafft. Darauf ist Erich Apel stolz. Sein Kalender zeigt den 3. Dezember 1965.

Dass Marianne Haagen noch nicht am Schreibtisch sitzt, ist Erich Apel noch gar nicht aufgefallen. Er bespricht seit einer halben Stunde mit Horst Böttcher, seinem persönlichen Referenten, die Termine des Tages. Das langfristige Handelsabkommen mit der Sowjetunion soll feierlich unterzeichnet werden. Außerdem liegt die Vorbereitung des Volkswirtschaftsplanes 1966 an. Auf der nächsten Plenartagung des Zentralkomitees der SED muss der Chef der Plankommission darüber referieren.

Kurz nach halb zehn kommt Horst Böttcher ins Sekretariat. Marianne Haagen ist gerade rein. Gemeinsam mit ihrer Kollegin Christine Pittasch will sie erst einmal in Ruhe einen Tee trinken. Auch Leutnant Friedrich, Erich Apels persönlicher Beschützer von der Stasi, hat sich deshalb im Sekretariat eingefunden. Pünktlich um 9.45 Uhr bringt Küchenfee Waltraud Taudte den Tee.
Finanzminister Siegfried Böhm und Günter Mittag, als Kandidat des Politbüros des ZK der SED für die Wirtschaft verantwortlich, haben kurz angerufen. Ansonsten ist es ruhig. Irgendjemand knallt eine Tür zu.
Drei Tage später meldet Major Eismann von der Stasi-Hauptabteilung IX/7, der MfS-eignen Mordkommission, seinem Minister Erich Mielke:

> »Den Untersuchungen zufolge muß dies der Zeitpunkt der Schußabgabe gewesen sein. Da die Genossen aber gewohnt waren, daß ihr Chef Türen zuschlägt, schenkten sie dieser Wahrnehmung keine besondere Beachtung.«

Erich Apel hat sich an seinem Schreibtisch im Haus der Ministerien in Berlin, Leipziger Straße, mit seiner Dienstpistole erschossen. Genau zwei Monate zuvor, am 3. Oktober, feierte er seinen 48. Geburtstag. Die Tee-Runde im Sekretariat ahnt nichts von dem dramatischen Ereignis, bis kurz vor zehn das Telefon klingelt. Das Lämpchen über dem Namen »Gen. Stoph« leuchtet auf, doch der Chef hebt nicht ab. Marianne Haagen öffnet vorsichtig die gepolsterte Doppeltür und erschrickt. Major Eismann notiert später den Grund dafür in den Akten: »Dabei stellte sie fest, daß Gen. APEL reglos hinter seinem Schreibtisch im Sessel saß und sein Kopf hintenübergefallen war.«
Um 10.20 Uhr trifft Eismann an jenem 3. Dezember mit seinen Mitarbeitern Hauptmann Böhme, Hauptmann Hellmann und Oberfeldwebel Nicolas am »Ereignisort«, dem Dienstzimmer des Chefs der Plankommission, ein.
Die Männer sind sauer, weil sie den Tatort verändert antreffen. Ihr Kollege, Leutnant Friedrich vom Personenschutz, hatte sofort nach den entgeisterten Rufen von Monika Haagen die Ärzte Dr. Schulte und Dr. Bernd von der Poliklinik des Hauses der Ministerien und Dr. Gebauer vom Regierungskrankenhaus zur Hilfe gerufen. Auch Horst Böttcher ist ins Chefzimmer geeilt.
Die drei Mediziner können nur noch den Tod Erich Apels feststellen. Major Eismann meldet Erich Mielke:

»Bei den ersten Rettungsmaßnahmen wurde der Verletzte auf die im Zimmer befindliche Liege gelegt. Die bei ihm in der rechten Hand aufgefundene Pistole wurde dabei von dem Gen. Böttcher, der sie absichtlich vorsichtig anfaßte, im ersten Ablegefach unter dem Konferenztisch abgelegt.«

Damit sind erste, vielleicht wichtige Spuren vernichtet:

»Die an der Waffe gesicherten daktyloskopischen Spuren haben zu Vergleichszwecken zu wenig individuelle Merkmale.«

Dass aus der Pistole geschossen wurde, ist klar:

»Die Waffe war entsichert und der Verschluß in hinterer Stellung. Im Magazin befanden sich keine Patronen. Es handelt sich um die Dienstwaffe des Gen. Apel, Modell 1001–0, Kaliber 7,65 mm, Nr. 24907.«

Das Projektil liegt auf dem Fußboden, 38 Zentimeter von der linken Wand des Zimmers entfernt. In 2,04 Metern Höhe ist es in die Holzverkleidung der rechten Wand eingeschlagen und dort wahrscheinlich abgeprallt. Auch die Glasplatte auf Erich Apels Schreibtisch weist eine 4,5 Zentimeter breite, ganz frische Bruchstelle auf.

Die Untersuchung des Opfers ist kriminalpolizeiliche Routine:

»Bei der Besichtigung der Leiche durch Mitarbeiter der Hauptabteilung IX/7 konnten am Kopf im Bereich der linken und rechten Schläfe Schußverletzungen (Ein- und Ausschuß) festgestellt werden. Von diesen Verletzungen zogen sich vertrocknete Blutabrinnspuren fast senkrecht zum Unterkiefer. Auf Grund dieser Feststellungen kann gesagt werden, daß es sich um einen Kopfdurchschuß handelt, der durch eine Schußabgabe in aufgerichteter Körperhaltung verursacht wurde. Weitere Verletzungen waren nicht feststellbar.«

Damit scheint die Rekonstruktion des Geschehens eindeutig, und Major Eismann hält fest:

»Im Ergebnis der geführten Befragungen und der getroffenen Feststellungen am Tatort ist zu schlußfolgern, daß eine Selbsttötung durch Erschießen vorliegt. Zum Motiv gibt es bisher keine Anhaltspunkte.«

Es kann nur im bisherigen Leben und in der Arbeit des Opfers liegen.

Hitlers Himmelsstürmer

Die Franz-Josef-Strauß-Linde erinnert an die Öffnung der deutschdeutschen Grenze, das Kirchlein St. Nikolaus an die restlichen rund 650 Jahre Geschichte des 2800-Seelen-Dorfes Judenbach in Thüringen.

Der einstige SED-Spitzenfunktionär Erich Apel ist dort längst vergessen. Ja, damals hat die Stasi hier herumgeschnüffelt, erinnert sich ein alter Mann: »Aber hier konnte ja nichts passieren. Wir waren doch ringsum eingemauert.«

Am 3. Oktober 1917 wird Hans Erich Apel in Judenbach geboren. Sein Vater ist Schlossermeister, die Mutter Schneiderin.

Erich geht auf die Realschule in der nahen Spielzeugstadt Sonneberg und macht 1932 die mittlere Reife. In der Porzellanfabrik Neuhaus lernt er Werkzeugmacher, legt 1935 die Gesellenprüfung ab und arbeitet dann in seinem Beruf.

Thüringen, das grüne Herz Deutschlands, ist damals braun. Erich Apel muss 1934 beim Deutschen Jungvolk antreten. Den Sechzehnjährigen stört der stumpfsinnige Drill. Wegen »negativer Einstellung zur militärischen Erziehung« fliegt er neun Monate später wieder raus.

Im Deutschen Studentenbund hat er dagegen keine Probleme. Erich Apel studiert ab 1937 an der Ingenieur-Schule Ilmenau und besteht 1939 das Examen als Maschinenbauingenieur. Unmittelbar danach muss er als Wehrpflichtiger einrücken.

Von September bis Dezember 1939 robbt der junge Ingenieur als Rekrut im Infanterie-Ersatz-Bataillon 451 in Gotha durch den Dreck. Inzwischen ist Krieg. Doch noch wird gewonnen, und so muss sich Schütze Apel vorerst nicht verheizen lassen. Stattdessen wird er am 20. Dezember 1939 zur Heeresversuchsstelle nach Peenemünde kommandiert.

Hier bastelt Raketenspezialist Wernher von Braun an den Wunderwaffen des Führers. Erich Apel bezieht ein Zimmer in einem Gasthof in Zinnowitz. Hin und wieder kommt seine Braut zu Besuch, 1942 wird geheiratet. Ansonsten stürzt er sich in die Arbeit. Ein ehemaliger Kollege erinnert sich:

> »Er arbeitete wie wir alle von sieben Uhr morgens bis 17.30 Uhr an den Prüfständen, aber abends büffelte er dann noch in seinem Zimmer an Verbesserungsvorschlägen.«

Die Hydraulik an den Raketentriebwerken ist sein Spezialgebiet. Ihn interessiert die Technik, ihn fesselt die Suche nach Lösungen, das Rechnen, Messen und Konstruieren. Offenbar macht der Jung-Ingenieur seine Sache gut, denn im August 1940 entlässt ihn die Wehrmacht nach der abgeleisteten Wehrpflicht. Erich Apel wird ab November für die Heeresversuchsanstalt dienstverpflichtet und arbeitet nun als Betriebsingenieur und Assistent des Betriebsdirektors im streng abgeschirmten Sperrgebiet auf der Nordspitze der Insel Usedom.

Die Welt ringsum nimmt der junge Mann kaum wahr. Ein Kollege: »Er war damals 23, ein Schrank von Kerl und völlig unpolitisch. Apel gehörte keiner NS-Organisation an, nicht einmal der Hitlerjugend.« Die Zeit vergeht wie im Rausch. Zufällig ist es Erich Apels 25. Geburtstag, der 3. Oktober 1942, als in Peenemünde die erste Fernrakete der Welt erfolgreich gestartet wird. Bei Versuchen im Sommer war die A 4 kurz nach dem Start explodiert. Diesmal klappt alles. Es ist Punkt 16 Uhr, als der schlanke Raketenkörper mit der Geschwindigkeit Mach 5,4 fast 90 Kilometer hoch und annähernd 300 Kilometer weit in den Himmel schießt. Hitlers Himmelsstürmer haben es geschafft, und Erich Apel ist dabei.
Das macht ihn stolz. Anfang 1943 avanciert er zum Chef eines der zahlreichen Entwicklungsbetriebe der Heeresversuchsanstalt.
In der Nazi-Propaganda wird die Rakete schnell zur »Vergeltungswaffe«, V2. Der begeisterte Ingenieur macht sich so seine Gedanken. »Es ist eine Schweinerei, dass diese Dinger mitten in einer Stadt explodieren sollen«, äußert er im Kollegenkreis. Dort braucht niemand ein Blatt vor den Mund zu nehmen, und so entgegnet sein Chef, Dr. Thiel, auch nur gutmütig: »Apel, Sie wären besser Sanitäter geworden, für diese Arbeit hier sind Sie zu weich.« Folgen hat der Disput nicht.
Die Herren in Peenemünde verstehen sich als technische Elite. Die braunen Schreihälse sollen für vernünftige Arbeitsbedingungen sorgen, das ist alles. Klar, auch ein Zwangsarbeitslager gehört dazu, aber schließlich ist Krieg.
Erich Apel macht aus seiner Abneigung gegen die Nazis keinen Hehl. Als der Zinnowitzer Pfarrer unvorsichtigerweise in einer Predigt gegen die Machthaber wettert, sorgt der angesehene Ingenieur Apel dafür, dass die Raketenversuchsanstalt den Mann als Bibliothekar anfordert. Die Nazis hätten ihn lieber in ein Strafbataillon gesteckt.
Geheim ist das Treiben in Peenemünde derweil längst nicht mehr. Immer wieder tauchen Späher der Alliierten am Himmel auf, ein Bombenangriff ist zu befürchten. Für die geplante Produktion der »Wunderwaffe« wäre das verheerend, und so wird Erich Apel mit einigen Fertigungsspezialisten seines Betriebsteils, kurz bevor es im April 1943 tatsächlich kracht, zu den Linke-Hoffmann-Werken (LHW) nach Breslau kommandiert. Von dort aus soll er die Betriebe organisatorisch und fertigungstechnisch betreuen, die die Herstellung der in Peenemünde entwickelten V2 übernommen haben.

Auch die LHW selbst sind »kriegswichtig«: Sie stellen Raketenteile her. Auf Antrag der Firma wird Erich Apel am 1. April 1944 vom Heereswaffenamt freigegeben. Er arbeitet nun als Oberingenieur und Assistent des technischen Direktors der Linke-Hoffmann-Werke.
Die Zeit der schnellen Siege ist lange vorbei, der Krieg nach Deutschland zurückgekehrt. Die Front nähert sich Breslau und die LHW müssen ihre Produktionsstätten auslagern. Dazu wird unter anderem die Firma Peterbau GmbH in Kleinbodungen bei Nordhausen im Harz gegründet. Erich Apel wird im Januar 1945 ihr Technischer Leiter.
Jetzt scheint die Politik den unpolitischen Ingenieur doch noch eingeholt zu haben, denn Nordhausen, das ist das KZ Dora-Mittelbau mit seiner unterirdischen V2-Produktion. Erich Apel hat damit nicht direkt zu tun. Aber er ist V2-Mann, und das auch noch nahe dem Ort, an dem Tausende bei der Herstellung der Rakete verrecken. Das näher rückende Kriegsende und die bevorstehende Niederlage dürften ihm Angst gemacht haben.
Als es soweit ist, gelingt es ihm, sich ins heimatliche Judenbach durchzuschlagen.
Erich Apel will einen Schlussstrich unter die Vergangenheit ziehen. Der kräftige junge Mann findet Arbeit in der Landwirtschaft. Am 15. Januar 1946 meldet sich Apel als Neulehrer, lernt und unterrichtet gleichzeitig in der Betriebsberufsschule Steinach.
Dass eine unpolitische Haltung auch ohne eigenes Zutun politisch werden kann, hat er inzwischen begriffen. Von nun an will er es anders halten. Im Januar 1946 wird der 28-Jährige Mitglied in der SPD.
Aber wieder entwickeln sich die Dinge gegen seinen Willen.
Ende April 1946 wird aus SPD und KPD die SED. Das passt dem Mann nicht, der eigentlich von der Politik in Ruhe gelassen werden will. Der »Neulehrer« Apel tritt nicht »freiwillig« zur SED über. Auseinandersetzungen stehen ins Haus, doch dazu kommt es nicht mehr. Am 1. Juni 1946 holen die Russen Erich Apel ab. Nicht als Gefangenen. Die Besatzer brauchen ihn als Ingenieur. Erich Apel soll wieder Raketen bauen.

Stalins Raketenexperte

Von zottigen Pferdchen gezogene Panje-Wagen, die von den Amis abgeguckte simple, aber unverwüstliche Thompson-MPi mit ihrem Tellermagazin, technisch anspruchslose »Stalinorgeln«, nach US-Lizenzen gebaute Fahrzeuge und flüchtig zusammengeschweißte T 34-Panzer, vor allem aber der unermüdliche Einsatz der Soldaten haben der Roten Armee den Sieg über Hitlers Wehrmacht gebracht. Stalins Stabs-Offiziere wissen jedoch, dass das für die sich bereits abzeichnenden Auseinandersetzungen nach dem Krieg nicht mehr ausreicht. Als am 6. und 9. August 1945 die Amerikaner die ersten Atombomben der Welt auf Hiroshima und Nagasaki werfen, ist Politikern, Wissenschaftlern, Rüstungsplanern und Militärs beider Seiten die Bedeutung der militärisch nutzbaren Wissenschaft und Technik längst bewusst. Sie wird künftig über die politische Handlungsfähigkeit und deren Spielräume entscheiden.

Noch während die Alliierten über die totale Abrüstung Deutschlands verhandeln und sie im Potsdamer Abkommen festschreiben, suchen West wie Ost nach Verbesserungen ihrer jeweiligen strategischen Positionen. Die Nutzung der innovativen Waffentechnologien des geschlagenen Dritten Reiches wird von beiden Seiten als ein Beitrag dazu verstanden.

Alle Siegermächte versuchen deshalb, deutsche Spezialisten in ihre Dienste zu nehmen. Es ist ein Wettlauf gegen die Zeit. Obwohl Stalins »Headhunter« schon lange vor Kriegsende direkt hinter der Front operieren, sind die Amerikaner mit ihrer »Operation Paperclip« schneller. Die erste Garde der Peenemünder Raketenspezialisten um Wernher von Braun wird von ihnen eingesammelt und unauffällig in die USA gebracht.

Wernher von Braun hatte Erich Apel kurz vor Ende des Krieges noch einmal in Nordhausen im Harz getroffen und dem fähigen Ingenieur angeboten, ihn nach der absehbaren Niederlage mit nach Amerika zu nehmen.

Der Peenemünder Chef wollte seine Truppe möglichst komplett übergeben, doch der Hydrauliker lehnt ab. Freiwillig will er nicht weiter für die Rüstung arbeiten.

Damit unterscheidet er sich von vielen seiner Kollegen. Die Nazi-Propaganda ist bei ihnen nicht ohne Wirkung geblieben. Deshalb gilt es für die Mehrzahl von Hitlers einstigen Himmelsstürmern als Glücks-

fall, von den Amerikanern »gekidnappt« zu werden. Der Weg nach Russland erscheint ihnen dagegen eher als Alptraum.
So dürfte es auch für Erich Apel zunächst durchaus ein bedrückendes Erlebnis gewesen sein, von den Sowjets dienstverpflichtet zu werden. Doch Stalins Kopfjäger haben ihre Aktion geschickt eingefädelt. Sie behandeln die deutschen Experten als Partner. Sie werden mit »Pajoks«, nach Wertschätzung der jeweiligen Person ausgestatteten Lebensmittelpaketen, versorgt, erhalten eine gute Bezahlung und feste Arbeitsverträge. Erich Apel und seine Kollegen werden gebraucht. Der verlorene Krieg scheint für sie fast vergessen.
Das hat seinen Hintergrund. Stalin weiß, dass er den inzwischen proklamierten »Kampf der Weltsysteme« ohne Erfolge im sich abzeichnenden Rüstungswettlauf nicht führen oder gar gewinnen kann. Der Wissens- und Technologietransfer aus Deutschland soll sowohl die Schlagkraft seiner Roten Armee stärken, als auch den bereits deutlichen technologischen Rückstand zu den Amerikanern abbauen helfen.
Seine Experten-Jäger um Boris Tschertok verfolgen deshalb eine Doppelstrategie: Da es ihnen, abgesehen von Helmut Grötrupp, nicht gelungen ist, die Spitzenleute zu erbeuten, konzentrieren sie sich auf die zweite Reihe. Bereits im Sommer 1945 rekrutieren sie rund 5000 deutsche Spezialisten. Mit der neuen Belegschaft wird die größte Waffenfabrik der Nazis in Bleicherode im Harz, wo die V2 bereits in Serie produziert worden war, wieder in Betrieb genommen. In der Sowjetunion gibt es keinerlei Voraussetzungen für eine schnelle Umlagerung der High-Tech-Produktion aus Deutschland. Ganz planmäßig ist deshalb der Wissenstransfer der erste Schritt. Erich Apel wird, wie jedem anderen deutschen Spezialisten auch, ein sowjetischer Partner zugeteilt, mit dem er gemeinsam arbeitet.
Dann beginnen in aller Heimlichkeit die Umzugsvorbereitungen. Allein aus den Mittelwerken Nordhausen transportieren die Trophäenkommandos der Roten Armee 717 Waggonladungen mit 5647 Tonnen Maschinen, Ausrüstungen und Raketenbauteilen ab. Bis Anfang 1947 lässt das für Raketentechnik zuständige »Sonderkomitee Nr. 2« weitere 2270 Güterwagen mit mehr als 14 256 Tonnen Raketenbaugruppen, Halbfertigfabrikaten und Spezialmaschinen aus der SBZ in Richtung Kapustin Jar, dem neuen sowjetischen Raketenversuchsgelände, rollen.
Die strikte Geheimhaltung darüber funktioniert so perfekt, dass nicht

nur Erich Apel und die anderen deutschen Experten nichts von der bevorstehenden Zwangsverpflichtung ahnen, sondern die Sowjets noch jahrzehntelang die Legende pflegen können, sie hätten nur noch unbedeutende Reste der Nazi-Raketenproduktion erbeutet. Zum Vergleich: Die Amerikaner haben aus den Mittelwerken Nordhausen lediglich 400 Tonnen Raketenmaterial abtransportiert.
Bereits am 13. Mai 1946 hatte Stalin befohlen, die sensible Raketenproduktion in die Sowjetunion zu verlagern. Dazu gehören auch die deutschen Experten. Sie werden am 22. Oktober 1946 von einer generalstabsmäßig organisierten Aktion überrascht.
In den frühen Morgenstunden holen sowjetische Offiziere überall in der SBZ die ahnungslosen deutschen Techniker und Ingenieure aus den Betten. Ihre Häuser sind von Soldaten umstellt, ein Dolmetscher übersetzt die kurze Ansprache des kommandierenden Offiziers:
»Auf Befehl der sowjetischen Militäradministration müssen Sie fünf Jahre in der Sowjetunion arbeiten. Sie können Ihre Frau und Ihre Kinder mitnehmen und so viele Sachen, wie Sie wollen ...«
Viel mitzunehmen gibt es bei Erich Apel nicht. Bisher ist er in seinem Leben nur immer der Arbeit nachgezogen, hat in Gasthöfen, Kasernen und Notunterkünften gehaust. Nun wollte er sich endlich häuslich einrichten, doch daraus wird erst einmal nichts.
Lkw und uniformierte Möbelpacker stehen bereit. Oft werden einfach die vollen Schränke vernagelt und aufgeladen. Niemand kann sich mehr von seinen Freunden verabschieden. Nur Stunden später rollen die Züge gen Osten.
Die Reise dauert rund 14 Tage, die Stimmung in den rumpelnden Waggons ist gedrückt. Einerseits werden die Deutschen den Umständen entsprechend gut versorgt und vom Begleitpersonal gut behandelt. Andererseits scheint die Zukunft ungewiss.
Reiseziel ist die verzweigte Landschaft des Seliger Sees, rund 400 Kilometer nordwestlich von Moskau. Apel baut zunächst in Podlipki (heute Koroljew) in Deutschland abgebaute Maschinen wieder zusammen, bevor er den anderen Raketenspezialisten auf die Insel Gorodomlia folgt.
Wie immer in diesem Metier geht es um streng geheime Projekte. Die Arbeitsbedingungen stimmen, im täglichen Leben gibt es alle nur denkbaren Vergünstigungen. Die deutschen Experten kassieren Traumgehälter, doppelt so hoch wie sowjetische Minister-Bezüge. Erich Apel wird Chef eines Versuchsbetriebes.

Aber die Deutschen werden nicht in die sowjetischen Forschungen integriert. Stalin denkt nicht daran, sie langfristig zu verwenden. Sie sollen lediglich so lange »gemolken« werden, bis sie ihren sowjetischen Kollegen nichts Neues mehr zu bieten haben. Nach und nach werden die Deutschen so aufs Abstellgleis manövriert. Ihre Trennung vom weltweiten wissenschaftlichen Know-how lässt ihre Leistungsfähigkeit schnell schrumpfen. Spätestens ab Ende 1948 sind die deutschen Spezialisten in der Sowjetunion nur noch in theoretische Forschungen, nicht aber in die praktische Raketenproduktion eingebunden. Langsam werden sie zu einem Sicherheitsrisiko, das überdies für die Gastgeber auch noch recht teuer ist.
Dennoch betont Erich Apel später immer wieder, in der Sowjetunion Kommunist geworden zu sein. Das ist Ausdruck seines persönlichen Wohlbefindens, wozu auch seine zweite Frau Christa beiträgt.
Doch wie wird ein Mensch in Unfreiheit Anhänger gerade jener Ideologie, deren Träger ihn in einen Käfig sperren, auch wenn der aus Gold ist?
Als das Nazi-Reich zusammenbricht, ist Erich Apel knapp 28 Jahre alt. Er liebt das Regime nicht, aber es hat ihm privilegierte Arbeitsbedingungen ermöglicht. Unter diesem Gesichtspunkt empfindet er – wie viele andere um ihn herum – das Kriegsende als Zusammenbruch. Die geliebte Arbeit ist damit den Bach hinuntergegangen. Politisch fühlte sich Erich Apel den Nazis nicht verbunden; dass er dennoch für ihren Krieg arbeitete, ist ihm nicht entgangen.
Aber darf die Wissenschaft überhaupt der Vernichtung von Menschen dienen, darf sie den Krieg als »Vater aller Dinge« akzeptieren? Noch wird diese Frage kaum öffentlich diskutiert. Leuten wie Erich Apel, die an der Entwicklung von Massenvernichtungswaffen arbeiteten und dabei von der Eroberung des Weltalls träumten, mag sie dennoch schon damals im Kopf herumgegangen sein.
Wie viele seiner Generation sucht Erich Apel einen politischen Halt. Weil er weiß, was nicht noch einmal passieren darf, muss dieser Halt die Stärke eines Glaubens haben.
In der Sowjetunion findet ihn der junge Ingenieur. Was dort als »wissenschaftliche Weltanschauung« angeboten und angeblich von Marx, Engels, Lenin und Stalin entwickelt wurde, besticht durch einfache Antworten auf alle nur denkbaren Fragen.
Natürlich kann es im Kommunismus keine Kriege mehr geben, weil keiner etwas daran verdient, natürlich bestimmt das Sein das Bewusst-

sein, natürlich ist Gleichheit der Schlüssel zu mehr Gerechtigkeit – das alles entsprach auch dem Erfahrungshorizont Erich Apels.
Wie vielen Anhängern des »Marxismus-Leninismus« macht es ihm der neue Glaube leicht, ihn anzunehmen. Statt dröger philosophischer Lektüre reicht der »Kurze Abriss« der Geschichte der KPdSU (Bolschewiki) als Bibel aus, um den Glauben für Wissen zu halten. Erich Apel kann damit leben. Er lernt die neue Ideologie als Privilegierter in der Sowjetunion kennen. Dem ausgefeilten Spiel der Stalinschen Führungsschicht auf der Klaviatur der differenzierten Bevorzugung einzelner Funktionärskasten kann er sich kaum entziehen. Erst kommt das Fressen, dann die Moral, heißt Brechts Umsetzung des Grundsatzes vom Sein und Bewusstsein – man darf sich Kommunist nennen, wenn dies auch die eigene Lebenserfahrung ist.
Für das künftige Leben in der DDR hat der Ingenieur so während des Aufenthaltes in der Sowjetunion nicht nur die nötige berufliche Qualifikation erhalten, sondern auch den Zugang zur neuen Macht gefunden. Einer Karriere in der Heimat steht nichts mehr im Wege.

Ulbrichts Vertrauter

Am 23. Juni 1952 kehrt Erich Apel nach sechs Jahren Aufenthalt in der Sowjetunion in die DDR zurück. Nur vier Monate später wird der beim großen Bruder bewährte Oberingenieur Abteilungsleiter für Forschung und Technik im Ministerium für Maschinenbau, und schon im April 1953 steigt er zum Technischen Leiter der Hauptverwaltung für Elektro- und Kraftmaschinenbau auf. Ab November 1953 ist Erich Apel bereits Stellvertretender Minister für Maschinenbau.
Die steile Karriere verdankt der Mittdreißiger SED-Chef Walter Ulbricht. Der hat gerade – gegen die Bedenken seiner Moskauer Genossen – den Aufbau des Sozialismus in der DDR verkündet und den Volksaufstand vom 17. Juni 1953 knapp überlebt. Nun will er zeigen, dass er es schafft, die immer noch unter Besatzungsrecht stehende DDR zu einem richtigen Staat zu machen. Dafür braucht Ulbricht nicht nur Fachleute, sondern auch Organisationstalente.
Erich Apel hat von beidem etwas. Er stürzt sich mit Feuereifer in die Arbeit und ist fest davon überzeugt, dass der eingeschlagene Weg der richtige ist. In den Jahren seiner Abwesenheit hat sich die Sowjetische Besatzungszone und ab 1949 die daraus entstandene DDR

grundlegend verändert. Das hängt mit der Suche nach einem neuen Gesellschaftsmodell zusammen, die gleich nach dem Krieg in Ost und West begann.

Dass ein Mann wie Hitler ohne Milliarden-Spritzen aus der Wirtschaft nicht funktionieren konnte, weiß man hier wie da. Inflation, Weltwirtschaftskrise, Aufrüstung, Weltkrieg – die Geschichte scheint sich im Kreis zu bewegen. Ein Teufelskreis, der dringend durchbrochen werden muss.

Im Osten befehlen die Sowjets, wie das zu geschehen hat. Sie exportieren einfach ihr Modell einer zentralen Planwirtschaft. Ihre simple Logik: Allein, weil sie das Gegenteil der kapitalistischen Marktwirtschaft ist, wird sie auch die gegenteiligen Wirkungen hervorbringen. Also keine Inflation mehr, keine Krisen und kein Krieg.

Das sehen nicht nur die Kommunisten, sondern auch einige bürgerliche Politiker so. Begcistert berichtet am 3. Dezember 1948 der CDU-Wirtschaftsexperte Hans-Paul Ganter-Gilmans, ab 1949 Staatssekretär im DDR-Außenhandelsministerium, von einer Reise in die Sowjetunion:

>»Wer nur mit einem klaren Objektivismus die Dinge in der Sowjetunion beurteilt, muß erkennen, daß dort ungeheure Erfolge zum Wohle des Volkes erzielt worden sind. Wenn man diese Erfolge sieht, kann man nicht ohne Bewunderung an dieser neuen Wirtschaftsform vorbeigehen.«

Dass sich Erich Apel auf den Tag genau 16 Jahre später erschießt, liegt wohl auch am Nachlassen der Bewunderung für die neue Wirtschaftsform, nachdem sie sich in der ostdeutschen Praxis beweisen musste. Der Westen ist inzwischen weit vorbeigezogen.

Auch dort wollte nach dem Krieg niemand mehr den blanken Kapitalismus der Weimarer Republik oder gar die zentrale Lenkung der Wirtschaft wie im Dritten Reich. Der Wirtschaftswissenschaftler Wilhelm Röpcke analysiert 1946 die ökonomische Vergangenheit so:

>»Die historische Linie führt vom Kapitalismus zum sozialen Elend und von dort zum Kollektivismus, oder, anders ausgedrückt: ein rücksichtsloser Laissez-faire-Liberalismus zerstört die Gesellschaft, und eine zerstörte Gesellschaft sucht das Heil in totalitären Systemen.«

Röpckes Kollege Alfred Müller-Armack erfindet den Namen für den neuen ökonomischen Weg: Soziale Marktwirtschaft. Wirtschaftsminister Ludwig Erhard setzt sie um und verspricht »Wohlstand für alle«. Seine Verheißung erfüllt sich. Einen Wettlauf mit dem Osten braucht der dicke Mann mit der Zigarre dazu nicht.

Zwischen Ostsee und Erzgebirge ist die Sicht auf die Ökonomie nicht so unpolitisch, wie sie im Westen zu sein scheint. Schließlich soll sie das Fundament einer besseren Politik bilden und deren Überlegenheit nachweisen. So gibt es zum Wettkampf keine Alternative. Er soll zeigen, dass es aus eigener Kraft, ohne amerikanische Dollar aus dem Marshallplan, geht.
Fritz Selbmann, damals einer der führenden SED-Wirtschaftslenker und politischer Ziehvater Erich Apels, macht das schon bei der Begründung des ersten Zweijahrplans deutlich:

»Wir werden bis zur letzten Maschine, bis zur letzten Produktionseinheit der volkseigenen Industrie durchplanen, und dann werden wir sehen, wer ist stärker: Die geplante volkseigene Industrie oder die nicht geplante freie Marktwirtschaft.«

Am Erfolg dieser Methode zweifelt er keine Sekunde:

»Natürlich ist die geplante Wirtschaft stärker, natürlich werden die Dinge dort, wo sie der Mensch mit seiner Vernunft anpackt, besser vorwärtskommen.«

Genau darum scheint es zu gehen: Vernunft gegen Chaos, die Geisteskraft des Menschen gegen die sich immer wieder wandelnden, undurchsichtigen Markt-Mechanismen. Erich Apel ist von Anfang an bereit, sich für die Vernunft zu engagieren. Als Techniker liegt ihm das Rationale ohnehin näher als das unkontrollierte Spiel der Kräfte.
Er hat seine Erfahrungen als Spezialist in der Sowjetunion gemacht. Dort erlebt er, wie durch Planung nahezu alles möglich wird. Dass dies nur für die kleine Gruppe von Hitlers früheren Himmelstürmern und deren sowjetische Kollegen auf der Insel Gorodomlia so gut klappt, ficht ihn nicht an. Als Erich Apel im Juni 1952 in die DDR zurückkehrt, bemerkt er auch dort gewaltige Erfolge.
Bereits 1950 sind drei Viertel der Industrieproduktion des Jahres 1936 wieder erreicht, am Ende des Zweijahrplanes werden stolze 111 Prozent verkündet – trotz der riesigen Reparationszahlungen an die Sowjetunion. Gut, es wurde ein bisschen geschummelt. In der Zahl stecken nicht nur die realen, sondern auch die nominalen Produktionssteigerungen. So blasen Preiserhöhungen die Statistik auf, aber immerhin, der Neustart nach dem Krieg klappte erstaunlich gut.
Allerdings ging er im Westen noch viel besser. Schon 1950 wird in der Industrie zehn Prozent mehr als vor dem Krieg produziert.

Woran liegt das, sollte das Allheilmittel »Plan« doch nicht so wirksam sein, wie erhofft?
Erich Apel will das nicht so sehen. Die Wirtschaft muss politisch geführt werden, das hat er in der Sowjetunion gelernt. Das Primat der Politik gegenüber der Ökonomie ist in den Glaubensgrundsätzen des Marxismus-Leninismus festgeschrieben. Erich Apel muss sich politisch engagieren, will er weiter Karriere machen. Doch da ist immer noch der dunkle Punkt mit dem Nichtübertritt aus der SPD in die SED. 1954 stellt er deshalb den Antrag auf Aufnahme in Ulbrichts Partei. Die Genossen lassen ihn drei Jahre als Kandidaten schmoren, erst 1957 bekommt Erich Apel das Mitgliedsbuch. Zu dieser Zeit ist er schon zwei Jahre lang Minister für Maschinenbau. Nachdem das leidige Problem der SED-Mitgliedschaft endlich geklärt ist, steht dem weiteren steilen Aufstieg nichts mehr im Wege. Schon ein Jahr später, 1958, wird Erich Apel Kandidat und ab Juli 1960 Vollmitglied des Zentralkomitees der SED. Ab 6. Februar 1958 hat er seinen Ministersessel gegen den des Leiters der neu gebildeten Wirtschaftskommission beim Politbüro des ZK der SED getauscht. Bis Juni 1962 ist er dort der Chef, dann folgt Günter Mittag nach. Erich Apel ist der Mann Ulbrichts, der aller Welt die Überlegenheit der sozialistischen Planwirtschaft über die westliche Marktwirtschaft zeigen soll. Dazu gibt der SED-Chef 1959 die Parole vom »Überholen ohne einzuholen« aus.
Was so abstrus klingt, hat einen tieferen Sinn: Der kleinere deutsche Bruder soll mehr Butter und Fleisch essen können als der große im Westen, irgendwann einmal flottere Autos fahren und sich in hellen, komfortablen Wohnungen ausbreiten. Und das alles, ohne die »kapitalistische Produktionsweise« nachahmen zu müssen. Es sind die Träume von der besseren Welt, die die Leute in jenen Jahren noch bei der Stange halten.
Erich Apel muss dafür sorgen, dass sie wahr werden. Nicht irgendwann, sondern planmäßig.

Chruschtschows Partner

Die Parole vom Überholen, ohne einholen zu wollen, kommentiert das DDR-Volk derweil auf seine Weise. Frage an die Genossen: »Wo steht der Kapitalismus?« – »Vor dem Abgrund!« – »Und wo stehen wir?« – »Natürlich sind wir einen Schritt weiter!«

Um die Wirtschaft zwischen Mangel und Beziehungen am Laufen zu halten, müssen Programme her. Am besten solche, die schnelle Wunder versprechen.

Das »Chemieprogramm« könnte eines davon sein. Auf der zentralen Chemiekonferenz am 3. und 4. November 1958 in den Leuna-Werken »Walter Ulbricht« beschlossen, soll es bis 1965 für eine Verdopplung der chemischen Produktion sorgen. »Chemie schafft Brot, Wohlstand und Schönheit«, begründet die Partei.

Das klingt heute mindestens ebenso bedrohlich wie verheißungsvoll, doch damals sieht man es anders. Erich Apel erforscht, wie die Chemie die DDR zu blühenden Landschaften synthetisieren könnte. Für seine Dissertation über das Chemieprogramm bekommt er 1962 den Doktor-Titel.

Seit Juli 1961 ist er bereits Kandidat des Politbüros des ZK der SED und Sekretär des Zentralkomitees, im Januar 1963 wird Erich Apel Vorsitzender der Staatlichen Plankommission und stellvertretender Vorsitzender des Ministerrates der DDR.

Hitlers Himmelsstürmer, Stalins Raketenexperte und Ulbrichts Vertrauter hat den Gipfel der Macht erklommen. Will er dort bleiben, muss er die Wirtschaft in der DDR voranbringen.

Das ist nicht so einfach, denn nicht nur politisch, auch ökonomisch ist die DDR ein Kind der deutschen Teilung. 1936 werden auf dem Gebiet der späteren sowjetischen Besatzungszone gut 27 Prozent der Produktion der eisen- und stahlverarbeitenden Industrie Deutschlands erzeugt. Aber nur 1,9 Prozent der dazu nötigen Steinkohle, 6 Prozent des Eisenerzes, 4,3 Prozent des Roheisens und 6,6 Prozent des Rohstahls kommen von dort. Folge: Schon um die einstigen Kapazitäten nur wieder zu restaurieren, wären umfangreiche Importe nötig. Sie können nur von den neuen Freunden im Osten kommen, denn vom internationalen Handel ist die politisch nicht anerkannte DDR weitgehend ausgeschlossen. Doch weder die Sowjetunion noch die »jungen Volksdemokratien« sind Willens, Rohstoffe für die Entwicklung der DDR-Industrie zu liefern. Ohne sie wäre aber auch das vielversprechende Chemieprogramm nichts als Makulatur, und nicht einmal das Bedürfnis der Bevölkerung nach Wärme und Licht hätte befriedigt werden können.

Ökonomisch hat die Zurückhaltung bei den Rohstofflieferungen den simplen Grund, dass sowohl die Sowjetunion als auch die anderen Verbündeten diese Sachen anderswo günstiger verkaufen können und

überdies international meist auch nicht viel mehr als Rohstoffe anzubieten haben.
Politisch sind die Zusammenhänge komplizierter.
Nach dem Tod Stalins im März 1953 hat Nikita Chruschtschow nicht nur die inzwischen gebildete DDR als Kriegsbeute übernommen, sondern auch den Streit in der sowjetischen Führung, was langfristig eigentlich mal daraus werden soll. Ohne dass Erich Apel davon damals etwas geahnt haben dürfte, ist das ein heikler Punkt für seine an Fahrt gewinnende Karriere. Als er zehn Jahre später Chef der Plankommission wird, kann er seinen Job nur dann erfolgreich erledigen, wenn er, als Mitglied der DDR-Führung, vom KPdSU-Chef und seiner Mannschaft als Partner akzeptiert wird. Deren politische Pläne mit der DDR sind dort jedoch noch lange Zeit undurchsichtig und unberechenbar.
Mit der Verschiebung Polens nach Westen und der Abtrennung von Pommern und Ostpreußen vom Deutschen Reich, der Stationierung der eigenen Truppen bis an Werra und Elbe und der Etablierung von Satelliten-Regierungen in den osteuropäischen Staaten sind wesentliche Kriegsziele der Sowjetunion erreicht. Sie muss die DDR nicht unbedingt ihrer Einflusssphäre einverleiben – wenn sie dafür anders mehr bekommt.
Noch als Oberingenieur auf der Insel Gorodomlia erfährt Erich Apel 1952, welche Pläne »die Freunde« mit der DDR haben. Per diplomatischer Note bietet Stalin sie am 10. März den Westmächten zum Tausch gegen ein neutrales, entmilitarisiertes Gesamtdeutschland an. Bis September geht das Hickhack, weil der Westen nicht an die Ernsthaftigkeit des Angebots des Sowjet-Diktators glaubt, und Konrad Adenauer »lieber das halbe Deutschland ganz, als das ganze Deutschland halb« haben möchte. Dann ist die Sache zumindest in der Öffentlichkeit erst einmal vom Tisch.
Erich Apel, inzwischen in die DDR zurückgekehrt, muss trotz des anhaltenden Streits, ob das alles nun tatsächlich ernst gemeint gewesen sei, feststellen, dass sich die Sowjets zumindest in der Wirtschaft durchaus nicht dauerhaft eingerichtet haben.
Noch sind Reparationsleistungen zu erbringen, die bis 1953 etwa den Wert von 15,8 Milliarden Dollar, gerechnet zum Kurs von 1 Dollar zu 4,20 DM, erreichen. Dazu zählen 2 Milliarden Mark durch Verluste von Kunstwerken aus Beuteaktionen ebenso wie 5 Milliarden Mark für Demontagen, 6 Milliarden Mark für Leistun-

gen, die mit erbeuteten Banknoten bezahlt wurden, 34,7 Milliarden Mark für Entnahmen aus der laufenden Produktion oder 2,55 Milliarden Mark für den Rückkauf sowjetischer Aktiengesellschaften durch die DDR.
In seinen verschiedenen Funktionen im Ministerium für Maschinenbau konstatiert Erich Apel von Anfang an, wie all das die Entwicklung einer eigenständigen DDR-Wirtschaft gewaltig hemmt.
Doch auch politisch sind noch längst nicht alle Messen gesungen. Nach Stalins Tod hält sich dessen Geheimdienstchef Lawrenti Berija für den einzig kompetenten Nachfolger des »weisen Väterchens«. Er rechnet sich Chancen auf den Chef-Sessel aus, gelänge es ihm, die Sowjetunion sicherer zu machen.
Die KPdSU-Führung ist vom Korea-Trauma wachgerüttelt: Hatten die Amerikaner zu Beginn des Korea-Krieges am 25. Juni 1950 gerade einmal einen Fuß auf der Halbinsel, standen sie sechs Monate später am Fluss Jalu, an der Grenze zur Mandschurei. Nur mit Hilfe von 400 000 chinesischen Freiwilligen sind sie bis zum 38. Breitengrad zurückzuschlagen. Ähnliche Szenarien halten die sowjetischen Strategen auch in Deutschland für nicht völlig ausgeschlossen.
Berija beauftragt im Mai 1953 deshalb Generalleutnant Pawel Sudoplatows, seinen Mann fürs Grobe und ganz Geheime im KGB (er organisierte zum Beispiel auch die Ermordung Leo Trotzkis in Mexiko), die Möglichkeit sondieren zu lassen, doch noch ein vereinigtes, neutrales Deutschland zu erreichen. Ihm schwebt vor, von den Westmächten dafür ungefähr zehn Milliarden Dollar für den Aufbau des Sozialismus in der Sowjetunion kassieren zu können.
All die Pläne platzen, als es Nikita Chruschtschow Ende Juni 1953 gelingt, Berija zu entmachten und sich selbst am 13. September zum Ersten Sekretär des KPdSU zu machen. Am 23. Dezember 1953 lässt er Stalins Henker wegen Hochverrats erschießen.
Nikita Chruschtschow entlässt die DDR, in deren Regierung Erich Apel derweil als Vize-Minister dient, per Vertrag vom 20. September 1955 aus der direkten Militärverwaltung zwar in die formale Unabhängigkeit, doch für die langfristige Existenz des kleineren deutschen Staates hat er sich immer noch nicht entschieden.
In der Wirtschaft geht es deshalb von der Hand in den Mund. Das spürt Erich Apel, inzwischen Minister für Maschinenbau, in der täglichen Arbeit. Die Versuche, durch den Aufbau des Eisenhüttenwerkes Calbe an der Saale mit der Niederschachtofentechnologie eisen-

arme Erze zu verhütten, bringen keine kurzfristige Lösung. Auch das wenig später errichtete Eisenhüttenkombinat Ost in Stalinstadt (heute Eisenhüttenstadt) kann nur arbeiten, wenn die Lieferungen aus der Sowjetunion gesichert sind.
Erst 1957 erklärt sich der große Bruder in Moskau bereit, den Grundrohstoffbedarf der DDR-Industrie zu decken. Die Lieferungen erhöhen sich um 20 bis 30 Prozent, zwölf Jahre nach Kriegsende wird damit die DDR-Wirtschaft überhaupt erst plan- und berechenbar.
Spätestens 1961 – nach nur vier Jahren Parteizugehörigkeit ist Erich Apel inzwischen Kandidat des Politbüros des ZK der SED – erfährt er, dass die Sowjetunion mit diesen Lieferungen überfordert ist. Sowohl die immensen Kriegszerstörungen in ihren eigenen Industriegebieten als auch ihr ineffizientes Gesellschafts- und Wirtschaftssystem setzen enge Grenzen. Erst heute bekannte Geheimdokumente belegen, dass Moskau bereits 1959 nur etwa die Hälfte der von der DDR für die Jahre 1960 bis 1962 gewünschten Lieferungen zusagte. Planungschef Bruno Leuschner, Apels Vor-Vorgänger in der Staatlichen Plankommission, meldet den Genossen der Parteiführung das Wackeln des 1959 bis 1965 laufenden Siebenjahrplanes. Dessen Realisierung sei nur unter »Aufbietung äußerster Anstrengungen« zu schaffen.
Das ist die Ausgangslage für die Verhandlungen mit der Sowjetunion in den folgenden Jahren. Erich Apel muss sie führen.

Stophs Sorgenkind

Willi Stoph, bis Juli 1960 Verteidigungsminister, rückt 1962 zum Ersten Stellvertreter des Vorsitzenden des Ministerrates auf. Nach dem Tode Otto Grotewohls am 21. September 1964 übernimmt er den Vorsitz im Ministerrat.
Sein wichtigster Wirtschaftsmann ist Erich Apel. Auch wenn kaum jemand etwas davon weiß, Hitlers einstiger Himmelsstürmer und der Regierungschef der DDR haben in ihrem Lebenslauf Gemeinsamkeiten, die sie von den anderen SED-Spitzenfunktionären unterscheiden.
Von Willi Stoph, Jahrgang 1914, gab es in der DDR keine offizielle Biografie. Wie Erich Apel auch gehörte er zu den wenigen späteren SED-Spitzenfunktionären, die die Nazi-Zeit in Deutschland ver-

bracht hatten, 1935 bis 1937 und dann wieder ab 1940 diente er in der Wehrmacht. Vor seiner Verwundung 1942 bekam er im Russlandfeldzug das Eiserne Kreuz.
Ob Stoph es tatsächlich bis zum Leutnant brachte – wie der Westen behauptete – oder nur Unteroffizier war, ist bis heute nicht hundertprozentig geklärt. Er heulte mit den Wölfen und verewigte sich sogar mit einem begeisterten Nazi-Artikel zu »Führers Geburtstag« in einer Regimentszeitung.
Als der Westen das Ende der fünfziger Jahre als Retourkutsche auf die DDR-Enthüllungen über den »KZ-Baumeister« (und damals gerade gewählten Bundespräsidenten) Heinrich Lübke veröffentlicht, erklärt es die SED-Führung zum Bestandteil von Stophs »antifaschistischem Widerstandskampf«. Er habe für den Geheimdienstapparat der KPD gearbeitet, hieß es, und Erich Honecker meinte intern sogar, er sei »Kundschafter der Sowjetunion« gewesen. Er mochte seinen ewigen zweiten Mann nicht, hegte ihm gegenüber auch deshalb tiefstes Misstrauen.
Wie immer es genau gewesen sein mag, Willi Stoph hatte, ebenso wie Erich Apel, den braunen Zeitgeist hautnah miterlebt. Die Männer verfügten über einen ähnlichen Erfahrungshorizont, der sie von dem der Moskau- und West-Emigranten unterschied. Das könnte ihr gegenseitiges Verständnis gefördert haben.
Die komplizierten Verhandlungen über den Handel mit der Sowjetunion machen das schwierig, denn beide Männer sind für die Versorgung der DDR-Bürger verantwortlich. Die können zwar seit dem Mauerbau am 13. August 1961 nicht mehr einfach weglaufen, aber ökonomisch hat die ganze Sache nichts gebracht. Der Zuwachs der Industrieproduktion liegt 1962 mit dem von 1961 gleichauf, das Nationaleinkommen wächst gerade einmal um einen Prozentpunkt. Und »die Freunde« zeigen sich nicht sehr entgegenkommend. Die Stasi analysiert Erich Apels persönliche Notizen zum langfristigen Handelsabkommen mit der Sowjetunion. Die dort zu findenden Einsichten sind verheerend:

»In den Verhandlungen konnte jedoch bei wesentlichen Positionen keine Übereinstimmung erzielt werden, so daß die volle Versorgung der Volkswirtschaft der DDR mit Importen auf dem bisherigen Wege aus der Sowjetunion nicht mehr möglich war.«

Das ist unter anderem das Ergebnis des Sturzes Nikita Chruschtschows am 14. Oktober 1964 durch Leonid Breshnew. KPdSU-Chefideologe Michail Suslow fokussiert die Vorwürfe gegen Chruschtschow während der entscheidenden Plenartagung neben dem »neuen Personenkult« und der »Eigenmächtigkeit in der Politik gegenüber China« auf »Fehler in der Wirtschaftsführung«.

Der neue Mann, Leonid Breshnew, nun auch wieder »Generalsekretär«, strebt von Anfang an eine traditionell imperiale Machtstruktur an. Das nun angesagte Totschweigen der Ära Chruschtschow lässt den vorsichtigen Beginn der Rehabilitierung Stalins ahnen. Vorrangig gelten nur noch die sowjetischen Interessen, alles andere hat sich ihnen unterzuordnen. Und da die wirtschaftlichen Ressourcen im eigenen Lande nicht reichen, wird eben bei der DDR gekürzt.

Das geht an deren Substanz, denn »die Freunde« wollen besonders die Getreidelieferungen auf nur noch 400000 Tonnen, ein Drittel der für 1966 geplanten Menge, einschränken. Die DDR hat zu jener Zeit gerade die Zwangskollektivierung hinter sich. Die neuen LPG können die Lücke nicht im Entferntesten füllen. Erich Apel notiert:

> »Eine Senkung der sowjetischen Getreidelieferungen in dieser Größenordnung wirft grundsätzliche Probleme der Entwicklung in der DDR und politische Fragen im Zusammenhang mit der Lage in Deutschland auf.«

Er fürchtet eine wachsende Abhängigkeit vom Westen. Weil die Zahlungsbilanz des Außenhandels bereits einen Minussaldo von 1,2 Milliarden Valutamark (VM) aufweist, sind einschneidende und folgenreiche Kürzungen bereits ins Auge gefasst. Erich Apel:

> »Wir beabsichtigen eine Senkung bisher zu Grunde gelegter Importe aus kapitalistischen Ländern in Höhe von 600 Mio VM vorzunehmen, was sowohl Auswirkungen auf die Investitionspolitik als auch auf die Versorgung der Bevölkerung hat. Wir werden mit dem Ziel der Kaufkraftabschöpfung Maßnahmen durchführen müssen, die sich auf das Lebensniveau der Bevölkerung auswirken, so beispielsweise eine Erhöhung der Wohnungsmieten und bestimmte Steuermaßnahmen.«

Das geht direkt gegen die heiligen Kühe der SED-Führung. Gerade gut zehn Jahre ist es her, dass die Arbeiter gegen mehr Maloche für weniger Geld auf die Straße gegangen sind und die SED ihre Macht nur mit sowjetischen Panzern erhalten konnte. Diese Erfahrung möchte sie nicht noch einmal machen.

Erich Apel scheint zu spüren, dass er zum Sündenbock werden könnte. Von seinem Chef, Willi Stoph, bekommt er statt Rat und Hilfe nur immer wieder die harten Fakten um die Ohren gehauen. Der

Planungschef notiert die frustrierenden Feststellungen des Regierungschefs im Telegrammstil:
> »Genosse Stoph: Staatsplan ist nicht bilanziert, z.B. Zersplitterung der Mittel in der Chemie. Keine Konzentration auf Staatsplan vorhanden. Plan muß vom Leben ausgehen. Nicht Plan vom Plan ausgehen. Schwerer Fehler, den wir schwer bezahlen mußten.«

Fehler, für die Erich Apel verantwortlich gemacht werden könnte. Der oberste Planer der DDR steckt bei den Verhandlungen mit der Sowjetunion in der Zwickmühle. Bei den Vertragsvorbereitungen wurden seitens der DDR in 48 Positionen gegenüber Moskau Zusagen über die Lieferung von Maschinen gemacht, die in der DDR gar nicht vorhanden oder produzierbar sind. In Erich Apels Unterlagen findet die Stasi dazu einen Brief aus Moskau vom 23. November 1965. Der Planungschef hatte am Rand notiert:
> »Es ist außerordentlich kompliziert, den Freunden jetzt nahe zu bringen, daß diese Maschinenbauerzeugnisse nicht geliefert werden können ...«

Um die Löcher zu stopfen, sollen die Exporte in den Westen so weit wie nur irgend möglich gesteigert werden. In den Schlussfolgerungen aus dem Verlauf der Verhandlungen mit den Sowjets ist erneut von »Maßnahmen zur Begrenzung des Einkommens der Bevölkerung, zur Abschöpfung der Kaufkraft und zur Umverteilung nach sozialen und politischen Gesichtspunkten« die Rede. Auf der Rückseite vermerkt Erich Apel handschriftlich:
> »Wie kommen wir aus der Lage raus? ... Rückzug – wohin führt das? Lage der Arbeiterklasse verbessern.«

Die Stasi-Analysten fällen nach der Untersuchung der aufgefundenen Schriftstücke ein ebenso arrogantes wie dem damaligen Denken verhaftetes Urteil:
> »Dieser Vermerk läßt die Schlußfolgerung zu, daß bei Dr. Apel auf Grund der entstandenen wirtschaftlichen Situation politische Schwankungen auftraten und er den zu beschreitenden Lösungsweg als politischen Rückzug der DDR wertete.«

Akribisch wird jeder Federstrich erfasst und eingeschätzt:
> »Charakteristisch für alle persönlichen Aufzeichnungen Dr. Apels ist, daß häufig solche Fragen auftauchen wie: ›Was soll werden?‹, ›Wie geht es weiter?‹, ›Wer soll diese Aufgabe lösen?‹ ...«

Nach rund einem Jahrzehnt in der Wirtschaftsführung der DDR hat der Techniker, der rationale Denker in Erich Apel wohl den politischen Träumer besiegt. Er scheint nicht mehr so recht daran zu glauben, dass ein politisches Machtwort die Realität zu verändern vermag. Erich Apel muss sich damals sehr einsam gefühlt haben. Weder von der oft beschworenen »kollektiven Führung« noch von Solidarität ist in den Akten um seinen Tod zu lesen.

Dabei ist es gerade Erich Apel, der dringend Hilfe braucht, weil er schon längst weiß, dass es mit der bisherigen Art zu wirtschaften nicht weitergeht. »Es gibt kein Land in der Welt, das 83 Prozent Importe aufwenden muß, damit die Wirtschaft überhaupt läuft«, hat er notiert, und »Betriebe müssen ihre Mittel erwirtschaften« oder »Es dürfen keine Investitionen gegeben werden, wenn keine Verbesserung der Betriebsergebnisse erreicht wird«.

Ein neues ökonomisches System soll her. Erich Apel arbeitet daran. Er verlangt: »Gegenseitig ein Mindestmaß an Vertrauen haben. Dazu gehört, differenzierte Kritik üben.« Mit seinen Freunden scheint das so zu klappen, und auch Walter Ulbricht steht der ganzen Sache zunächst wohlwollend gegenüber. Dazu hat der erste Mann der DDR gewichtige Gründe.

Mittags Freund

»Spitzbart, Bauch und Brille – das ist nicht des Volkes Wille« – darüber sind sich die Deutschen in Ost und West ein Vierteljahrhundert nach dem Zweiten Weltkrieg einig. Der »Spitzbart« gilt in ganz Deutschland als Moskau höriger Statthalter ohne eigene Ideen. »Bauch« Wilhelm Pieck und »Brille« Otto Grotewohl helfen ihm dabei.

Als Walter Ulbricht Anfang der sechziger Jahre in der DDR Reformen einleitet, wird das deshalb weder zwischen Ostsee und Erzgebirge noch zwischen Sylt und Zugspitze als Richtungsänderung wahrgenommen.

Natürlich stellt er die Verankerung seines kleinen Landes im Sowjetblock nicht infrage, auch am Marxismus-Leninismus als Kompass wird nicht gezweifelt. Aber seine Sicht auf den Sozialismus ändert sich.

Walter Ulbricht definiert ihn neu:

»Der Sozialismus ist eine relativ selbständige sozialökonomische Formation in der historischen Epoche des Übergangs vom Kapitalismus zum Kommunismus im Weltmaßstab.«

Das ist ein Widerspruch zur KPdSU-Doktrin. Sie hält den Sozialis-

mus für eine kurze Übergangszeit, nennt sogar Daten, wann der Kommunismus mit all seinen Wohltaten erreicht sein soll.
Der SED-Chef sieht den Weg dorthin anders. In der Wirtschaft sollen nicht mehr nur Parteifunktionäre das Sagen haben und politische Parolen das Handeln bestimmen. Ulbricht will den Erkenntnissen von Wissenschaftlern und Praktikern mehr Gewicht einräumen. Erich Apel und dessen Freund Günter Mittag sind für ihn jene, die das organisieren sollen. Die DDR-Ökonomie würde so zum Muster für den ganzen Ostblock, die Sowjetunion inbegriffen. Die beiden gehen mit Feuereifer ans Werk.
Walter Ulbrichts Reformideen haben einen konkreten politischen Hintergrund. Nach dem Bau der Mauer sieht er die Chance, endlich Herr im eigenen Haus zu werden.
Der Stratege hat den Zeitpunkt gut gewählt. Schon als man nach Stalins Tod in Moskau mit Machtkämpfen beschäftigt war und so die Satelliten nicht gar so streng im Auge hatte, konnte er die sowjetischen »Berater« unauffällig aus den ZK-Abteilungen hinauskomplimentieren.
Anfang der sechziger Jahre scheint wieder einmal die Zeit gekommen zu sein, eigene Ziele durchzusetzen. Nikita Chruschtschow lässt die Leine etwas lockerer. Das will Walter Ulbricht nutzen.
Überdies hat die DDR durch ihre Lage an der Front des Kalten Krieges, aber auch dank ihres wirtschaftlichen und militärischen Potenzials an Gewicht gewonnen. Der SED-Chef weiß genau, dass er niemals ein gleichberechtigter Partner Moskaus werden kann. Aber er weiß auch, dass ihn die Kreml-Herren – nach Chruschtschows Sturz und Breschnews Machtübernahme mehr den je – brauchen.
So ist Erich Apel in jenen Jahren letztlich einer der Männer, die Ulbricht dabei helfen sollen, endlich selbst zu herrschen. Der hält große Stücke auf seinen Planungschef mit der lauten Stimme, wird aber vorsichtiger, als er merkt, wie sich im Politbüro der Wind gegen das »Neue Ökonomische System« dreht. Von Erich Apels und Günter Mittags Vorschlägen zur effektiveren Gestaltung der DDR-Wirtschaft bleibt er dennoch überzeugt.
Seit Mitte der fünfziger Jahre ist Walter Ulbricht klar, dass die Planwirtschaft nach sowjetischem Vorbild niemals das Zugpferd sein kann, um die Bundesrepublik zu »überholen«. Sein Wirtschaftsberater Wolfgang Berger bestärkt ihn in dieser Auffassung. Beide wissen: Die extensiven Wachstumsreserven der DDR sind aufgebraucht.

Nun können nur noch Strukturwandel und die Hinwendung zum wissenschaftlich-technischen Fortschritt helfen. Ein neues ökonomisches System – im Funktionärskauderwelsch »NÖS« genannt – muss her, denn die so hochgelobte Planwirtschaft hat inzwischen ein Krebsgeschwür entwickelt, die »Tonnenideologie«.
Günter Mittag weiß, was sie in der Praxis bedeutet. Nämlich:
»– allein die Menge zu sehen, ohne die Qualität zu berücksichtigen;
– die Kosten der Produktion, das heißt Aufwand und Ergebnis zu vernachlässigen;
– Produktion um jeden Preis, ohne nach dem Absatz zu fragen;
– sich auf das zu konzentrieren, wo Menge am leichtesten zu erreichen war, also durch schwere, materialintensive Erzeugnisse.«
Als erfolgreich gilt, wer viel produziert. Ob das Ladenhüter oder gefragte Produkte sind, spielt keine Rolle. Die Korrektur dieses Irrwegs durch Einführung marktwirtschaftlicher Elemente ist ein politisches Minenfeld, denn sie rührt an Glaubensgrundsätze. »Mit der Besitzergreifung der Produktionsmittel durch die Gesellschaft ist die Warenproduktion beseitigt und damit die Herrschaft des Produkts über den Produzenten«, polemisierte einst Friedrich Engels im »Anti-Dühring«. Das Wertgesetz gelte im Sozialismus nicht oder nur sehr eingeschränkt, meinte auch Stalin. Soll der Wert nun doch wieder eine wichtige Rolle spielen, geht es also direkt gegen etablierte Glaubensfragen.
Jegliche Reformversuche bergen so von Anfang an die Gefahr in sich, als »Revisionismus« denunziert zu werden. Das konnte schnell böse enden.
Dennoch will Walter Ulbricht eine große Lösung. Neben namhaften Wissenschaftlern der SED-Forschungsstätten scheut er sich nicht einmal, bereits als »revisionistisch« verurteilte Experten wie Herbert Wolf in die konzeptionellen Bemühungen einzubeziehen.
Günter Mittag umreißt die notwendige Reform so:
»Eine Kernfrage war die Anerkennung dessen, daß auch im Sozialismus Warenproduktion und Wert existieren und daß die davon abgeleiteten Kategorien wie Geld, Preis, Kredit, Zins usw. nicht nur eine formale, sondern eine inhaltliche Bedeutung für das Funktionieren der sozialistischen Wirtschaft besitzen – ja, daß sie ihr Gesicht prägen.«
Das sieht Erich Apel genauso. Als Walter Ulbricht auf dem VI. Parteitag der SED im Januar 1963 die Neuorientierung der Wirtschaftspolitik nach dem »Grundsatz des höchsten ökonomischen Nutz-

effekts« und der »materiellen Interessiertheit« verkündet, meint er, nun festen politischen Boden unter den Füßen zu haben. Am 24. und 25. Juni 1963 verabschiedet die gemeinsame Wirtschaftskonferenz von ZK und Ministerrat die »Richtlinie für das neue ökonomische System der Planung und Leitung der Volkswirtschaft«, am 15. Juli wird sie vom Staatsrat der DDR als Richtlinie für die künftige Wirtschaftspolitik beschlossen.

Nun ist Erich Apel endgültig davon überzeugt, in Günter Mittag einen mächtigen und aufrichtigen Verbündeten zu besitzen. Der Wirtschaftsfunktionär bestärkt ihn darin und beteuert später:

»Erich Apel war ein wirklicher Freund ... Auch persönlich harmonierten wir gut, ohne daß uns Neid und Intrigen im Wege standen, wie es in der Politik leider wohl selten ist.«

Das ist eine Lüge, denn in Wirklichkeit war ihre »Freundschaft« so, wie es wohl leider oft in der Politik ist: Mittag hatte das laue Lüftchen des Reformwindes in die Nase bekommen und verbündete sich mit dem Pragmatiker Apel, um es für das eigene Fortkommen zu nutzen. Als es sich in einen kalten Wind verwandelte, zögerte er keine Sekunde, seinem »Freund« in den Rücken zu fallen.

Aber noch geht erst mal alles gut. Das liegt an der Sowjetunion. Dort kämpft der Wirtschaftswissenschaftler Jewsej Liberman um die Anerkennung von Gewinn und Rentabilität als Gradmesser für die Einschätzung der Arbeit der sowjetischen Betriebe. 1956 darf er dazu einen Artikel im »Kommunist«, der Theorie-Zeitschrift des ZK der KPdSU, veröffentlichen. Als er Jahre später, in der *Prawda* vom 9. September 1962, auch noch über »Plan, Gewinn, Prämie« fabuliert, schlägt das ein wie eine Bombe. Nikita Chruschtschow hat Libermans Theorien offenbar abgesegnet. Reformen scheinen angesagt und möglich zu sein.

Die Lage ändert sich schlagartig, als Chruschtschow stürzt.

Nun bekommen auch in der SED-Führung jene Oberwasser, die schon immer gegen die Reform waren. Erich Apels Chef, Willi Stoph, hatte zwar 1962 eine Expertengruppe eingesetzt, die an der »Vervollkommnung des Wirtschaftsmechanismus« der DDR arbeitete, doch das ging längst nicht so weit wie die damaligen Ideen von Erich Apel und Günter Mittag.

Ihr größter Widersacher im Politbüro ist Alfred Neumann. Als Chef des »Volkswirtschaftsrates« und nach dessen Auflösung als stellvertretender Vorsitzender des Ministerrates und Minister für Materialwirt-

schaft ist der gelernte Tischler vor allem am Abhaken der Planzahlen interessiert. Die Reformer betrachtet er mit Argwohn:
»Ich wußte, daß es Gruppen gibt, daß auch Walter Ulbricht seine Gruppe hatte, auch wen er für Ratschläge heranzog. Dazu gehörten Mittag, Apel, Wolf und Berger. Was die da für Quatsch sich ausgedacht haben, erfuhr ich ziemlich schnell.«
Im kleinen Kreis beschimpft »Ali« das Reform-Duo Apel/Mittag schlichtweg als »Banditen«.
Alfred Neumann sieht die ganze Sache vor seinem eher bescheidenen intellektuellen Horizont: Von seinen Leuten lässt er im Sommer 1963 einen Dieselmotor in sämtliche Einzelteile zerlegen. Es sind rund 12 000. Auf der großen Wirtschaftskonferenz hält er diese Zahl dann den Genossen vor: Wie soll man jemals solch einen Motor bauen, wen nicht alle Schräubchen zentral geplant sind!
Nur ein paar Monate später schwankt auch Walter Ulbricht in seinem Reformeifer. Der schlaue Fuchs hat die Witterung des neuen Leitwolfs in Moskau aufgenommen. Leonid Breschnew will keine Experimente in der Wirtschaft. Er will mehr Raketen und Panzer, dem hat sich die Ökonomie unterzuordnen.
Walter Ulbricht ist in der Zwickmühle: Einerseits bringt das NÖS eine deutliche Verbesserung der wirtschaftlichen Lage. Schon 1964 steigt die Arbeitsproduktivität um sieben Prozent. Andererseits wächst der Anpassungsdruck an die neuen Moskauer Machthaber. Außerdem fürchtet die SED um ihre ideologische Vorherrschaft, wenn die VEB-Bosse immer mehr zu sagen haben.
Mit der Verkündung der »Zweiten Etappe« der Reform, die nun allmählich zum »Ökonomischen System des Sozialismus« überleiten soll, modifiziert Walter Ulbricht den Reformansatz. Deshalb muss ein Sündenbock her, denn wer gibt schon gern zu, plötzlich das Gegenteil von dem zu behaupten, was gestern noch als gut und richtig galt.
Dieser Sündenbock ist Erich Apel.
Seine Verhandlungen über die sowjetischen Rohstofflieferungen für den Fünfjahrplan 1966 bis 1970 laufen schlecht, weil Moskau mauert. Die Genossen hindert das nicht, Apel vorzuwerfen, er habe »die Freunde« beleidigt und deshalb stocke alles.
Über solcherart Unsinn ist der Planungschef empört. Es trifft ihn dennoch tief. Erich Apel leidet unter Depressionen. Trotz seines oft rauen und ungerechten Auftretens ist er sensibel und angreifbar.

Sein Weg in die Verzweiflungstat des Selbstmordes scheint am 8. und 9. Juli 1965 auf der für die SED-Spitze reservierten Insel Vilm im Greifswalder Bodden zu beginnen. Walter Ulbricht hat außer Apel noch Erich Honecker, Willi Stoph, Gerhard Grüneberg, Günter Mittag und Gerhard Schürer geladen. Auch Siegfried Böhm, damals Leiter der Abteilung Planung und Finanzen im ZK, später dann Finanzminister, und Hans Wittik, Stellvertreter des Vorsitzenden des Volkswirtschaftsrates, sind dabei. Die Sitzung verläuft dramatisch und laut. Es hagelt von allen Seiten Kritik auf den Planer und Reformer. Gerhard Schürer erinnert sich:

»Besonders erschüttert war Erich Apel darüber, daß sich auch Günter Mittag eindeutig auf die Seite der Kritiker geschlagen hatte.«

Sein Freund hat ihn verraten.

Am 13. Juli 1965 wird die Beratung auf Vilm in der Politbürositzung ausgewertet. Jetzt erklärt Walter Ulbricht plötzlich, der »Hauptfehler« sei, dass die »Staatliche Plankommission die erforderlichen Bilanzierungsmethoden unter den Bedingungen des NÖS nicht beherrscht« und »zu vieles an sich gezogen hat, was sie gar nicht lösen kann«. Hermann Axen, Paul Fröhlich, Kurt Hager, Erich Mückenberger, Horst Sindermann und andere fallen in die Kritik gegen Erich Apel ein.

Nun weiß der Planungschef überhaupt nicht mehr, was er tun soll, denn das ist wieder eine Wendung um 180 Grad von Walter Ulbricht. Warf der ihm auf Vilm noch vor, den vom NÖS vorgesehenen marktwirtschaftlichen Elementen zu viel Raum zu geben, ist es nun plötzlich wieder zu wenig.

Gerhard Schürer: »Erich Apel konnte es nicht verwinden, daß seine Arbeit offenbar nicht anerkannt wurde.«

Der laute Mann wird immer stiller. Er steigert sich in seinen Frust. Als ihm die Genossen am 3. Oktober zum Geburtstag gratulieren, verschenkt Erich Apel alle offiziellen Blumensträuße, behält nur den von den Kollegen. Gerhard Schürer: »Sogar sein schwarzer Pudel lag traurig auf dem Fensterbrett in der Wandlitzer Wohnung.«

Die Geburtstagsrunde ist so frustriert, dass sie ihren Kummer im Alkohol ertränken will. Sie zieht in den Wandlitzer Garten von Gerhard Schürer, der noch heute klagt: »Alle meine alkoholischen Vorräte gingen drauf – einschließlich meiner mühsam gesammelten Zierflaschen.« Schließlich sind die führenden Genossen so besoffen, dass Walter Halbritter sogar den Teppichklopfer seiner Frau zu spüren bekommt.

Daran, Erich Apel vielleicht Hilfe anzubieten, denkt niemand. Er hat mit den Verhandlungen über das langfristige Wirtschaftsabkommen zu tun und merkt, wie ihm der Wind immer rauer ins Gesicht bläst. »Ali« Neumann brüllt ihn an, droht immer wieder, ihn auf dem bevorstehenden 11. Plenum im Dezember 1965 fertigzumachen. Gerhard Schürer meint: »Den Gedanken, vor dem Plenum als Versager dazustehen, verkraftet Apel offensichtlich nicht.«
Erich Apel ist kein Mann des Apparates und begreift wohl auch deshalb nicht, dass es längst nicht mehr nur um die effektivere Wirtschaft, sondern um die Sicherung der Macht der SED geht. Er sieht für sich keinen Ausweg mehr und greift verzweifelt zur Pistole.
Zynisch spotten die Genossen später: »Apel hat sich Vormittag (*vor Mittag*) erschossen!«
Für das 11. Plenum wird nach seinem Selbstmord die Tagesordnung gewechselt. Statt der Wirtschaft steht nun die Kulturpolitik im Vordergrund. Es werden weitreichende Beschlüsse gefasst, die einem Kahlschlag in der bisherigen Kultur- und Jugendpolitik gleichkommen. Repressionen gegen kritische Künstler und Wissenschaftler verstärken sich, die Staatssicherheit wird massiv ausgebaut. Brutal unterstreicht die SED ihren Anspruch auf das Machtmonopol. Erich Apel hatte – wahrscheinlich sogar ohne es überhaupt zu wollen – daran gerüttelt.
Nach seinem Tod geht die Wirtschaftsreform offiziell weiter. Günter Mittag ist als Sekretär im ZK der SED dafür zuständig. 1966 und 1967 werden die zentral vorgegebenen Kennziffern erheblich reduziert, acht Industrieministerien entstehen.
Dennoch bleiben die großen Erfolge aus. Die in drei Stufen bis 1967 durchgeführte Industriepreisreform bringt nicht die geforderten »kostengerechten Preise«. Im komplizierten System von Löhnen, Prämien und anderen Vergünstigungen hakt es, weil die von den Werktätigen geforderte Leistung von Faktoren abhängig ist, die der Einzelne nicht beeinflussen kann. Bei fehlendem Material, auf alten Maschinen und ohne ausreichende Ersatzteile kann die viel gelobte »Eigenverantwortung« kaum übernommen werden.
Nur Walter Ulbricht glaubt noch daran, alles zum Besten gerichtet zu haben. Auf dem VII. Parteitag im April 1967 lässt er das »Neue Ökonomische System« als Erfolg abrechnen und den Übergang zum »Ökonomischen System des Sozialismus« verkünden. Hochnäsig teilt

er »den Freunden« drei Jahre später, im August 1970, in Moskau mit: »Wir sind nicht Bjelo-Rußland, wir sind kein Sowjetstaat, also echte Kooperation!«
Das kostet ihn schließlich den Job. »Der Alte taugt nichts mehr«, poltert Sowjetmarschall Dimitri Ustinov im kleinen Kreis, und Parteichef Leonid Breschnew gibt Erich Honecker grünes Licht, Ulbricht am 3. Mai 1971 zu stürzen.
Dazu ging bereits am 21. Januar 1971 ein vertraulicher Brief nach Moskau. Erich Honecker meldet:

»Nicht nur im Kern, sondern auch in offiziellen Veranstaltungen und Beratungen kam beim Genossen W. Ulbricht eine gewisse Überheblichkeit im Verhältnis zur Sowjetunion ... zum Ausdruck. Die DDR sollte nach dem Willen des Genossen W. Ulbricht das Model für den Sozialismus sein ...«

Entworfen hatte den Brief Ulbrichts »Reformer« und einstiger Vertrauter Günter Mittag.

Mielkes Sicherheitsrisiko

Neues Deutschland am 4. Dezember 1965: Das SED-Zentralorgan informiert ausführlich über den Beschluss der eilends eingesetzten Partei- und Regierungskommission zu den Trauerfeierlichkeiten für Erich Apel, druckt ein Kondolenzschreiben an Frau Christa und die Tochter ab und publiziert den offiziellen Nachruf vom 3. Dezember:

»In tiefer, schmerzlicher Trauer geben das Zentralkomitee der Sozialistischen Einheitspartei Deutschlands, die Volkskammer, der Staatsrat, der Ministerrat der Deutschen Demokratischen Republik und der Nationalrat der Nationalen Front des demokratischen Deutschland bekannt, daß am 3. Dezember 1965 der Kandidat des Politbüros des Zentralkomitees der SED, der Stellvertreter des Vorsitzenden des Ministerrates und Vorsitzende der Staatlichen Plankommission der Deutschen Demokratischen Republik, Genosse Dr. Erich A p e l, im Alter von 48 Jahren plötzlich und unerwartet von uns geschieden ist. Sein tragischer Tod riß ihn mitten aus einer fruchtbringenden und schöpferischen Arbeit.«

Für die Stasi ist Erich Apel durch diese »schöpferische« Arbeit noch nachträglich zu einem Sicherheitsrisiko geworden. Niemand darf erfahren, was am 3. Dezember 1965 gegen 10 Uhr wirklich geschah, und vor allem nicht, warum.
Deshalb werden diverse Sofortmaßnahmen eingeleitet, darunter die »Absicherung des Personenkreises, der nach dem Ereignis in unmit-

telbare Berührung mit den näheren Umständen gekommen ist«. Einzeln wird jeder von ihnen zu strengstem Stillschweigen verpflichtet. Dennoch verlässt sich die Stasi nicht darauf: »Eine entsprechende Kontrolle dieses Personenkreises durch geeignete operative Maßnahmen wurde gesichert.«
Gleichzeitig wird jedes von Erich Apel beschriebene Papierstückchen eingesammelt. Damit ja nichts schiefgeht, ziehen Posten auf:
»Im Vorzimmer wurde durch Mitarbeiter des MfS ein ständiger Dienst eingerichtet mit der Aufgabe, operativ wichtige Erscheinungen zu signalisieren und zu erfassen.«
Major Eismann und seine Männer sind sich beim Tathergang offenbar noch unsicher, obwohl sie bereits einen eindeutigen Selbstmord gemeldet haben.
Deshalb sind nun auch besonders die »IM« gefragt:
»Schon vor der offiziellen Bekanntgabe des Ereignisses wurde eine Vielzahl zuverlässiger inoffizieller Quellen zur Absicherung und Information eingesetzt. Nach Bekanntgabe des Todes des Genossen Dr. APEL wurde der Kreis der beauftragten inoffiziellen und offiziellen Kräfte verstärkt und auf dieser Grundlage eine ständige Information gewährleistet, um Hinweise über eventuelle Kenntnisse des Gegners und zum Motiv der Handlung des Genossen Dr. APEL zu erarbeiten.«
In Erich Mielkes Stasi-Ministerium schrillen die Alarmglocken, denn überall wird »der Klassenfeind« vermutet:
»Bis zum gegenwärtigen Zeitpunkt wurden von den Organen des MfS in der Staatlichen Plankommission mehrere Agenturen imperialistischer Geheimdienste zerschlagen. Diese konnten auf Grund ihres Überblicks für den Gegner interessantes Material ausliefern. Gleichzeitig sind mehrere Agenten aus anderen staatlichen Dienststellen noch vor Durchführung eines ihnen erteilten Auftrages der Geheimdienste, sich in Funktionen der Staatlichen Plankommission einzuschleichen, festgenommen worden.«
Belege dafür liefert die Stasi nicht. Sie nutzt aber die Situation, um die Bedeutung ihrer Einflussnahme auf die Personalpolitik der Dienststelle Erich Apels zu unterstreichen:
»Die aus den erarbeiteten Erkenntnissen über die Angriffsrichtung des Gegners aufgebaute vorbeugende Arbeit des MfS in Verbindung mit der Parteiorganisation und der Leitung der Staatlichen Plankommission verhinderte durch gründliche Überprüfung einzustellender Personen ein Eindringen von negativ bekannten und ungeeigneten Personen. In diesem

Zusammenhang wurden bei strukturellen Veränderungen und in Auswertung operativer Materialien über 200 Personen aus der Staatlichen Plankommission auf Empfehlung des MfS entfernt ...«

Wer solcherart Säuberungen bislang überstanden hat, steht unter der Kontrolle der Spitzel:

»Aus dem entsprechend der politischen und ökonomischen Bedeutung der Staatlichen Plankommission dichten inoffiziellen Netz des MfS gibt es zu verschiedenen Personen Hinweise über unklares politisches Auftreten, Anzeichen von Neugier für Probleme außerhalb des Arbeitsbereiches, Verletzung der VS-(Verschlusssachen, K. B.)-Bestimmungen, unmoralisches Verhalten und ähnliches, die intensiv bearbeitet werden.«

In diesem System kontrollieren sich auch die Spitzel gegenseitig, ohne voneinander zu wissen.

Der Aufmerksamkeit der Stasi-Kontrolleure ist es nicht einmal entgangen, dass auch der Zoff um die angestrebte Wirtschaftsreform »dem Gegner« diverse Ansatzpunkte bietet:

»Die in der Staatlichen Plankommission bestehende Situation und vorhandene Atmosphäre (zum Teil hektischer Arbeitsstil, Verärgerung und Auseinandersetzungen über die nicht völlig abgegrenzte Stellung und Aufgaben der Staatlichen Plankommission, ungesundes Verhältnis zwischen Staatlicher Plankommission und Volkswirtschaftsrat) wirken begünstigend auf Diskussionen, unkontrollierte Gespräche über interne Fragen auch gegenüber Außenstehenden ein, die dem Gegner Möglichkeiten zum Abschöpfen des Wissens von Mitarbeitern und Leitern in der Staatlichen Plankommission bieten«.

Angesichts dieser Gefahrenlage konzentriert sich die Stasi ganz besonders auf alles, was »Aufklärung über das Motiv der Handlung geben könnte(n)« und sucht »insbesondere nach einem eventuell hinterlassenen Abschiedsbrief«.

In dieser Sache gießt Westberlins Regierender Bürgermeister, Willy Brandt, Öl ins Feuer.

Eigentlich ist man beim »Jahresessen der Berliner Pressekonferenz« am 7. Dezember 1965 schon zum gemütlichen Teil übergegangen, als Willy Brandt gegen 22.30 Uhr einen Zettel aus der Tasche zieht und noch einmal das Mikrofon nimmt:

»Und nun noch eine Miteilung, die Sie sicher alle angesichts des Freitodes von Erich Apel, dem Planungschef der Zone, interessieren wird: Erich Apel hat sich am Freitag in seinem Dienstzimmer erschossen. Vorausgegangen waren harte Auseinandersetzungen mit Walter Ulbricht in

Moskau. Apel ist nicht schweigend gestorben. Wir alle werden noch von ihm hören, von dem, was ihn bewegte.«

Das schlägt wie eine Bombe ein. In den folgenden Tagen überschlagen sich die Spekulationen. Von einem Notizbuch ist die Rede – manche meinen gar von einem »Ringbuch« zu wissen –, das ein Geheimkurier in den Westen gebracht haben soll, ein »Apel-Papier« soll der Bundesregierung vorliegen, es könnte aber auch ein vom Chefplaner persönlich besprochenes Tonband sein.

Inhaltlich kommt wenig heraus. In einer Information verweist das Bundespresseamt am 10. Dezember lediglich allgemein auf den Widerstand Erich Apels gegen die »Ausbeutung der Zone« durch die Sowjets. Als Belege führt es die Lieferung von Rohstoffen zu überhöhten Preisen im Vergleich zum Weltmarkt und die Zahlung von zu geringen Preisen für die DDR-Produkte an. Das ist jedoch kein großes Geheimnis – im Osten kursieren seit Jahren Witze über das »brüderliche Teilen«. Mehr Einzelheiten gibt es nicht, und obwohl das Erscheinen des »Apel-Memorandums« mehrfach angekündigt wird, geschieht nichts.

Dennoch kommt die Reaktion Ostberlins scharf und schnell. Schon am 8. Dezember lässt *Neues Deutschland* seine »raketus« (so das Pseudonym des Schreibers) steigen und schimpfen:

»Verbreitet doch der Westberliner Verwaltungschef persönlich und als erster ein vom Geheimdienst Gehlens fabriziertes Gerücht, er, Brandt, habe ein geheimnisvolles, vom Genossen Apel angeblich hinterlassenes Dokument auf noch geheimnisvollere Weise in die Hand bekommen.«

Am 11. Dezember rudert der SPD-Vorsitzende auf einer Tagung der Spitzengremien seiner Partei zurück. Willy Brandt erklärt nun, er habe weder von einem Brief Apels noch von einem Kurier oder einem Testament gesprochen. Vielmehr habe er lediglich erklärt, dass Apel Differenzen mit der SED-Führung gehabt hätte, Selbstmord begangen habe und nicht schweigend ins Grab gegangen sei.

Auch Brandts Vertrauter Egon Bahr erinnert sich heute nicht mehr an Papiere oder in anderer Form vorliegende Informationen, die einen Blick hinter die Kulissen in Ostberlin erlaubt hätten.

Dennoch kann es solche Informationen gegeben haben, denn der übliche Propagandahieb von »raketus« auf Gehlens Bundesnachrichtendienst hat durchaus einen realen Hintergrund.

Seit 1958 arbeitet Arno Heine als Werkstattleiter für Elektronik und Bürobedarf im ZK der SED. Er ist ein Hans Dampf in allen Gassen,

führt Filme vor, repariert – auch privat – die Radios und Fernsehgeräte der Genossen und sorgt für die Tonband-Mit- und Umschnitte von ZK-Sitzungen und internen Arbeitsberatungen. Dabei heimlich angefertigte Kopien gehen an einen westlichen Nachrichtendienst, nach Meinung der Stasi ist es der BND.
Sie hat Arno Heine im Mai 1970 verhaftet. Ihm wird Spionage seit Gründung der DDR vorgeworfen. Am 29. Juni 1973 verurteilt ihn der Militärstrafsenat am Obersten Gericht der DDR zu lebenslänglicher Haft. Arno Heine stirbt am 8. Juni 1980 in der Haft in Bautzen II. Nach der Einheit wird er auf Antrag seiner Witwe rehabilitiert.
Nach seiner Verhaftung stellten die Stasi-Ermittler fest, dass der »BND-Agent« zwischen 1958 und 1970 insgesamt 264 Tonbänder in den Westen geliefert hatte. In einer auf Druck der Stasi am 17. und 18. Dezember 1972 angefertigten Niederschrift bestätigt Arno Heine den Wunsch seiner Auftraggeber nach Aufklärung des Freitods Erich Apels:

> »*** (Name durch BStU geschwärzt) erklärte mir, daß man leider nicht aus recht sicheren Quellen Informationen vorliegen habe, die ein persönliches Zerwürfnis zwischen Apel und Ulbricht zum Ausdruck bringen. Als Grund soll hier eine Weigerung Apels vorliegen, Verträge wirtschaftlicher Natur zwischen der SU und der Zone zu unterzeichnen. Apel soll sich deshalb geweigert haben, seine Unterschrift zu leisten, weil aus diesen Verträgen eine ganz eindeutige Bevorzugung der SU und eine recht umfangreiche Benachteiligung der Zone daraus hervorging.«

Arno Heine wird beauftragt, im ZK die Ohren offen zu halten und alles, was den Selbstmord Erich Apels betrifft, zu melden. Insbesondere sind seine Auftraggeber daran interessiert, was auf dem für den 15. Dezember 1965 geplanten 11. Plenum zu dieser Sache gesagt wird.
Ob Arno Heine tatsächlich über die Querelen um das »Neue Ökonomische System« im ZK der SED berichtet hat, lässt sich bis heute nicht verifizieren, denn die Akten des BND sind bislang nicht zugänglich. Die im Gegensatz dazu offenen Stasi-Akten belegen jedoch eindeutig, dass dem Einsammeln sämtlicher schriftlicher Hinterlassenschaften Erich Apels die größte Aufmerksamkeit der MfS-Ermittler galt.
So verzeichnet das »Übergabeprotokoll – Handschriftliche Aufzeichnungen, Notizbücher, persönliche Ausarbeitungen und sonstige persönliche Unterlagen« vom 6. Januar 1966 u. a.:

»18 Notizbücher mit handschriftlichen Aufzeichnungen; 1433 Blatt DIN-A-4 mit handschriftlichen Notizen: 115 Blatt diverse handschriftliche Notizen: 1 Schreibtischkalender mit Notizen ...«
Informationen aus diesen Materialien sind im Westen niemals aufgetaucht.

Epilog:
Wurde Erich Apel »in den Tod getrieben«?

Erich Apel war einer von etwa 5000 Menschen, die jedes Jahr in der DDR von eigener Hand starben. Die genauen Zahlen wurden seit dem Bau der Mauer 1961 strikt geheim gehalten. Neben Ungarn liegt »der erste Arbeiter-und-Bauern-Staat auf deutschem Boden« damit in Europa an der Spitze der Selbstmordstatistik. Mit knapp unter 30 Menschen pro 100 000 Einwohner ist die Selbstmordrate im Vergleich zur Bundesrepublik um das Anderthalbfache höher.
Das Selbstmord-Tabu legt den Schluss nahe, dass die SED-Führung ganz bewusst verschleiern wollte, wie sie mit ihrem ausgefeilten Repressionsapparat immer wieder Menschen in den Tod trieb und davon nicht einmal Spitzenfunktionäre wie Erich Apel ausgeschlossen blieben.
Einer seriösen wissenschaftlichen Betrachtung hält die These von der Diktatur als ein Suizid begünstigendes Klima im Gegensatz zur Demokratie jedoch nicht stand.
Seit gut 100 Jahren werden Selbsttötungen in Deutschland statistisch erfasst. Bereits für das Jahr 1898 weist diese Auflistung für das Gebiet der nachmaligen DDR eine um rund 40 Prozent höhere Zahl von Suiziden aus als für die spätere Bundesrepublik. Besonders viele Lebensmüde scheint es über all die Jahre in Sachsen und Thüringen zu geben. Auch Erich Apel stammt aus dieser eigentlich recht idyllischen Region.
Warum also die Heimlichtuerei, die z. B. auch das Sinken der Selbstmordrate um 13 Prozent bei Männern und 26 Prozent bei Frauen in den letzten zehn Jahren der DDR verbarg?
Der Tod durch eigene Hand ist ein Phänomen, das alle Gesellschaften erschreckt und tief verunsichert. Unbewusst wird es als störend empfunden, in der Praxis entsteht daraus die verstörte Reaktion, die immer von Hilflosigkeit gegenüber dem Opfer begleitet ist. Nahezu automatisch belastet ein Selbstmord das soziale Umfeld mit dem Vor-

wurf von Schuld und Versagen. So erklären sich auch die Diskussionen, Vermutungen und Gerüchte um den Tod Erich Apels. Wohlfeile Bemerkungen vom »In-den-Tod-Treiben« – nicht nur in diesem konkreten, sondern auch in vielen anderen Fällen – verstellen den Blick auf die menschliche Tragödie, die hinter jedem Selbstmord steht. Er ist immer eine äußerst seltene, sehr individuelle Tat, die in einer extremen Handlung gipfelt. Auch wenn sich ein Spitzenfunktionär wie Erich Apel die Dienstpistole an die Schläfe setzt.
Da jede Tat dieser Art generell nicht verstanden und schon gar nicht sozial verarbeitet wird, beschäftigt sie über einen langen Zeitraum Betroffene und Informierte. Das jeweilige soziale Umfeld bestimmt deren Meinung dazu. So ist es nur logisch, dass auch der Fall Erich Apel nach dem Ableben der DDR wieder ins Blickfeld rückt.
Nun wird er in die lange Reihe der ansonsten eher hausbackenen Intrigen ihrer abgehalfterten Führer eingeordnet. Deshalb geht es auch weniger darum, doch noch etwas Neues zu entdecken. Um jegliche außergewöhnliche Ereignisse – und dazu gehört natürlich auch der Selbstmord Erich Apels – wabern Gerüchte. Sie resultieren meist weniger aus seriösem Forscherfleiß, sondern eher aus dem zeitgenössischen Umgang mit DDR-Geschichte.
Im Falle Apel gehen sie auf einen Mann namens Manfred Bartz zurück. Er tauchte 1994 bei der Berliner Staatsanwaltschaft mit einem Foto auf und gab zu Protokoll, dass der darauf abgebildete Mann der Mörder Erich Apels sei. Das habe ihm sein Vater auf dem Sterbebett anvertraut. Bei einem Empfang will er von dem Mord erfahren haben, denn dort prahlte ein Stasi-Major nach reichlich Alkohol: »Und den Apel, dieses Schwein, das die deutsch-sowjetische Freundschaft untergraben wollte, den haben wir erschossen.«
Mordgeständnis und Motiv in nur einem Satz. Weitere Belege für das blutige Komplott kann Manfred Bartz nicht beibringen.
Dennoch ermittelt die Staatsanwaltschaft. Sie kann gar nicht anders, denn Mord ist ein Offizialdelikt.
In den Stasi-Akten finden sich durchaus einige Ungereimtheiten. Die Durchschusslöcher an den Schläfen Erich Apels werden als gleich groß beschrieben, die Waffe befand sich noch in der Hand des Opfers. Beides ist bei Suizid ungewöhnlich.
Überdies wäre ein unauffälliger Zugang durch eine Kammer zum Tatzimmer möglich gewesen, und einige Zeugen, wie zum Beispiel Gerhard Schürer, glaubten sich fast dreißig Jahre später noch an Kon-

takte mit Erich Apel kurz vor dessen Tod zu erinnern, die nicht in den Ermittlungsakten auftauchen.
Neben solchen Fakten kursieren nun plötzlich auch Gerüchte, nach denen ungenannte »Ost-Berliner« aus Erich Apels Büro geheimnisvolle Blinkzeichen gen Westen gesehen haben wollen und abgeschobene SED-Funktionäre schon früher von einer unbekannten Putzfrau geraunt hätten, die am Todestag »auffällige Männer« beobachtete. Deshalb sei die Reinigungskraft spurlos verschwunden.
Von all dem ist in den Akten nichts zu lesen. Vermerkt ist hingegen, dass Erich Apel neben der Tatwaffe nicht nur über die MPi mit der Nr. 8447, sondern auch über drei Karabiner, drei Doppelflinten, eine Bockbüchsflinte und eine Doppelbockflinte verfügte. Wäre da ein Jagdunfall oder ein Missgriff beim Reinigen der zahlreichen Waffen für finstere Mordbuben nicht viel einfacher zu organisieren gewesen, wenn es schon ein Komplott sein musste?
Auch böte sich der stille Wald in der für die Politbüro-Nimrode reservierten Schorfheide doch eher als Tatort an als das Arbeitszimmer mit Sekretariat und persönlichem Stasi-Leibwächter davor, Besucherverkehr und ständig klingelndem Telefon.
Die Berliner Staatsanwaltschaft stellte die Ermittlungen jedenfalls nach zwei Jahren ergebnislos ein.
In der DDR war Erich Apel schon kurz nach seinem Tod zur Unperson geworden. In der siebzehnbändigen Ausgabe von *Meyers Lexikon* kommt sein Name ab 1970 nicht mehr vor.

Tod eines Kronprinzen – Werner Lamberz und der Hubschrauberabsturz in Libyen

Die Schlagzeile »Tod eines Kronprinzen« zierte eine Woche nach dem Tod von Werner Lamberz im März 1978 seinen Nachruf im *Spiegel*. Unterzeile: »Werner Lamberz war Erich Honeckers ergebener Gefolgsmann.«
In den westlichen Medien geriet der treue Gefolgsmann und angebliche Kronprinz, mit dem sich vorher manche Spalte hatte füllen lassen, schnell in Vergessenheit; in der DDR entsannen sich manche Genossen seiner mit zunehmend verklärendem Blick. Offiziell war bald kaum noch die Rede von Honeckers jungem Mann, den ein tragisches Unglück ereilt hatte. Zur rechten Zeit für den Generalsekretär, wie gerne gemunkelt wurde. An Gerüchten mangelte es nie in dem kleinen Land mit der rigiden Informationspolitik. Für die war übrigens Lamberz bis zu seinem Tode verantwortlich gewesen.
Anlässlich seines 50. Geburtstages im April 1979 erschienen kurze Gedenkartikel und eine Auswahl seiner Reden und Aufsätze unter dem wenig Genuss verheißenden Titel »Ideologische Arbeit – Herzstück der Parteiarbeit«; Arbeitskollektive und Straßen in Neubaugebieten erhielten seinen Namen. Im Mai 1989, als schon beinahe alles vorbei war, druckten die *Beiträge zur Geschichte der Arbeiterbewegung* eine achtseitige biografische Skizze »Kommunist mit Herz und Verstand«, die in der Behauptung gipfelte: »Werner Lamberz ist in unserer Partei, in unserem Volk unvergessen.«
Unvergessen blieb vor allem sein Tod, wie sich zeigen sollte, und sein von Manfred Krug dokumentiertes Auftreten in der Folge der Biermann-Petition. Die Verfilmung von »Abgehauen« wird der Person Lamberz allerdings kaum gerecht.

Am Mittwoch, dem 8. März 1978, erschienen das Zentralorgan des ZK der SED *Neues Deutschland* und alle anderen Tageszeitungen in der DDR mit einem schwarzen Trauerrand:

»In tiefer Trauer um unsere verunglückten
Genossen Werner Lamberz, Paul Markowski,
Achim Ernst und Hans-Joachim Spremberg«

Darunter die Bilder der vier Toten, die Nachrufe für Lamberz und Markowski, ein Beileidstelegramm Honeckers an Oberst Gaddafi (!), die Meldung über die Bildung einer Partei- und Regierungskommission für die Trauerfeierlichkeiten und ein Bericht über die Ankunft der sterblichen Überreste der Verunglückten auf dem Flughafen Schönefeld.

Auf den folgenden Seiten ein Bericht über die »Bewegende Trauerfeier im ›Palast des Volkes‹ der libyschen Hauptstadt«, ein Kondolenzschreiben Honeckers an Ingrid Lamberz, Auszüge aus Reden und Artikeln der »Verdienstvollen Kämpfer für Sozialismus und Frieden«, Lamberz und Markowski, und weitere Bilder aus deren politischer Karriere. Für den Tag der Urnenbeisetzung, die bereits am 9. März, also am darauffolgenden Tag, stattfand, wurde Staatstrauer angeordnet.

Seit dem Tod des ersten und einzigen Staatspräsidenten der DDR, Wilhelm Pieck, hatte man beim Ableben keines führenden Repräsentanten einen derartigen publizistischen Aufwand betrieben; Ministerpräsident Otto Grotewohl hatte längst jeden Einfluss verloren, als er am 21. September 1964 starb, und Ulbrichts nicht unerwartetes Ableben im August 1973 war in der Euphorie der Berliner Weltfestspiele beinahe untergegangen.

Angesichts des Medien-Aufwandes im Fall Lamberz nahm sich der Informationsgehalt der *ADN*-Meldung über den Hubschrauber-Absturz in der libyschen Wüste kärglich aus:

»Das Zentralkomitee der Sozialistischen Einheitspartei Deutschlands teilt in tiefer Trauer mit, daß Werner Lamberz, Mitglied des Politbüros und Sekretär des Zentralkomitees der SED, Paul Markowski, Mitglied des Zentralkomitees und Leiter der Abteilung Internationale Verbindungen des ZK, Dr. Achim Ernst, Dolmetscher, und Hans-Joachim Spremberg, Fotoreporter des ADN, am 6. März abends bei einem Hubschrauberunglück in der Sozialistischen Libyschen Arabischen Volksjamarhiriya tödlich verunglückt sind.

Werner Lamberz weilte als Sonderbotschafter des Generalsekretärs des ZK der SED und Vorsitzenden des Staatsrates der DDR, Erich Honecker, zu Gesprächen mit führenden Vertretern der Sozialistischen Libyschen Arabischen Volksjamarhiriya in Tripolis.

Bei dem tragischen Unglück kamen alle Insassen der Maschine ums Leben, darunter Tahar Sherif Ben Amer, Sekretär für Verbindungen der SLVAJ, und der Protokollchef des libyschen Außenministeriums, Ahmad Abu Shagour.«

»Neues Deutschland« vom 8. März 1978

Mehr war auch in der Folgezeit nicht über das Unglück und seine Hintergründe zu erfahren. Beileidstelegramme aus aller Welt und die Berichterstattung von den Trauerfeierlichkeiten füllten weitere *ND*-Seiten. Die von Lamberz' Mitarbeiter Eberhard Fensch entworfene Trauerrede hielt Kurt Hager – ein Mann, der nicht unwesentlich zu Lamberz' Aufstieg bis in die höchsten Machtstrukturen beigetragen hatte, und dessen Schmerz über den verlorenen Schützling echt sein mochte: »Unsere Trauer ist um so tiefer, als Lebenswege so früh und unerwartet ein Ende fanden, an die sich noch viele Hoffnungen und Erwartungen knüpften.«

Das war zweifellos auf den »Hoffnungsträger« Lamberz gemünzt, zu dem er nach seinem Tode stärker glorifiziert wurde als zu seinen Lebzeiten. Obwohl er der Honeckerschen Politik allenfalls in Nuancen persönliche Lichter aufgesetzt hatte, merkte man bald, wen und was man mit dem dynamischen und entscheidungsfreudigen Mann verloren hatte. Im Politbüro, Honeckers Kronrat, das kein Entscheidungsgremium, sondern ein reines Zustimmungsorgan war, übernahm Joachim Herrmann Lamberz' Ressort Agitation und Propaganda und brachte es schnell auf jenen Tiefstand, den der allmächtige Generalsekretär für wünschenswert hielt. Kein Wunder, dass der Verlust des Herrmann-Vorgängers besonders den Mitarbeitern des Parteiapparats auch über die letzten Tage der DDR hinweg im Gedächtnis blieb. Auffällig ist dennoch, wie selten Lamberz' Name vor und nach der Wende in ernstzunehmenden Publikationen auftauchte.

»Er ist der Prototyp einer neuen Funktionärs-Generation in der DDR, nicht mehr geprägt von alter deutscher KP-Tradition, sondern geformt von der Sozialistischen Einheitspartei: Werner Lamberz, im Zentralkomitee Sekretär für Agitation«, urteilte der *Spiegel* 1976 über den Chefpropagandisten und »Generalsekretär in Wartestellung«. Dabei hob Lamberz weit eher die Tatsache, eben nicht der Prototyp eines Apparatschiks zu sein, aus dem Mittelmaß der Kader heraus, mit denen sich Honecker zunehmend umgab und deren wahrer Prototyp Joachim Herrmann hieß.

Davon abgesehen war Lamberz' Verbindung zur alten KP-Tradition durchaus eng, wenn auch auf bemerkenswerte Weise gebrochen. Der Vater, Peter Lamberz, Jahrgang 1897 und Maurer von Beruf, war vor 1933 Politischer Leiter der Ortsgruppe Mayen der KPD und Sekretär für den Unterbezirk Mittelrhein gewesen. Dort, in dem Eifelstädtchen Mayen, wurde Werner Lamberz am 14. April 1929 geboren. Den Vater erwartete ein Leidensweg durch die Konzentrationslager Sonnenburg, Sachsenhausen, Esterwegen und Buchenwald, bis er 1943 »zur Frontbewährung« ins Strafbataillon 999 geriet. Im Januar 1944 lief er zur Roten Armee über. Bald setzte man ihn als Beauftragten des Nationalkomitees Freies Deutschland im Stab der 51. Armee an der Baltischen Front ein.

Da Peter Lamberz sogar über Radio Moskau gesprochen hatte, war die Familie in Mayen massiven Repressalien ausgesetzt. Für den Sohn Werner hatte sich allerdings auf Anraten von Freunden und Verwandten längst ein Ausweg gefunden, der auch der Mutter und der Schwester einen gewissen Schutz bot. Es ist bezeichnend für die DDR-Geschichtsschreibung, dass der Lamberz-Biograf noch 1989 verschweigen musste, was dreizehn Jahre zuvor im *Spiegel* gestanden hatte, und was Eingeweihte ohnehin wussten: Werner Lamberz war von 1941 bis Anfang 1945 Adolf-Hitler-Schüler gewesen, zuerst auf der bayerischen NS-Ordensburg Sonthofen, später der AHS 4 Moselland auf der Ordensburg Vogelsang in der Eifel.

Die 1937 so benannten Adolf-Hitler-Schulen unterstanden – anders als die Nationalpolitischen Erziehungsanstalten – unmittelbar der NSDAP. Als »Vorschulen für die nationalsozialistischen Ordensburgen« stellten sie die unterste Stufe der Elite-Schulen »der Bewegung« dar, deren Aufgabe darin bestand, aus einer »Auslese deutscher Jungen ... laufend einen völlig gesunden, rassisch einwandfreien, charakterlich sauberen und geistig überdurchschnittlich begabten Nachwuchs« heranzubilden und durch eine »besonders harte jahrelange Erziehung dem deutschen Volke Männer zur Verfügung zu stellen, die den Anforderungen gewachsen sind, die an eine kommende Führergeneration gestellt werden«.

Immerhin entsprach der zwölfjährige Werner, auch was die verquasten Rassenmerkmale der Nazis betraf, den Anforderungen. Wer dafür sorgte, dass man über sein kommunistisches Elternhaus hinwegsah, oder ob man den Jungen auf diese Weise planmäßig dem Elternhaus entfremden wollte, lässt sich nicht mehr mit Sicherheit feststellen.

Die *Spiegel*-Rechercheure fanden Mayener Klassenkameraden von Werner Lamberz, darunter Mario Adorf, der seinem Jugendfreund das denkbar beste Zeugnis ausstellte: »Einer der geradesten Charaktere, der damals politisch weiter war als wir alle.« Ein anderer erinnerte sich: »Der machte alles, was wir uns nicht trauten ... Der war der geborene Führer, da gab es gar nichts.«

Bei Kriegsende hatte der geborene Führer erst einmal Glück. Anders als vielen Gleichaltrigen blieb es ihm – vermutlich dank der Courage seiner Mutter – erspart, im letzten Aufgebot für Führer und Vaterland zur Waffe greifen zu müssen. Als nach der gescheiterten Ardennen-Offensive der deutschen Wehrmacht die Westfront zusammenbrach, drängten Briten und Amerikaner rasch ostwärts. Während aus den Stellungen in der Eifel noch immer V1-Geschosse gegen Antwerpen und Lüttich abgefeuert wurden, bombardierten die Alliierten in pausenlosen Einsätzen die Städte westlich des Rheins. Auch das Haus Koblenzer Straße 19 in Mayen, in dem Familie Lamberz in einer Zweizimmerwohnung gewohnt hatte, wurde zerstört. Werner war nach einem Urlaub nicht auf die Ordensburg zurückgekehrt; der Mutter gelang es, mit dem fast Sechzehnjährigen und der drei Jahre jüngeren Schwester Liane bei Bauern in der Umgebung unterzukommen und dort das Kriegsende abzuwarten. Sie überlebte es nur um ein paar Wochen. Im März besetzten die Amerikaner Mayen; im Juni starb Therese Lamberz an Typhus.
Werner hatte sich inzwischen vergeblich um eine Freistelle am Gymnasium beworben; am 3. Mai 1945 begann er eine Lehre als Heizungsbaumonteur. Ende April war auch der Vater nach Deutschland zurückgekehrt. Mit der Roten Armee gelangte er nach Potsdam. Wenig später setzte ihn die Sowjetische Militäradministration in Luckenwalde ein, sechzig Kilometer südwestlich von Berlin. Vergeblich versuchte er, mit seiner Familie Kontakt aufzunehmen. Der Bürgermeister von Mayen teilte ihm mit, Frau und Kinder seien wahrscheinlich bei dem großen Bombenangriff umgekommen.
Im September erfuhr Werner von der Anfrage des Vaters und beschloss sofort, sich über die grüne Grenze in die Russische Zone durchzuschlagen. Peter Lamberz war in der Kreisverwaltung Luckenwalde mit der Vorbereitung der Bodenreform beschäftigt und hielt gerade seine öffentliche Sprechstunde ab. Werner wartete, bis der letzte Besucher abgefertigt war. Dann stand er vor seinem Vater, der ihn kaum wiedererkannte.
Ein Vierteljahr später, Ende Dezember 1945, siedelten die Geschwister endgültig zum Vater nach Luckenwalde um. Im Februar 1946 fand Werner eine Lehrstelle in seinem Beruf. Seine Lehre schloss er vorfristig im September 1947 ab.
In diesen frühen Jahren ist er ein auch wegen seiner Körpergröße auffallender Junge mit schneller Auffassungsgabe, tatkräftig, redege-

wandt und reifer, als es seinem Alter entspricht – wie so mancher aus dieser Kriegsgeneration. Am 1. Februar 1947 wird er Mitglied der Freien Deutschen Jugend, fünf Monate später auch der SED. Das väterliche Vorbild mag da eine nicht zu unterschätzende Rolle gespielt haben, ganz sicher aber auch der eigene Drang, sich einzumischen und vornanzustellen. Auf Bildungsabenden und in Versammlungen in Luckenwalde und Umgebung erwies sich rasch, wie sein Biograf wohl zutreffend anmerkt,
>»daß er engagiert die Politik der Partei und die Ziele des Jugendverbandes erläutern konnte, daß er Interesse weckte und neue Mitstreiter gewann. Er war energisch, konnte überzeugen und besaß Einfühlungsvermögen. Zudem packte er mit zu und stellte sich an die Spitze bei Einsätzen in der Landwirtschaft sowie beim Straßen- und Häuserbau.«

Den inneren Machtkämpfen und politischen Querelen in der Jugendorganisation, die gerade dabei war, auf stramm kommunistischen Kurs einzuschwenken, stand der junge Mann in der Provinz fern – ohne Zweifel jedoch, wie sich zeigen sollte, dennoch stets auf der richtigen Seite: der des Siegers. Der hieß Erich Honecker.

Die Partei konnte einen jungen Menschen wie Lamberz, noch dazu proletarisch-kommunistischer Herkunft und selbst Arbeiter, gut gebrauchen. Von der nationalsozialistischen Elite-Schule war keine Rede; längst hatte die SED ihren Frieden mit den kleinen Nazis gemacht. Da ging derlei – wenn es denn in allen inquisitorischen Fragebogen ordnungsgemäß angegeben war – als lässliche Jugendsünde durch. Viel schwerer wogen bei den Älteren Westemigration oder die Teilnahme an den niemals vergessenen und vergebenen Fraktionskämpfen der zwanziger und dreißiger Jahre.

Im März 1948 nahm Werner Lamberz an der Kreisparteischule der SED in Lindenberg an einem Qualifizierungslehrgang teil. Der dauerte vierzehn Tage und entließ ihn als Propagandisten der SED-Kreisleitung. Anlässlich des 100. Jahrestages der Herausgabe des Manifests der Kommunistischen Partei hielt der Neunzehnjährige seine erste große Rede. Wenig später wählte man ihn zum Vorsitzenden des FDJ-Kreisvorstandes Luckenwalde, eine Funktion, die er bereits kommissarisch wahrgenommen hatte. Er arbeitete im Organisationskomitee des FDJ-Parlaments in Leipzig mit und fiel wiederum positiv auf. Also stieg er zum Mitglied der SED-Landesleitung Brandenburg und zum Sekretär für Kultur und Bildung des Landessportausschusses auf. Im Januar 1950 delegierte man ihn zu einem Halbjahreslehrgang an der Landesparteischule in Schmerwitz. Anschließend blieb der erfolgreiche Absolvent ein weiteres Jahr als wissenschaftlicher Assistent und Parteisekretär an der Schule. Noch vor den Berliner Weltfestspielen im August 1951 zog er als frisch ernannter Sekretär des Landesverbandes der FDJ in Brandenburg nach Potsdam, wohin ihm seine Frau bald folgte.

Schon 1947 hatte Werner Lamberz die ein Jahr jüngere Ingrid Pumptow kennengelernt, Tochter pommerscher Flüchtlinge, politisch in gleicher Weise engagiert wie er selber. Im Dezember 1950 heirateten sie. 1952 wurde der Sohn Ulrich geboren, zwei Jahre später die Tochter Irina. Dazwischen lag ein Jahr der Trennung: Werner Lamberz wurde zum Studium an die Moskauer Komsomol-Hochschule delegiert. Zusammen mit Hans Modrow erlebte er dort die letzten Ansätze einer Stalinschen Reinigung und bald darauf die düsteren Beisetzungsfeierlichkeiten für den verstorbenen Generalissimus. Als drei Monate später die Arbeiter in der DDR auf die Straße gingen, waren Lamberz und Modrow noch in Moskau. Ihr Bild vom »konterrevolutionären Putsch« am 17. Juni 1953 stammte aus den sowjetischen und den DDR-Zeitungen.

Drei Jahre später verpasste Lamberz, der schon die Befreiung vom Nationalsozialismus ganz anders erlebt hatte als später in den DDR-Geschichtsbüchern dargestellt, ein anderes weltgeschichtliches Ereignis. Nach zwei Berliner Jahren als Sekretär des Zentralrats der FDJ für Agitation und Propaganda unter Erich Honecker vertrat er seit 1955 die FDJ im Weltbund der Demokratischen Jugend (WBDJ) in Budapest. Den Hauch der Tauwetterperiode in der DDR zwischen dem Frühjahr und dem Herbst 1956 verspürte er nur aus der Ferne. Ungarn wurde von den Auswirkungen des XX. Parteitags viel tiefer erschüttert. Als es im Oktober 1956 zum Ungarischen Aufstand kam, war Lamberz gerade auf dem Rückflug aus Vietnam. Die Nachricht erreichte ihn in Irkutsk. Er durfte nicht zu seiner Familie nach Budapest. Selbst ein Telefongespräch aus Berlin mit seiner Frau musste Ministerpräsident Otto Grotewohl genehmigen. Ingrid Lamberz, die in der DDR-Botschaft arbeitete, wurde zusammen mit den Frauen anderer WBDJ-Funktionäre auf einem Rotkreuzschiff nach Bratislava evakuiert; in Prag erfuhr sie vom Einmarsch der sowjetischen Panzer in Budapest.

Erst nach den Moskauer Weltfestspielen im Sommer 1957 kehrten die Lamberz' noch einmal nach Budapest zurück; 1959 lebten sie für

einige Monate in Wien, der Stadt der nächsten Weltfestspiele. Die Diäten eines ostdeutschen Jugendfunktionärs waren mehr als schmal. Dass Lamberz dennoch mit seiner Frau ins Burgtheater ging, unterschied ihn von anderen.
Das Interesse für Theater und Literatur war unter den jüngeren Funktionären kaum noch verbreitet, es scheint mit Pieck und Grotewohl ausgestorben. In späteren Jahren begegnete dem Ehepaar Lamberz allenfalls Chefideologe Hager im Theater, gelegentlich auch Sindermann.
Aus den Jahren im WBDJ blieben Lamberz enge Kontakte in alle Welt, die ihm bei seiner späteren internationalen Arbeit zugute kamen. Auch in der nachwachsenden Funktionärsgeneration in der SED hatte Lamberz viele Vertraute, die gleich ihm den Weg über die FDJ in Partei- und Regierungsfunktionen gefunden hatten. Sein Vorgänger beim WBDJ in Budapest war der spätere DDR-Außenminister Fischer, sein Nachfolger Rolf Weißbach, in den siebziger Jahren unter Lamberz als stellvertretender Vorsitzender des Staatlichen Komitees für Rundfunk für die internationale Rundfunkarbeit zuständig.
Inzwischen war der begabte Jugendfunktionär Lamberz dem langjährigen ZK-Sekretär Albert Norden aufgefallen. Auf dem VI. Parteitag der SED im Januar 1963 avancierte der junge Mann zum Kandidaten des Zentralkomitees. Zwei Monate später, nach seinem Ausscheiden aus dem FDJ-Zentralrat, übernahm der nur 34-Jährige die ZK-Arbeitsgruppe für Auslandsinformation. Zwei Jahre später rückte er zum Abteilungsleiter für Agitation auf, 1967 wurde er ZK-Mitglied und Sekretär für Agitation und Propaganda, eine der Schlüsselpositionen im Apparat der Partei. Ursprünglich hatte Walter Ulbricht Markus Wolf für diese Funktion vorgesehen, der jedoch wenig Lust verspürte, seinen anspruchsvollen Posten als Chef des Auslandsgeheimdienstes aufzugeben. Zusammen mit seinem Chef Mielke überzeugte Wolf den Generalsekretär davon, dass er gänzlich ungeeignet für diese Position sei. Daraufhin entschied sich Ulbricht für Werner Lamberz. In westlichen Quellen hieß es, Honecker habe Ulbricht den aufstrebenden und wendigen jungen Kader empfohlen, der ihm bestens geeignet schien, die eigene Hausmacht zu stärken. Honeckers Rechnung ging auf.
Dass Lamberz einen frischen Wind in die Agitationsabteilung brachte, war nicht zu übersehen. Voller Elan schloss er sich den hochflie-

genden Plänen seines einstigen FDJ-Chefs an, als der zum Sturz Ulbrichts blies. Im Dezember 1970 stieg Lamberz zum Kandidaten des Politbüros auf, einen Monat später gehörte er zusammen mit Axen, Hager, Mittag, Sindermann, Stoph und sechs weiteren Politbüromitgliedern zu den Unterzeichnern des von Honecker initiierten Briefes an Breshnew, der Ulbrichts Ablösung forderte und Honecker endgültig inthronisierte. Lamberz trat reinen Herzens für diesen Machtwechsel ein, obwohl er doch Honecker gut genug kennen musste. Der VIII. Parteitag im Juni 1971, der Honeckers Machtübernahme besiegelte, »wählte« den bekennenden Honecker-Anhänger Lamberz zum Politbüromitglied. Falls der insgeheim eigene Pläne hegte, so wusste er sie gut zu verbergen. Seine Zeit war noch nicht gekommen. Er war siebzehn Jahre jünger als der saarländische Dachdeckergehilfe, den die nicht mehr zu übersehenden Fehler seines Vorgängers endlich in die ersehnte Position gebracht hatten. Lamberz saß an der richtigen Stelle im Parteiapparat, um diese Fehlerdiskussion zu lenken. In den siebziger Jahren wurde selbst an den Hochschulen der DDR relativ offen über die angeblich ebenso abenteuerlichen wie gefährlichen theoretischen Verirrungen des inzwischen dahingeschiedenen Ulbricht debattiert. Honecker hingegen, der in seiner Jugend nach eigenen Angaben »zahlreiche Zeitungen(,) Bücher weniger« gelesen hatte und in jeder Beziehung ein reiner Pragmatiker blieb, zog es mit zunehmendem Alter vor, vorgeblich staatsmännische Altklugheiten wiederzukäuen, statt sich auf das schlüpfrige Eis selbst erfundener Theorien zu wagen.

Vom Marxismus-Leninismus dürfte Lamberz, in der Tagespolitik wie sein oberster Chef ein Pragmatiker der Macht, wesentlich mehr verstanden haben als EH. Dass er dem Beinahe-Landsmann – Mayen liegt nur gut hundert Kilometer nördlich von Honeckers Geburtsort Neunkirchen – an Intelligenz, Charisma und Kompetenz haushoch überlegen war, wusste er, und es dauerte nicht lange, bis sich das bis zum unteren Fußvolk der Partei herumgesprochen hatte. Lamberz fiel es leicht, mit seiner Beredsamkeit und seinem Auftreten zu brillieren; ein Mann, der angeblich zwölf Sprachen beherrschte, ein Allroundgenie, wie es in den oberen Parteietagen höchst selten vorkam. Zu den Bewunderern gesellten sich unter den rhetorisch wenig beschlagenen Politstrategen die hämischen Neider, die jede Rede und jede schriftliche Äußerung des Aufsteigers beckmesserisch belauerten. Als Lamberz auf einer Agitationskonferenz ein Plädoyer für die freie

Rede hielt, wurde diese Passage beim Druck der Broschüre aus dem Protokoll getilgt.

Nun war Honecker nicht umsonst jahrzehntelang Sekretär für Sicherheit in der Partei gewesen; die Kaderpolitik als sein geheimes Hobby blieb ihm persönlich unterstellt. Er strickte sich ein Politbüro nach eigenem Muster und holte sich nicht nur Alt-FDJler wie Axen, Lamberz, seinen Intimus Joachim Herrmann und Konrad Naumann ins Politbüro, dazu die profillose Inge Lange, den Wirtschafts- und späteren Landwirtschaftssekretär Krolikowski und den unsäglichen Gewerkschaftsvorsitzenden Tisch – nein, er und nicht Ulbricht ließ, Breshnews Beispiel folgend, Stasi-Minister Erich Mielke zum Politbüromitglied und damit zum Zenit seiner Macht aufsteigen und berief 1973 zusätzlich den Armeegeneral und Verteidigungsminister Heinz Hoffmann in das höchste Gremium – bis auf Lamberz sämtlich nur mittelmäßige Geister, die mit zunehmendem Alter das Ihre zur Privilegienwirtschaft und zum Verfall des Staatswesens beitrugen, dessen Wirtschaft Honecker von seinem Günstling Mittag unumschränkt beherrschen und zugrunde richten ließ.

War Lamberz der einäugige König unter all den Blinden? Er, der die zehnte Klasse nicht abgeschlossen hatte, und dessen höhere Bildung aus anderthalb Jahren Partei- und Komsomolschule bestand, galt mit einigem Recht als der Intellektuelle unter den Politbürokraten, von denen die wenigsten über ein Jahr Moskauer Parteihochschule hinausgelangt waren. Was seinen Intellekt und seinen Habitus anging, überragte Lamberz sie alle. Vor allem aber war er ehrgeizig. Und dabei so erfolgreich, dass in einer Phase, in der es in der DDR zum guten Ton gehörte, einen akademischen Grad zu besitzen, und selbst Hans Modrow den Doktortitel erwarb, Lamberz nie Zeit für ein ordentliches Studium fand. Eine außerplanmäßige Aspirantur an der Rostocker Universität musste er bald wieder aufgeben. Doktoren haben wir genug, wurde ihm bedeutet.

Das Erlernen von Fremdsprachen war ihm keineswegs leicht gefallen. In Budapest hatte er gezwungenermaßen innerhalb von drei Monaten Französisch gelernt und mit seinem Fleiß seine Professorin überrascht. Als seine Frau später Englisch lernte, reaktivierte er seine Schulkenntnisse. Außerdem sprach er aus seiner Moskauer Zeit Russisch, wenn auch mit hörbaren grammatischen Schwächen, die seine Kinder amüsierten. Jedenfalls reichten seine Russischkenntnisse, um sich mit großer Ausdauer sowjetische Filme anzuschauen, immer in der Hoffnung, das bescheidene Progress-Film-Angebot in der DDR zu verbessern.

Auch mit Fidel Castro sprach Lamberz Französisch, obwohl er sich auch spanisch auszudrücken verstand. Frankreich war übrigens das einzige westliche Land nach Österreich, das Lamberz 1972 während einer Urlaubsreise näher kennenlernte – als Logiergast französischer Genossen in der Provence, die ihm und seiner Frau ihr Schlafzimmer überließen und derweil in der Küche schliefen. Die Zeit der Urlaubsflüge mit Sondermaschinen der Regierungsstaffel nach Griechenland und Italien war noch nicht angebrochen; die Lamberz' fuhren in einem geliehenen kleinen Renault in Südfrankreich umher.

Nachdem Lamberz Mitglied des Politbüros geworden war, zog die Familie weisungsgemäß vom Berliner Strausberger Platz in die sozialistische Idylle der Waldsiedlung Wandlitz. Das bedeutete neben der Trennung von Freunden und Nachbarn – Hans Modrow hatte beispielsweise in der Nachbarschaft gewohnt – einen weiteren Schritt hin zum Realitätsverlust, wie er für die Mitglieder der obersten Führungsriege »im Städtchen« unausbleiblich war.

Lamberz ganz privat

Anders als die meisten anderen, viel Älteren dort, fand sich Lamberz damit nicht ohne weiteres ab. Die Familie pflegte ihre privaten Freundschaften ausgiebig weiter – dem System suspekte Personen dürften sich kaum darunter befunden haben. Engere persönliche Kontakte unterhielten die Lamberz' zu keinem der Wandlitzer Nachbarn. Auch nicht zu den Honeckers.

Die Lamberz-Jahre im Politbüro waren die Zeit des anbrechenden Honecker-Byzantinismus; Lamberz jagte nicht, besaß kein abgeriegeltes Datschen-Domizil und flog nur aus dienstlichen Gründen mit Sondermaschinen. Er trieb in seiner kargen Freizeit Sport, um sich fit zu halten, und schwamm jeden Morgen in der Wandlitzer Halle. Er brauchte wenig Schlaf, las viel und versuchte, Frau und Kindern ein Gefühl von normalem Familienleben zu vermitteln. Bevor der Sohn Ulrich nach Moskau ging, um dort Internationale Beziehungen zu studieren, fuhr Lamberz mit der Familie zur Leipziger Messe. Als er sich an einem Stand der Volkseigenen Fahrzeugindustrie interessiert über die ausgestellten Fahrräder äußerte, schickte ihnen der Betrieb zwei der neuen Modelle. Lamberz bestand darauf, sie zu bezahlen, was nur mit Schwierigkeiten gelang. Ein auch nach heutigen Maßstäben eher ungewöhnlicher Vorgang ...

Hätte Lamberz sich den ausufernden Privilegien der DDR-Spitze dauerhaft widersetzt? Eine hypothetische Frage wie so viele, die sich aus seinem frühen Ableben ergeben. Hätte er, der manches schärfer und realistischer sah als die im eigenen Weihrauch Wandelnden, tatsächlich etwas an Schalck-Golodkowskis Wandlitzer Wirtschaftswunder ändern wollen? Dafür sind keinerlei Indizien vorhanden. Die Wirtschaft war ohnehin nicht sein Metier. Von dem allmächtigen Günter Mittag trennte ihn eine herzliche Intimfeindschaft, nachdem Lamberz gewagt hatte, sich nach einer matten *ND*-Kritik an den Sekretären für Landwirtschaft und Wirtschaft vor die kritischen Journalisten zu stellen. Derlei Affären, auf den trostlosen Wirtschaftsseiten der Presse selbst von Eingeweihten kaum zwischen den vielen Zeilen in ewig gleicher Phraseologie aufzuspüren, wurden von Mittag und seinen Erfüllungsgehilfen gerne aufgebauscht und gewaltig überschätzt. »Dich kriegen wir auch noch klein!«, soll man Lamberz gedroht haben. Doch so leicht ließ der sich nicht die Butter vom Brot nehmen. Die materielle Ausstattung seines Ideologie-Bereichs mit reichlichen West-Importen wusste er nötigenfalls durchzusetzen. In der Vorbereitungsphase der Weltfestspiele oder des IX. Parteitags profitierten vor allem Rundfunk und Fernsehen erheblich von solchen Zusatz-Importen. Nach Lamberz' Tod häuften sich auch hier die Probleme. Der stellvertretende Minister für Post- und Fernmeldewesen beispielsweise geriet mit einer von Lamberz initiierten Vorlage zum Ausbau des Kurzwellenrundfunks in Widerspruch zum allmächtigen Wirtschaftskommandeur Mittag und verlor seinen Posten.

Werner Lamberz war – anders als die meisten Spitzenfunktionäre – ein aufgeschlossener Mann, dem kreatives Denken nicht fremd war. Auch nach seinem Aufstieg zu den höchsten Weihen interessierten ihn die realen Lebensumstände und Arbeitsbedingungen im Lande. Er wurde geradezu berühmt für unvorbereitete und unbequeme Fragen, nachdem er einmal im Stahlwerk Hennigsdorf nach der dreckigsten Ecke und dem heißesten Arbeitsplatz gefragt hatte.
Bei seinem Besuch im Geräte- und Reglerwerk Teltow versuchte die Betriebsparteileitung vergeblich, Lamberz' ehemaligen Lehrgesellen aus Luckenwalde von ihm fernzuhalten. Lamberz erinnerte sich gern an seine Vergangenheit und umarmte den einstigen Kollegen herzlich.
Die potemkinschen Täuschungen, für die ein Heer von subalternen Parteiarbeitern vor jedem Besuch in einem Betrieb oder einer Institution sorgte, können einem Menschen seiner Intelligenz auf Dauer nicht verborgen geblieben sein. Er verschloss die Augen davor, dass für ihn wie für jedes andere Politbüromitglied zweimal täglich die Straßen gesperrt wurden, und er wollte anscheinend nicht zur Kenntnis nehmen, dass spätestens eine Stunde vor jedem Besuchstermin eine gestrenge Kommission samt Sicherheitskommando eine Abnahme durchführte und sich dabei keineswegs so jovial gebärdete wie er selbst.
Dabei hatten solche Visiten auch ihr Gutes, konnten doch unter Berufung auf den hohen Besucher Mängel wenigstens vorübergehend beseitigt werden. Auf dem Rundfunk-Gelände hießen der zu Ehren eines solchen Besuchs mit Ziegelsplitt planierte Hauptweg und eine eigens betonierte Zufahrt noch lange die »Lamberz-Straße« – über die bei anhaltender Trockenheit rote Staubwolken wehten.
Rundfunk-Journalisten erinnern sich der Lamberz-Besuche mit gemischten Gefühlen. Mochten seine Referate auch etwas weniger steril und langatmig sein als gemeinhin üblich, blieb er doch manchem als ein Wortjongleur und Taktiker in Erinnerung, der immer-

hin nach Stichpunkten frei sprechen konnte. Das galt in der DDR als bemerkenswert. Lamberz gab die ideologische Linie in keineswegs konziliantem Ton vor. Er scheute scharfe Töne nicht, verzichtete auch nicht auf handfeste Didaktik und den drohend erhobenen Zeigefinger. In ihm steckte ein Diktator anderen Formats als in Honecker. Die Erziehung der Journalisten war Lamberz über seine hohe Funktion hinaus offenbar ein Herzensbedürfnis. »Die Aufgaben der Journalisten bei der Verwirklichung der Beschlüsse des VII. Parteitages der SED« oder »Neue Anforderungen an die journalistische Arbeit in unserer Zeit« lauteten die Themen seiner Referate, die in der Schriftenreihe des Journalistenverbandes als Broschüren erschienen. Seine Vorliebe für schwülstige Phrasen riss ihn immer wieder zu einigermaßen befremdlichen Formulierungen hin, die er anscheinend ernst meinte: »Die Siege des Sozialismus markieren die Straße der Geschichte in unserem Jahrhundert«, »Die Taten von heute weisen ins kommende Jahrzehnt« oder »Wir schmieden eine neue Gemeinschaft der Völker«. Der Titel eines Eröffnungsreferats zum FDJ-Studienjahr, »Immer wieder werden die Adler der Revolution heranwachsen«, klingt nach der Ordensburg seiner Jugendjahre, bezog sich aber auf ein Lenin-Zitat. Der hatte Rosa Luxemburg als »Adler der Revolution« bezeichnet.

Lamberz, der nie als Journalist gearbeitet hatte, fühlte sich dieser Berufsgruppe eng verbunden. Seit 1967 gehörte er dem Zentralvorstand des Journalistenverbandes an; im gleichen Jahr war er übrigens als Abgeordneter für den Wahlkreis Nauen/Oranienburg in die Volkskammer eingezogen. 1969 wurde er Mitglied des Präsidiums des Nationalrates der Nationalen Front.

Seine persönlichen Mitarbeiter und die ihm unterstehenden Leiter wählte Lamberz gerne unter Journalisten aus. Eberhard Heinrich, bis 1966 stellvertretender *ND*-Chefredakteur, wurde nach Lamberz' Tod Vorsitzender des Journalistenverbandes. Dr. Otfrid Arnold, Reporter und Wirtschaftsredakteur bei Radio DDR, kam zu Lamberz, nachdem der seinen persönlichen Referenten Achim Wolf an Honecker hatte abgeben müssen. Aus der Wirtschaftsredaktion von Radio DDR stammte auch Eberhard Fensch, der bis zum Ende der Honecker-DDR für die elektronischen Massenmedien zuständig blieb und darüber ein Buch verfasste.

Mit seinen Mitarbeitern verband Lamberz ein offenes und freundschaftliches Verhältnis. Ohne viele Worte verständigte er sich mit ihnen über die Vorgaben für Artikel und Reden, die sie für ihn verfassten. Er verlangte Genauigkeit in allen Formulierungen und forderte ihre Kritik. Fensch wie Arnold berichten übereinstimmend, sie hätten Spaß an der gemeinsamen Arbeit mit Lamberz gehabt – ein Spaß, den die zu Agitierenden wohl nur selten empfanden. Und allzu viel Freude ließ der 1. Sekretär EH, der sich 1976 zum Generalsekretär und Staatsratsvorsitzenden küren ließ, schon bald nach seinem Machtantritt nicht mehr aufkommen.

War er 1971 noch mit den besten Vorsätzen im Munde angetreten, einen Sozialismus »für die Menschen« zu schaffen, so reduzierte sich dieser Anspruch bald wieder auf das Stalin-Breshnew-Ulbrichtsche Modell einer uneingeschränkten persönlichen Vorherrschaft, wie sie in allen sozialistischen Staaten die Norm war oder ist.

Spätestens nach einem halben Jahr mussten Lamberz und andere möglicherweise reformfähige Kräfte einsehen, dass es in der DDR unwiderruflich weiter in die alte Richtung ging. Statt 17 Bilder von Ulbricht zierten *Neues Deutschland* jetzt 30 Honecker-Fotos – eine Entwicklung, mit der Lamberz offensichtlich nicht gerechnet hatte und die ihm zunehmend Schwierigkeiten bereitete. Er war klug genug, sich äußerlich nichts anmerken zu lassen. Honecker war ein misstrauischer Mensch und spürte möglicherweise Lamberz' unausgesprochene Kritik, vermutlich auch dessen geistige Überlegenheit. Dass er Lamberz jemals als seinen designierten Nachfolger anerkannt oder bevorzugt hätte, konnten nur naive Kaffeesatzleser der DDR-Politik annehmen. Nicht einmal die Urlaubsvertretung vertraute er Lamberz an. Die hatte Sicherheitssekretär Paul Verner zu übernehmen.

Meldungen über den Kronprinzen L. tauchten in den westlichen Medien mit schöner Regelmäßigkeit immer dann auf, wenn die Lage für Lamberz ohnehin kritisch war. Von wem derlei gezielte Indiskretionen ausgingen, ist bis heute unklar. Wem sie nützten, ist hingegen völlig eindeutig: der Anti-Lamberz-Fronde, an deren Spitze Günter Mittag stand. »Ich hatte im Politbüro nur einen Freund«, äußerte Hans Modrow 1993 in Bonn: »Werner Lamberz«.

Modrow war unter Lamberz von 1971 bis 1973 Leiter der Abteilung Agitation, dann ging er auf eigenen Wunsch als 1. Sekretär der Bezirksleitung nach Dresden. Sein Nachfolger wurde der Münchner Heinz Geggel, ehemals Chefredakteur des Deutschlandsenders und langjähriger Leiter der Westabteilung des ZK.

Wenn es denn tatsächlich jemals eine Lamberz-Fraktion im Politbüro gegeben haben sollte, so verstand sie es – eingedenk der Erfahrungen von Herrnstadt und Schirdewan in den fünfziger Jahren – sich so gut zu tarnen, dass nach Lamberz' Tod in diesem erlauchten Kreis elf Jahre lang nicht die leiseste widersetzliche Regung zu spüren war, bis schließlich fünf nach zwölf die Firma Krenz & Schabowski den greisen Diktator in einem dilettantischen Handstreich stürzte. Das Szenarium dazu stammte aus der Mottenkiste kommunistischer Parteitradition und war zuletzt in einer gelungeneren Fassung beim Sturz Ulbrichts verwendet worden. Damals hatte Lamberz mindestens als Regieassistent mitgewirkt.

Tat ihm das schon bald darauf leid? War es so, wie der *Stern* behauptete:

»Lamberz aber ging ab 1973 auf Distanz zu dem dogmatischen und spröden Generalsekretär. ›Weil er sah, daß Worte und Taten nicht übereinstimmten‹ ...«

Tatsächlich wusste man nur im engsten Kreis, dass Lamberz einige Male soweit war, »alles hinzuwerfen«. Es fanden sich Genossen, die ihn zum Weitermachen ermunterten – ahnten sie doch, wer und was nach ihm kommen würde und 1978 auch prompt kam. »Herrmann ist der Federhalter des Generalsekretärs«, hatte der großmäulige Konrad Naumann geurteilt – ein Lamberz aus der FDJ hinreichend bekannter Funktionär, den er nicht mochte.

Indessen ließ sich Werner Lamberz durch Querelen und Intrigen im höchsten Parteigremium nicht von seinem immensen täglichen Arbeitspensum abhalten. Da waren Anweisungen für die örtliche Pressearbeit zu erlassen, der Bau von Bezirksparteischulen zu forcieren; da waren Festlegungen über die Arbeit mit ausländischen Korrespondenten und über die Arbeit der SED mit den Künstlern zu treffen, die ideologische Diversion durch die Massenmedien der BRD zu beobachten und regelmäßige Informationen über besondere Vorkommnisse zu sammeln und zu sichten. Ihm unterstand auch das Institut für Meinungsforschung, das nach seinem Tode aufgelöst und dessen Archiv vernichtet wurde.

Obwohl die Kultur nicht sein Ressort war, gelang es Lamberz, dem ZK-Ideologen Kurt Hager erhebliche Teile von dessen Kompetenz streitig zu machen. Nach dem unerwarteten Echo der Biermann-Ausbürgerung war es Lamberz, der sich für »Brot und Spiele« zur Ablenkung einsetzte. Udo Jürgens, Adamo, Dalida, Costa Cordalis,

Gilbert Bécaud und Harry Belafonte erhielten Auftrittsangebote in der DDR – ganz sicherlich nicht zur Freude der Hardliner, denen schon das tägliche Jugendradioprogramm DT 64 ein Dorn im Auge war.
Will man den Gerüchten glauben, galt Lamberz' Sympathie für die gehobene Unterhaltungskunst vorzugsweise den Künstlerinnen. Die Anziehungskraft von Macht und Einfluss auf künstlerische Prominenz wirkte auch im real nie existierenden Sozialismus, und Lamberz war ein gut aussehender Mann in den besten Jahren. Abgesehen von dem grobschlächtigen Berliner Parteichef Naumann, der ausgerechnet dem Schriftstellerverbandspräsidenten Kant die schauspielernde Ehefrau ausgespannt hatte, war er der einzige hochrangige SED-Funktionär, dem man Affären mit bekannten Schauspielerinnen und Schlagersternen nachsagte. Vielleicht waren alle anderen Politbürokraten, zumeist zur Generation derer gehörend, die in den Nachkriegsjahren ihre Sekretärinnen geehelicht hatten, zu alt und ungelenk für derlei Eskapaden. Pluspunkte brachten ihm die Affären in den Augen des spießig-verklemmten Generalsekretärs gewiss nicht, obwohl auch der den Damen in aller Heimlichkeit nicht abhold war. Dass Lamberz zu vielen Künstlern ein gutes Verhältnis besaß, geht aus den Glückwünschen zu seinem 40. Geburtstag hervor. Tenor: Mögest Du uns noch lange erhalten bleiben. Mancher und manche, die ihm damals so warmherzig gratulierten, werden sich später nur ungern an die Glückwunschadresse erinnert haben.
Auf den als unkonventionell geltenden Lamberz setzten viele. Stefan Heym, Franz Fühmann, der Schauspieler Eberhard Esche oder der Tierparkdirektor Dathe wandten sich mit ihren Problemen an ihn. Mit Lamberz konnte man reden, er verschanzte sich im offenen Gespräch nicht ausschließlich hinter Phrasen, und er verstand es zuzuhören. Das erfuhren auch die Künstler, die in der Folge der Biermann-Ausbürgerung die DDR verließen. In Lamberz' Büro haben die meisten vor der Ausreise mehrmals gesessen, Biermann selbst und später Manfred Krug und Armin Mueller-Stahl. Die gesperrten Unterlagen darüber lagern im Bundesarchiv.
Krug soll sich und den Anwesenden im Vorzimmer übrigens die zweistündige Wartezeit mit ein paar Songs vertrieben haben; korrekte Zeiteinteilung war nämlich nicht Lamberz' Stärke. Interessierten ihn der Gast und das Thema, überschritt er die Gesprächszeit. Mit Biermann wollte er jedenfalls geredet haben, »bis es nicht mehr ging«.

Als sich nach der Ausbürgerung der gesteuerte Volkszorn gegen den Sänger auf den *ND*-Seiten Luft machte, stand allerdings kein anderer als Lamberz hinter dieser durchsichtigen Aktion. In der sogenannten »Sicherheitsfraktion« des Politbüros hatte er sich von Anfang an für die entgegen Verfassung und Gesetz geplante Maßnahme ausgesprochen. Das berichteten die Westmedien, die dieser »Fraktion« wechselnde Personen zuordneten. Lamberz war immer darunter. Gegen Hagers Intentionen soll diese Gruppe im August 1977 die Verhaftung Rudolf Bahros durchgesetzt haben.

Dennoch: Lamberz war bekannter als die meisten anderen Politbüromitglieder, und mancher erwartete wahre Wunder von ihm. Er ließ sich von kompetenten Fachleuten beraten und drückte sich nicht vor unbequemen Entscheidungen, die der erstarrte Parteiapparat mitunter jahrelang vor sich her geschoben hatte. Und er lancierte, wo immer es anging, seine Leute in diesen Apparat.

Die durch Lamberz' frühen Tod verklärte Sicht auf den Kronprinzen, der nie einer sein durfte, kann nicht darüber hinwegtäuschen, dass Lamberz dabei stets ein treuer Erfüllungsgehilfe seines Ersten Generalsekretärs war und blieb. Er vollzog jede Wendung in dessen Politik gehorsam mit und lieferte den Medien die propagandistische Argumentation. Bei der schnell zum Dogma erklärten Einheit von Wirtschafts- und Sozialpolitik fiel ihm das leicht. Die längst überfällige Hinwendung zu den Tagesproblemen der DDR-Bewohner entsprach den Lamberzschen Vorstellungen vom Sozialismus für alle. Dass sie sich mit der Wirtschaftspolitik der DDR auf Dauer nicht vereinen, weil nicht bezahlen ließ, muss er bald gemerkt haben. Im Sommer 1975 erschien im theoretischen Parteiorgan *Einheit* ein Artikel von Lamberz, an dem seine beiden persönlichen Mitarbeiter wesentlichen Anteil hatten: »Ideologische Arbeit für das Feld der Wirtschaft«. Auf zwölf Druckseiten stellte der Artikel thesenhaft und in der puren Phraseologie jener Jahre eine Auffassung von Wirtschaftsideologie vor, in der das modische Zauberwort »Intensivierung« eine Hauptrolle spielte. Es ist aus heutiger Sicht kaum nachzuvollziehen, welchen der überaus vorsichtig formulierten einschränkenden Hinweise Günter Mittag als so anmaßend einschätzte, dass er Lamberz ein weiteres Mal bei Honecker anschwärzte. Kritische Anmerkungen wie die, dass man »falschen, unrealistischen Vorstellungen vom individuellen Konsum« etwas entgegenstellen müsste, oder dass es niemanden ruhen lassen dürfe, wenn sich andeute, »daß die Warenproduktion schneller steigt als die Arbeitsproduktivität«, empfand EH als direkten Angriff auf sein Lieblingskind »Einheit von Wirtschafts- und Sozialpolitik« und reagierte in einer Rede in Schwerin heftig, ja in keifendem Tonfall. Jeder Eingeweihte wusste, dass Lamberz gemeint war.

Eine weitere gravierende Neuerung in Honeckers Politik war die Doktrin von der Anerkennung durch Abgrenzung. Die Wörter »deutsch«, verdächtig an »gesamtdeutsch« erinnernd, und »Deutschland« passten plötzlich nicht mehr in den DDR-Sprachgebrauch. Zwar blieb der Name des Zentralorgans *Neues Deutschland* erhalten, doch musste in Leipzig das Hotel Deutschland in »Hotel am Ring« umbenannt werden. Die Nationalhymne der DDR erklang nur noch in der Instrumentalfassung, der Text mit der verpönten Zeile »Deutschland, einig Vaterland« durfte nicht mehr gesungen, ja nicht einmal mehr in Liederbüchern gedruckt werden.
Auch in Lamberz' Agitationsbereich ergaben sich Veränderungen. Aus dem Deutschen Fernsehfunk wurde sang- und klanglos das »Fernsehen der DDR«; der Deutschlandsender, der 1952/53 schon einmal auf seinen Namen hatte verzichten müssen, mutierte ohne personelle Veränderungen zur »Stimme der DDR«. Die Zielrichtung des Senders, die bis dahin in erster Linie der Propagierung von DDR-Ideologie für Westdeutschland und darüber hinaus west- oder gesamtdeutschen Themen gegolten hatte, hieß jetzt »Fenster zur Welt«. Auch die Berliner Welle stellte ihre Sendungen mit der propagandistischen Ausrichtung auf Westberlin im November 1971 ein. Die angebliche Stimme der KPD, der Deutsche Freiheitssender 904, war bereits im September des gleichen Jahres aus dem Äther verschwunden. Als letzter der DDR-Propagandasender folgte im Juli 1972 der Deutsche Soldatensender 935.
Bemerkenswert an dieser Anti-Deutschland-Ausrichtung der neuen DDR-Politik, die in den Folgejahren etwas moderater gehandhabt wurde, erscheinen heute allenfalls die Geburtsorte einiger ihrer Protagonisten. War es doch ausgerechnet der Saarländer Honecker, unter dem bald der bloße Makel westlicher Verwandter zum absoluten Sicherheitsrisiko hochstilisiert wurde.
Dabei war selbst der MfS-Aufklärungschef Markus Wolf im württembergischen Hechingen geboren. Sein Landsmann Kurt Hager und der Rheinländer Lamberz setzten sich vehement für die Abgren-

zung und für ein neues Nationalbewusstsein der DDR-Deutschen in dem engen Land ein, in dem beispielsweise der Verteidigungsminister Hoffmann aus Mannheim und der Gewerkschaftsvorsitzende Warnke wie der Rundfunkchef Rudi Singer aus Hamburg stammten.

Lamberz machte zwar keinen Hehl aus seiner Herkunft, ließ sich nostalgische Gefühle gegenüber seiner geografischen Heimat aber kaum anmerken. Nur der Tonfall seiner Reden und seine Lebensart verrieten den Rheinländer. Und im engsten Familienkreis wusste man, dass ihn alljährlich vor dem Fernseher das Karnevalsfieber überfiel. Einmal besuchte ihn eine Fußballmannschaft aus seiner Heimatstadt; sonst vermied Lamberz jeden Kontakt dorthin. Nur in der Familie sprach er allen Ernstes von den Reisen, die er als Rentner unternehmen würde – wie so viele andere DDR-Bewohner. Dabei wollte er die Reisemöglichkeiten vor allem für die Jugend verbessern, sah jedoch keine reale Chance dafür. Viel zu tief war er in den Denkkategorien der eigenen Propaganda befangen.

Bevor am 8. November 1972 der Grundlagenvertrag zwischen den beiden deutschen Staaten paraphiert wurde, erließ die Partei einen Grundsatzbeschluss über die Aufgaben von Agitation und Propaganda, den Lamberz am 16. und 17. November auf einer großen Agitationskonferenz der SED erläuterte. Auf keinen Fall, so verkündete er, dürfe man die »Wachsamkeit gegen den Imperialismus, gegen seine Ränke« vernachlässigen. »An der ideologischen Front herrscht nicht nur keine Waffenruhe, sondern der Kampf hat sich verschärft ... Friedliche Koexistenz ist nicht ideologische Koexistenz.«

Das ließ für das Verhältnis der beiden nicht sonderlich freundlich gesonnenen deutschen Brüder von Anfang an wenig Gutes erwarten. Ein Kulturabkommen beispielsweise kam erst acht Jahre nach Lamberz' Tod zustande.

Immerhin bescherte das Jahr 1972 der bis dahin hermetisch abgeschotteten DDR die ersten West-Korrespondenten. Während der Weltfestspiele 1973 ging man noch recht konziliant mit ihnen um; später verschlechterte sich das Verhältnis. Umso erstaunter registrierte Lothar Loewe, als aufmüpfiger ARD-Korrespondent in der DDR einer der von der Partei bestgehassten Männer, bei der Eröffnung des Palastes der Republik am 23. April 1976, dass ausgerechnet Lamberz ihm ein Gespräch aufdrängte. Später stieß sogar Honecker zu der lockeren Runde, in der es, wie Loewe ein Jahr später im *Spiegel* berichtete, keine Tabus gab. Der gleiche *Spiegel* hatte vorher berichtet, dass Lamberz den deutsch-deutschen Wissenschaftleraustausch verhindern wolle und jede Westinfiltration fürchte und bekämpfe. In einer Meldung nannte man ihn LüLa – Lügen-Lamberz – und zitierte ihn: »Wir verkaufen die beste Ware: die Wahrheit, und warum haben wir keine Resonanz bei den Massen ...«

War das für Lamberz tatsächlich ein Problem? Glaubte ausgerechnet der Chef-Agitator einer notorisch schönfärbenden und geheimniskrämerischen Politbürokratie an die Wahrheit seiner von tausend ideologischen Zwängen bestimmten und säuberlich gefilterten Propaganda?

Immerhin: Er wusste um deren mangelnde Resonanz und wagte es, davon zu sprechen. Kritisch eingestellte Mitarbeiter der Medien hielten ihn vielleicht gerade deshalb für einen kalt berechnenden Zyniker; wer ihn besser kannte, glaubt eher daran, dass Lamberz ehrlichen Herzens das Beste wollte. Kurt Hager bescheinigte ihm in seinem Nachruf:

> »Unser Genosse Werner war eine starke Persönlichkeit. Was wir vor allem an ihm schätzten, waren seine marxistisch-leninistische Prinzipientreue, sein politischer Scharfsinn, seine außergewöhnliche Energie, seine rastlose Einsatzbereitschaft, sein kameradschaftliches Verhalten und nicht zuletzt seine optimistische, lebensbejahende Art. Er war Kommunist mit Herz und Verstand.«

Im streng hierarchisch aufgebauten ZK-Apparat war jede Abteilung einem der neun Sekretäre unterstellt, die mit Argusaugen darüber wachten, dass ihnen niemand (außer Honecker, dem die Abteilung Kaderfragen und eine weitere mit der Bezeichnung »Verkehr« direkt unterstanden) in ihre Kompetenzen hineinregierte. Lamberz war für die Abteilungen Agitation und Propaganda zuständig. Als dritte Struktureinheit gehörte dazu die Arbeitsgruppe Befreundete Parteien, womit die in der Nationalen Front vereinten »Blockflöten« gemeint waren.

In ihrem Buch »Das große Haus« weisen Hans Modrow und Otfrid Arnold darauf hin, dass die Zuordnung der einzelnen Abteilungen eher an persönliche als an logische Gründe gebunden war. So darf es nicht verwundern, wenn es in Lamberz' offizieller Biografie heißt: »In den siebziger Jahren war Werner Lamberz verstärkt außenpolitisch tätig.«

Sekretär für die Internationale Verbindungen war Hermann Axen, »ein Hektiker, der überall Unruhe hineintrug«. So urteilt Rudolf Nitsche, als Stasi-Oberstleutnant Hauptabteilungsleiter und Botschafter im Ministerium für Auswärtige Angelegenheiten, über den langjährigen ZK-Sekretär Axen, der dem Außenminister der DDR das Leben schwer machte. Nitsche, der dem Klassenfeind am stärksten die Begrenzung seiner Stasi-Rente ankreidet, lässt in seiner aufschlussreichen Autobiografie »Diplomat im besonderen Einsatz« nur an zwei Leuten ein gutes Haar: an Rudolf Nitsche – und an Werner Lamberz:

»Über die meisten Politbüromitglieder konnte ich aus direkten oder indirekten Begegnungen im Lauf der Jahre ein Lied singen, wobei meistens Abheben vom Volk, mangelnde Allgemeinbildung und Arroganz mitspielten ... Eine Ausnahme in dieser Politbüroriege war Werner Lamberz. Mit dem konnte man reden wie mit Seinesgleichen. Wenn ich einen Wunsch seiner Sekretärin vortragen wollte, sagte sie: ›Moment mal, ich verbinde Dich, sprich selbst mit ihm, das ist besser als wenn ich ihm Deine Bitte übermittle.‹ Lamberz war sehr kooperativ, hörte geduldig zu und fragte nicht, ob man stellvertretender Minister, Abteilungsleiter oder einfacher Mitarbeiter war.«

Fest steht, dass Lamberz von allen DDR-Größen auch auf internationalem Parkett die beste Figur abgab. Allemal eine bessere als der dogmatische Axen. Honecker, der niemals Gründe hatte, seinem ergebenen Gefolgsmann Lamberz auf diesem Gebiet zu misstrauen, bezog ihn deshalb immer stärker in seine weitreichenden außenpolitischen Pläne ein. Mit seinen guten persönlichen Verbindungen galt Lamberz vor allem als Spezialist für die dritte Welt und den arabischen Raum. Er fand Zugang zu afrikanischen Politikern, diskutierte mit Präsident Kenneth Kaunda in Sambia stundenlang über christliche und marxistische Ethik oder verstand es auf andere Weise, auf Probleme einzugehen, die seine Partner bewegten. Im Stillen und manchmal auch lauthals hoffte er, so manchen Politiker der dritten Welt zum Sozialismusmodell der DDR bekehren zu können.

Kenner der komplizierten Beziehungen der sozialistischen Staaten untereinander führen das enge Verhältnis der DDR zu Kuba hauptsächlich auf Lamberz' Freundschaft mit Fidel Castro zurück. Die beiden gleichermaßen unkonventionellen Kommunisten hatten bei Lamberz' Kuba-Besuch 1971 schnell Gefallen aneinander gefunden; bei Castros Staatsbesuch in der DDR ein Jahr später war Lamberz

Lamberz und Fidel Castro zu Besuch bei der Volksmarine

sein ständiger Begleiter. Wenn es wirklich Lamberz war, der den China zugewandten Fidel auf die Moskauer Linie zurückbrachte, so hatte er damit die besondere Dankbarkeit der Sowjets verdient.

Zu Moskau unterhielt Lamberz ebenfalls die allerbesten Beziehungen. Die allerdings litten ein wenig, als die DDR und die Sowjetunion im Äthiopien-Eritrea-Konflikt unterschiedliche Positionen bezogen. Während die Sowjets sofort auf den sich anfangs nur vage marxistisch gebärdenden Adelsspross Mengistu und dessen 1974/75 errichtetes Militärregime gesetzt hatten, neigte die DDR dazu – und dabei spielte Lamberz' Rat eine gewichtige Rolle –, auch die Interessen der »wahrhaft marxistischen Revolutionäre« in Eritrea und deren Unabhängigkeitskampf zu beachten. Bei einem Geheimtreffen in Moskau gab die sowjetische Führung zu erkennen, dass sie in der Eritrea-Frage keine Initiative ergreifen würde, offiziell jedoch eine Lösung durch Verhandlungen befürworte. Diesen Standpunkt fasste Werner Lamberz, der im Juni 1977 in Äthiopien gewesen war, als Vollmacht für eigene Aktivitäten auf. Eben diese, von den Sowjets möglicherweise beargwöhnten Aktivitäten bilden den nirgendwo erwähnten Hintergrund für Gerüchte, die sich Jahre später um Lamberz' Tod ranken sollten. Die Akten aus dem Büro Lamberz zu diesen Vorgängen in der Stiftung Archiv der Parteien und Massenorganisationen der DDR im Bundesarchiv (Bestandssignatur IV 2/2.033) füllen mehrere Bände. Niemand, nicht einmal die Staatsanwaltschaft II beim Landgericht Berlin, die unter dem Aktenzeichen 29/2 JS 64/92 im Fall Lamberz ermittelte, interessierte sich dafür.

Die wirtschaftliche Interessenlage der DDR im Fall Äthiopien war eindeutig: als einzigen Reichtum besaß das Land Kaffee, und gerade der wurde in der DDR dringend benötigt. Im Gegenzug belieferte die DDR das äthiopische Regime mit diversen Waren. Willi Stoph stimmte im Sommer 1977 »der außerplanmäßigen Auslagerung« u. a. von

» 100 t Marmelade
30 000   Zeltbahnen
30 000   Schutzumhängen aus PE-Folie
10 000   Pionierspaten

zur Verfügung Dr. Schalck« aus der Staatsreserve A zu. Allen Ernstes geprüft wurde auch der Antrag, äthiopische Truppen für den Einsatz in Eritrea auf DDR-Handelsschiffen (!) zu transportieren.

Obwohl die Sowjets in Äthiopien wie vorher in Somalia mit dem gleichen Misserfolg auf die militärische Karte setzten, machte sich Lamberz nach vorsichtiger Sondierung bei Mengistu an den Drahtseilakt, die äthiopischen Militärs und die heillos zerstrittenen eritreischen Befreiungskräfte zu Verhandlungen zu überreden. Einzelheiten über die Differenzen zwischen den verfeindeten Kampforganisationen könnten aus Monty Pythons Drehbuch »Das Leben des Brian« über die judäischen Befreiungskämpfer zur Zeit Jesu stammen. »Eritr. Bewegung eine von kleinbürgerlichem Nationalismus tief beeinflußte Bewegung, deren soz. und fortschrittliche Elemente vom Nationalismus überdeckt werden«, merkte Lamberz handschriftlich an. Dazu kamen starke islamische Einflüsse und die massiv gegen Moskau gerichteten Intrigen der im Hintergrund allgegenwärtigen Chinesen.

Es gelang Lamberz im November 1977 in Berlin nacheinander mit ELF – RC, ELF – PLF und EPLF ins Gespräch zu kommen und die miteinander verfeindeten Strömungen der Eritrean Liberation Front von der Notwendigkeit zu überzeugen, mit Mengistu zu verhandeln.

Lamberz versprach sich von seiner Vermittlerrolle in diesem blutigen Konflikt der Parteien, die sich sämtlich auf den Marxismus beriefen, einen erheblichen Prestigegewinn für die SED und die DDR. Und nicht zuletzt auch für den Politiker Lamberz.
In der Konzeption für seine Reise im Dezember 1977 zu Mengistu heißt es:
»Die SED hat deshalb mit Wissen der äthiopischen Führung und in ständiger Koordinierung mit Sowjetunion u.a. Kräften des Weltsozialismus (gemeint sind die KP Kubas und die UNPFO im Südjemen, die durch Telegramme aus Berlin informiert wurden, J.E.) Kontakte zu Vertretern der eritreischen Bewegungen hergestellt, um sie von der Notwendigkeit politischer Regelung zu überzeugen.«
Zu dieser Zeit hatte die Sowjetunion bereits für 400 Millionen Rubel Waffen und militärische Ausrüstung an Äthiopien geliefert, die u.a. gegen die Befreiungskräfte in Eritrea eingesetzt wurden. Somalia war in den Jahren zuvor mit sowjetischen Waffen und Kampfflugzeugen aufgerüstet worden.
Im Winter 1977/78 erreichte der äthiopisch-somalische Krieg seinen Höhepunkt; die Sowjets lieferten in einer Luftbrückenaktion kontinuierlich Waffen nach Äthiopien, wo neben 17 000 kubanischen Soldaten 1000 sowjetische Militärberater und 400 Geheimdienst- und Sicherheitsberater aus der DDR im Einsatz waren. Im Januar 1977 hatte der äthiopische Militärrat über die DDR-Botschaft in Addis Abeba bei Honecker anfragen lassen, ob die DDR bereit sei, Äthiopien bei der Ausbildung von Kadern der Staatssicherheit, vor allem bei der klassenmäßigen Erziehung zu helfen und dafür Ausbilder zu entsenden. Die »klassenmäßige Erziehung« funktionierte denn auch so gut, dass schon ein Jahr später selbst in den geheimen Telegrammen der DDR-Diplomaten aus Addis Abeba sorgenvoll vom »Roten Terror« die Rede war, eine seit Lenin gebräuchliche Umschreibung für blutige Massaker.
Am 1. Dezember 1977 ließ Mengistu in einer Botschaft nach Berlin übermitteln, »ein Waffenstillstand in Eritrea läge gegenwärtig nicht im Interesse Äthiopiens, da er die Position Äthiopiens schwäche und die der Separatisten stärke.«
Sechs Tage später empfing er Lamberz in seiner Wohnung und sprach mit ihm über die Hilfe der SED bei der Bildung einer marxistisch-leninistischen Partei in Äthiopien. Bezüglich Eritreas stimmte er einer »politischen Lösung« zu.

Am 6. Januar 1978 schließlich teilte er dem sowjetischen Botschafter mit, dass die Separatisten Verhandlungen mit Äthiopien in Madagaskar anstrebten, »er sich aber voll auf Verhandlungen in der DDR verlasse«. Im Februar – inzwischen war die Versorgung der eritreischen Hauptstadt nur noch durch die Sowjets möglich – ließ Mengistu noch einmal mitteilen, dass er mit dem Ergebnis der Berliner Gespräche einverstanden sei. In Lamberz' Büro lag bereits ein achtseitiger Entwurf für eine »Deklaration über eine friedliche Lösung des Eritrea-Problems« vor.

Erkennbar ging es bei den weltweiten außenpolitischen Aktivitäten der DDR in diesen Jahren längst nicht mehr um die bloße Anerkennung – die war seit 1972/73 vollzogen –, sondern um handfeste wirtschaftliche und machtpolitische Interessen. Bei deren Durchsetzung verzichtete die DDR von Anfang an auf die sonst herausgekehrte ideologische Konsequenz. Die DDR-Bürger waren Anfang der 70er Jahre daran gewöhnt, dass ihre Apfelsinen aus dem einst geschmähten Franco-Spanien kamen oder zu ihrer Versorgung das Handelsembargo der westlichen Staaten gegen die griechische Militärjunta unterlaufen wurde.
Besonders aber buhlte die DDR um die Gunst der reichen Erdölstaaten. Zu Syrien und zum Irak bestanden seit langem gute politische und Wirtschaftsbeziehungen; jetzt war man drauf und dran, auch mit dem Iran ins Geschäft zu kommen. Zwar wackelte der Pfauenthron Resa Schah Pahlawis bereits bedenklich, doch war die Einladung in die DDR für das Kaiserpaar bereits ausgesprochen. Als Ende Februar 1978 zwölf in Westberlin studierende Iraner in die kaiserliche Botschaft in Ostberlin eindrangen, um gegen das Terrorregime des Schahs zu protestieren, wurden sie einen Tag später (!) vom Stadtbezirksgericht Berlin-Mitte wegen Hausfriedensbruch und Sachbeschädigung zu Haftstrafen zwischen zehn und zwölf Monaten verurteilt.
Libyen, seit September 1969 von Oberst Muammar al-Gaddafi beherrscht, hatte die DDR erst 1974 anerkannt. Werner Lamberz und Paul Markowski reisten im Dezember 1977 als Sonderbotschafter Honeckers von Addis Abeba über Aden nach Tripolis und wurden von Gaddafi empfangen. Lamberz fand offensichtlich Zugang zu dem höchst eigenwilligen und zutiefst von der eigenen Mission überzeugten Revolutionschef, der acht Jahre zuvor mit seinen Offi-

zierskollegen in der 6000-Mann-Armee den schwachen König Idris entmachtet hatte und sich inzwischen als der neue Führer der arabischen Welt gebärdete. Der Herrscher über 2,5 Millionen Libyer war ursprünglich als von Nasser inspirierter Prophet seiner eigenen Sache angetreten, um die arabische Welt von atheistisch-kommunistischen Einflüssen freizuhalten. Er genoss dabei durchaus die Sympathien der Amerikaner, die er allerdings schnell einbüßte, nachdem er am 11. Juni 1970 den größten amerikanischen Luftwaffenstützpunkt außerhalb der USA übernommen hatte. Die DDR-Dokumentarfilmer Heynowski und Scheumann drehten einen Film über die Räumung der Wheelus Air Base bei Tripolis.

Der 11. Juni ist der Nationalfeiertag Libyens. Am 11. Juni 1803 hatten Libyer die amerikanische Fregatte Philadelphia im Hafen von Tripolis in Brand gesetzt. Das Expeditionskorps gegen den berüchtigten Seeräuberhafen war von US-Präsident Thomas Jefferson entsandt worden. Offiziell wurde der Kriegszustand zwischen Libyen und den USA nie beendet; die US-Marines singen noch heute ihre Hymne »From the Hills of Montezuma to the Shores of Tripolis ...«

Es gibt Indizien dafür, dass die Amerikaner anfangs daran dachten, Gaddafi als ein militant-islamisches Gegengewicht zu dem charismatischen Ägypter Nasser aufzubauen. Gaddafi hatte in einer seiner zahllosen Reden betont, er sei kein CIC-Agent, aber auch nicht antiamerikanisch. Er sei nur kein Vasall.

Also wurde nichts aus dem vorgesehenen antikommunistischen Bollwerk Libyen. Der leicht errungene Erfolg in Wheelus machte Gaddafi mutig. Er vertrieb innerhalb von 24 Stunden 70000 italienische Kolonisten aus Libyen, verstaatlichte Erdölfelder und Banken in ausländischem Besitz, brüskierte die Botschafter der Großmächte und verstand es, durch seine bizarren Eskapaden allmählich alle Welt gegen sich aufzubringen. Und dennoch hielten alle still. Auf das hochwertige libysche Öl wollte niemand verzichten.

Gaddafi steckte die Ölmilliarden nicht nur in die eigene Wirtschaft und Aufrüstung, er ließ sich auf kostspielige Fusionspläne mit Ägypten und anderen arabischen Staaten ein, die sämtlich scheiterten. Sein politischer und militärischer Einfluss in Schwarzafrika nahm zu; in aller Welt unterstützte er radikale Befreiungs- und Terrorbewegungen, während er im eigenen Land jede Art von Opposition grausam unterdrückte. Die libyschen Kommunisten vegetierten weiter in den Lagern in der Wüste wie in anderen nordafrikanischen Staaten auch, zu denen die DDR und die Sowjetunion freundschaftliche Beziehungen unterhielten, ohne jemals nach dem Schicksal ihrer Gesinnungsgenossen zu fragen.

Gaddafis Verhältnis zur kommunistischen Welt war und blieb zwiespältig. Am 11. Juni – Gaddafi nutzte dieses Datum gern zu Demonstrationen seiner Macht – 1971 erkannte er die Volksrepublik China an; elf Tage später verlieh ihm die Sowjetunion den Lenin-Orden »für seine Bemühungen um den Weltfrieden«! 1972 schloss er ein Abkommen über wissenschaftlich-technische Zusammenarbeit mit den Sowjets; vom Mai des gleichen Jahres datiert ein Erlass, von dessen Anwendung man in der Folge nichts hörte, und der die Todesstrafe für jeden Libyer vorsieht, der sich für eine andere Partei als die Arabische Sozialistische Union entscheidet.

Als Gaddafi am 11. Juni 1973 den amerikanischen Ölkonzern Bunker Hunt verstaatlichte, verkündete er: »Es ist Zeit, dass wir dem gefühllosen Gesicht Amerikas einen kräftigen Nasenstüber versetzen.«

In der Tat ließen die Amerikaner diesen Nasenstüber scheinbar gefühllos über sich ergehen. Immerhin machte ihr Außenhandelsumsatz mit Libyen Mitte der siebziger Jahre 40 Milliarden Dollar aus – gegenüber 12 Millionen (!) Valutamark, die im Handel mit der DDR umgesetzt wurden.

Ein wesentlich wichtigerer Handelspartner Libyens als die DDR war die Bundesrepublik, die 15 Prozent ihres Erdöls aus Libyen bezog und deren Außenhandelsbilanz mit dem Wüstenstaat zwischen 1975 und 1980 von 4 auf 8 Milliarden Dollar stieg. Dementsprechend hofierte Bonn Gaddafi. Der *Stern* berichtete 1994 über »Die Libyen-Connection der F.D.P.«. Außenminister Genscher flog zweimal nach Libyen, und auch Innenminister Baum hatte in Tripolis Wichtiges zu besprechen. Zu dieser Zeit standen den 3000 bundesdeutschen Beratern und Technikern in Libyen kaum ein Dutzend Leute aus der DDR gegenüber. Die libysche Luftwaffe wurde von Piloten der Bundeswehr ausgebildet; die Geheimdienstberater kamen aus Pullach und nicht aus Ostberlin. Erst im Januar 1995 wurde das durch eine Veröffentlichung im *Stern* bekannt.

Dennoch war auch der andere deutsche Staat ein interessanter Partner für Gaddafi. Schon im Januar 1975 hatte die DDR offiziell zugeben müssen, Exportgenehmigungen für die Lieferung weitreichender Funkgeräte an Libyen und Syrien erteilt zu haben. Um Waffen und Militärtechnik ging es Gaddafi in allen Verhandlungen mit dem Osten. Im Mai 1975 war bei einem Kossygin-Besuch ein Waffenlieferungs- und Flottenstützpunktabkommen mit der Sowjetunion abgeschlossen worden. Beim Gegenbesuch in Moskau sprach Gaddafi 1976 von der historischen Freundschaft beider Staaten, die nicht nur saisonal sei. Dass er sich zu solcher Nähe nur der USA wegen gedrängt sah, ist sicher. In Wahrheit hielt er von beiden Supermächten nichts.

Libyen verfügte 1977 bereits über 150 sowjetische Jagdbomber TU-22, Allwetterjäger MiG-23 und Abfangjäger samt Ausbildern, dazu Panzer T 55, Artillerie, Boden-Boden- und Boden-Luft-Raketen aus sowjetischer Produktion. Praktisch alle Länder der »Sozialistischen Staatengemeinschaft« lieferten Waffen und Militärtechnik nach Libyen. Nur die DDR hatte erheblichen Nachholbedarf. In Lamberz' Konzeption für die Reise nach Libyen im Dezember 1977 heißt es denn auch:

> »Entsprechend den Bitten der libyschen Führung auf militärischem Gebiet (handschriftlich von Lamberz unterstrichen, J.E.) hat die Partei- und Staatsführung der DDR die Möglichkeiten geprüft und ist bereit, die Zusammenarbeit intensiv zu entwickeln.«

In dem dreieinhalbstündigen Gespräch mit Gaddafi, das am 12. Dezember stattfand, bot Lamberz die Lieferung von Marinewaffen an, dazu die Ausbildung von Offizieren und Unteroffizieren, Flugzeug- und Hubschrauberpiloten, Raketenspezialisten und Aufklärern. Auch von der Errichtung einer Moschee in Leipzig war die Rede. Im Gegenzug erklärte sich Gaddafi bereit, einen Bargeldkredit für die DDR in Höhe von 100 bis 150 Millionen Dollar wohlwollend ins Auge zu fassen.

Ein weiterer wichtiger Gegenstand der Unterredung war Lamberz' spezielles Steckenpferd, die Eritrea-Frage. Lamberz wollte den libyschen Standpunkt erkunden, und Gaddafi hielt sich mit seiner Kritik nicht zurück, wie das Gesprächsprotokoll ausweist. Er warf Lamberz vor, die falschen Leute nach Berlin eingeladen zu haben, die anschließend Ägypten und Saudi-Arabien und damit die USA informiert hätten. »Deswegen beeilt sich die Reaktion, einen reaktionären Staat in Eritra zu proklamieren.« Und weiter: »Berlin ist kein geeigneter Ort für Verhandlungen.«

Der Sowjetunion warf Gaddafi vor, Äthiopien und Angola zu spät geholfen zu haben.

Werner Lamberz, Mitglied des SED-Politbüros, ZK-Mitglied Paul Markowski (l.) und Dolmetscher Armin Ernst (2.v.l.) am 12. Dezember 1977 im Gespräch mit Libyens Führer Gadhafi. Beim zweiten Besuch im März 1978 kamen die drei Deutschen ums Leben

Absturz in der Wüste

Die Geschichte eines mysteriösen »Unfalls«, bei dem elf Menschen verbrannten. Unter ihnen die prominenten SED-Funktionäre Werner Lamberz und Paul Markowski, die unbequem geworden waren

Eine Serie von Uta König

Was macht Honecker mit seinen Gegnern? Er organisiert einen Rundflug über Libyen.« Im Frühjahr 1978 kursierte dieser Witz auf den Fluren des SED-Politbüros. Er bezog sich auf ein »tragisches Hubschrauber-Unglück«, so die offizielle Verlautbarung.

Am 6. März 1978 war Politbüro-Mitglied und SED-Chefagitator Werner Lamberz, 48, ein in der DDR ungewöhnlich populärer Politiker, in der libyschen Wüste ums Leben gekommen. Mit ihm starben Paul Markowski, 48, Leiter der ZK-Abteilung für Internationale Verbindungen, und neun weitere Insassen der Maschine. Ort, Uhrzeit und Umstände ihres Todes blieben unter Verschluß.

Die Witwe Ingrid Lamberz schüttelte den Kopf, als ich ihr im Februar 1991 von dem Witz erzählte. »Makaber«, sagte sie. Sechs Wochen später, am 26. März 1991, lege ich Ingrid Lamberz ein Dokument aus dem Panzerschrank von Erich Mielke vor – den von der »Obersten libyschen Untersuchungskommission« erstellten siebenseitigen »Bericht über die Untersuchungsergebnisse des Hubschrauberunglücks«. Erich Honecker persönlich hat die »Vertrauliche Verschlußsache ZK O2-Politbüro« am 26. April 1978 mit seinem Kürzel EH abgezeichnet.

»Nein, das darf nicht wahr sein.« 13 Jahre nach dem Tod ihres Mannes erhält sie den Beweis, daß Stasi-Chef Erich Mielke sie »bis zum Schluß belogen und betrogen« hat. Der libysche Bericht und die Recherchen des STERN verstärken

Wie die Stasi Menschen zerstörte
5. Teil

»Stern«-Bericht von 1992

Lamberz und Gaddafi schieden als Freunde. Nicht einmal die Tatsache, dass Werner Lamberz am Abend nach dem Gespräch eine Nierenkolik erlitt und die Nacht in einem libyschen Krankenhaus verbringen musste, vermochte seinen Optimismus bezüglich des Erfolgs

131

der Reise zu dämpfen. Mit der internationalen Reputation der DDR ging es aufwärts, und er hatte daran wesentlichen Anteil.
Die DDR-Führung entwickelte Anfang 1978 geradezu hektische diplomatische Aktivitäten. Der Politbüro-Beschluss 1/78 vom 10. Januar legte fest:
»Für die politische Koordinierung gegenüber Äthiopien, Libyen, Südjemen ist Gen. Werner Lamberz für drei Monate verantwortlich.«
In Berlin fand vom 22. Februar bis zum 1. März 1978 die X. Generalversammlung des WBDJ statt, die sich mit der Vorbereitung der XI. Weltfestspiele im Sommer 1978 in Havanna beschäftigte. Traditionsgemäß wäre das Lamberz' Ressort gewesen. Der aber war damit beschäftigt, sich auf den Besuch einer hochrangigen libyschen Delegation vorzubereiten. Botschafter Seidel mahnte aus Tripolis:
»DDR hat großen Zeitverzug gegenüber anderen Ländern in Beziehungen mit Libyen.«
Lamberz, der sich stets überaus gewissenhaft auf jeden seiner Gesprächspartner vorbereitete, ließ sich das 1. Kapitel von Gaddafis »Grünem Buch« erläutern, in dem der seine »3. Universaltheorie« entwickelte. Bemängelt wird vom ZK-Rezensenten (vermutlich der stellvertretende Chefredakteur der *Einheit*) das »Fehlen der klassenmäßigen Einschätzung« in Gaddafis Theorie. Insgesamt umfasst Lamberz' Libyen-Akte allein für den Zeitraum Januar bis Anfang März 1978 248 Seiten.
Die libysche Delegation – mit 35 Staatsfunktionären und Wirtschaftsfachleuten die größte, die Libyen jemals ins Ausland entsandt hatte – unter Jadallah Azuz At-Talhi reiste über Moskau nach Berlin an. Am 24. Februar wurden die im Dezember ausgehandelten Abkommen mit Libyen unterzeichnet. Sie umfassten einen Wertumfang von 200 Millionen Dollar, der sich fast ausschließlich auf zivile Projekte erstreckte. Dazu gehörten Schiffe, Zementfabriken und Siloanlagen, ein Planetarium und ein Observatorium, allerdings auch eine »Abt. Luftbildvermessung«.
Das Kreditabkommen über 198 Millionen Schweizer Franken, von der DDR rückzahlbar in vier Jahren, war bereits am 26. Januar in Tripolis unterzeichnet worden. Ende Januar hatte außerdem eine libysche Militärdelegation Moskau und Berlin besucht.
Auf der Tagung der gemeinsamen Regierungskommissionen Libyens und der DDR vom 20. bis 24. Februar in Berlin sprach Lamberz

auch über Eritrea. Vorher nahm er aufschlussreiche Veränderungen am Entwurf seiner Rede vor:

> »Die DDR vertritt wie Libyen die Meinung, daß der sicher beste Lösungsweg politische Verhandlungen sind, die zu einer vollen (gestrichen, darüber:) regionalen Autonomie für das Volk Eritreas (eingefügt:) im Rahmen des äthiopischen Staates führen, (ergänzt:) konkrete Formen müssen betroffene Seiten selbst aushandeln.«

In den ersten Märztagen flog Volkskammerpräsident Sindermann nach Neu-Delhi; Paul Verner zu Hafez Assad nach Damaskus. Am 4. März traf der äthiopische Außenminister in Ostberlin ein.
Werner Lamberz und seine Frau Ingrid wollten am 6. März nach Baku fliegen, um in der Sowjetunion eine gemeinsame Kur anzutreten. Nicht vor dem 1. März kann Honecker ihn darüber informiert haben, dass er am 4. März gemeinsam mit Paul Markowski eine Reise nach Äthiopien antreten und in Tripolis Station machen müsse. Ganz so unerwartet wie nachträglich behauptet kam die Reise jedoch nicht. Schon im Januar war in einem Telegramm an den DDR-Botschafter in Libyen von einer eventuellen Vertragsunterzeichnung Anfang März in Tripolis die Rede gewesen.
Uta König, die 1991 für den *Stern* den »Absturz in der Wüste« recherchierte, suchte nur in den Stasi-Akten. So fand sie das eigentliche Reiseziel nicht heraus und bezog deshalb alle Ereignisse im Vorfeld der Lamberz-Reise ausschließlich auf Libyen. Grund der Libyen-Reise war laut Uta König:

> »... ein Fünfjahresvertrag über militärische Hilfe für den reichen Wüstenstaat. Gadhafi hatte Devisen in Millionenhöhe für die Ausbildung seiner Soldaten und Offiziere angeboten.«

Dieser Vertrag – einer unter vielen, die Libyen abschloss – war bereits im Februar in Berlin unterzeichnet worden. Ein entsprechendes Protokoll über die Ausbildung von 60 bis 100 Marineoffizieren, technischem Personal für die Luftstreitkräfte und die Lieferung von Heeresmaterial wurde im April in Tripolis abgeschlossen. »Die erzielten Preise wurden seitens der DDR als gut eingeschätzt«, meldete Hauptmann Kammel von der Hauptabteilung XVIII/AG 1 über die Reise von Oberst Möller und Generalleutnant Borufka.
Vier Jahre später, 1982, hielten sich neben Militärs aus Kuba und Nordkorea etwa 3000 militärische Berater aus der Sowjetunion und bis zu 2000 DDR-Geheimdienst- und Sicherheitsberater in Libyen auf. Über die westlichen Berater liegen keine Zahlenangaben vor.

In Wahrheit stellte Tripolis nur die wichtigste Zwischenstation auf Lamberz' Weg nach Äthiopien dar. Den Schlüssel für die eilig anberaumte Reise liefert das Blitztelegramm des Botschafters Seidel aus Tripolis vom 1. März:

```
                          Telegramm                          242

Absender:  tripolis                        Dringlichkeit:  blitz - n
Geheim-
haltungs-
grad u.
Regist.-Nr.  vvs 70/78
                                           Ausf.  3.  Blatt  1

Empfänger: gen. honecker
           gen. axen
           gen. lamberz
           gen. fischer


           aussensekretaer treiki bat um schnellste uebermittlung folgender
           bitte oberst ghaddafis:

           libyen habe auf bitte praesident somalias, siad barre, und nach
           konsultation mit mengistu haile miriam den somalischen praesi-
           denten empfangen. ghaddafi sei nach erster begegnung mit barre
           ueberzeugt, dasz somalia bereit sei zur friedlichen beilegung
           konfliktes und zur rueckkehr in das lager der progressiven,
           antiimperialistischen kraefte in afrika. ghaddafi werde alles
           dafuer tun. daher bitte er den generalsekretaer des zk der sed,
           gen. honecker, und gen. lamberz, die guten beziehungen der
           ddr-fuehrung zur aethiopischen fuehrung zu nutzen, um mengistu
           zu schnell wie moeglich nach tripolis zu kommen.
           an treffen in tripolis werde auch boumedienne teilnehmen.
           gleiche bitte sei auch an gen. breshnew uebermittelt worden.

           ich sagte schnellstmoegliche uebermittlung bitte zu.

           seidel
           1.3.



           kopie:
           genosse markowski




Geschrieben: _____    Gesehen: _____    Gesehen: _____
```

Das von Lamberz (o. re.) abgezeichnete Telegramm

»auszensekretär treiki bat um schnellste uebermittlung folgender bitte oberst ghadaffis:
libyen habe auf bitte praesident somalias, siad barre, und nach konsultation mit mengistu haile miriam (sic!) den somalischen praesidenten empfangen. ghaddafi sei nach erster begegnung mit barre überzeugt, dasz somalia bereit sei zur friedlichen beilegung konfliktes und zur rueckkehr in das lager der progressiven, antiimperialistischen kraefte in afrika. ghaddafi werde alles dafuer tun. daher bitte er den generalsekretaer des zk der sed, gen. honecker, und gen. lamberz, die guten beziehungen der ddr-fuehrung zur aethiopischen fuehrung zu nutzen, um mengistu zu bitten, so schnell wie moeglich nach tripolis zu kommen. an treffen in tripolis werde auch boumedienne teilnehmen. gleiche bitte sei auch an gen. breshnew uebermittelt worden.
ich sagte schnellstmoegliche uebermittlung bitte zu.«
(Bundesarchiv, a.o.O., IV, 2/2.033/126, Blatt 242)

Das verschlüsselte Telegramm aus Tripolis dürfte der amerikanischen NSA (National Security Agency) kaum entgangen sein, deren Etat für die internationale Funkaufklärung in jenem Jahr 1978 rund 1,9 Milliarden (!) Dollar betrug und deren Interesse in Afrika vornehmlich Libyen, aber auch Äthiopien und Somalia galt. Tatsächlich hatte Somalias starker Mann Siad Barre – im Dezember 1994 im Exil verstorben –, der den Ogaden-Krieg so wenig zu gewinnen vermochte wie sein Gegenspieler Mengistu, am 28. Februar Libyen besucht. Jetzt ging es um große Politik und um eine Atempause für die blutige äthiopische Revolution. Kein Wunder, dass der zum Parlamentär auserschene Lamberz gezwungen war, seine Kur um einige Tage zu verschieben.

Als endgültiger Abflugtermin nach Tripolis wurde Sonntag, der 5. März 1978 festgelegt, denn Lamberz und Markowski waren gerade erst aus Budapest zurückgekehrt, wo sie gemeinsam mit Kurt Hager und Hermann Axen an der Konferenz der Sekretäre für ideologische Arbeit und internationale Beziehungen der »Bruderparteien« teilgenommen hatten. Wie der *Stern* wissen will, saßen sie – also sicherlich auch Axen und Hager – am letzten Abend im Hotel Gellert mit zwei führenden sowjetischen Genossen zusammen: Breshnews Cheftheoretiker Michail Suslow, zuständig auch für die Linie aller Kommunistischen Parteien außerhalb der Sowjetunion, und Boris Ponomarjow, Sekretär für Internationale Angelegenheiten. Suslow, seit Stalins Zeiten Politbüro-Mitglied und als Hardliner bekannt, galt dennoch als einer der frühen Förderer Gorbatschows. Dass er von Gaddafi und dessen religiösen Ideen im »Grünen Buch« absolut nichts hielt, ist ein offenes Geheimnis. Die beiden Sowjetideologen rieten Lamberz und Markowski angeblich von der geplanten Afrika-Reise ab.

> »*Stern*-Recherchen ergaben, daß die beiden vom KGB informiert worden waren. Der war über die Aktivitäten des libyschen und des DDR-Geheimdienstes immer bestens informiert.«

Nun bedarf es keiner besonderen Recherchen, um zu wissen, dass eine der Hauptaufgaben des KGB in der ständigen Information der sowjetischen Führungsspitze über die Aktivitäten ausländischer Geheimdienste bestand. Uta König ging von der Annahme aus, das KGB – zu dieser Zeit von Juri Andropow geleitet – habe von einer libyschen und/oder DDR-Aktivität gegen Lamberz gewusst und ihn davor warnen wollen.

> »Aber Markowski und Lamberz, deren gutes Einvernehmen mit den Russen von Honecker mit wachsendem Argwohn beobachtet wurde, glauben sich in Libyen willkommen und sicher.«

Über Paul Markowski, gleichaltrig mit Lamberz, wie dieser unter den Genossen als ein offener und umgänglicher Mensch bekannt und einer von Lamberz' Männern in Axens ZK-Bereich, berichtet Uta König:

> »Er weiß, daß Honecker ihn aus der Machtzentrale nach Äthiopien als Berater abschieben will. Der intellektuelle, humanistisch gebildete Marxist ist ein Gegner von Wirtschafts-Lenker Günter Mittag und MfS-Chef Erich Mielke.«

Ein Indiz für diese Befürchtung findet sich im Politbüro-Beschluss 1/78, der »Fragen der Koordinierung im afrikanischen Raum« behandelt:

> »Genosse H. Axen wird beauftragt, einen Vorschlag zu unterbreiten für einen Genossen, der an der Botschaft der DDR in Äthiopien zur Koordinierung eingesetzt wird.«

Einen solchen hochrangigen Koordinator gab es auch in der sowjetischen Botschaft in Addis Abeba.

Markowski soll angeblich schon eine Woche vor der geplanten Afrika-Reise vom DDR-Botschafter in Moskau, Harry Ott, gewarnt worden sein: »Paßt bei dieser Reise auf. Überlegt, mit wem ihr sprecht, und achtet darauf, wie der Transport verläuft.« Als Quelle für seine Information nannte Ott »unsere sowjetischen Freunde« – wen sonst. Dem gleichen *Stern* zufolge hielt Markowski sich eine Woche vor der

Reise jedoch in Budapest auf. Selbst der KGB kann keinesfalls vor dem 1. März von den geplanten DDR-Aktivitäten erfahren haben. Die sowjetische Warnung, falls sie denn überhaupt erfolgt ist, deutet eher an, dass es *nicht* um Libyen ging, sondern um die Probleme zwischen Äthiopien und Somalia, möglicherweise auch um Eritrea. »Überlegt, mit wem ihr sprecht.« Bezüglich Libyen bestanden kaum Widersprüche zwischen der DDR- und der sowjetischen Diplomatie. Es gab hingegen in der Sowjetunion eine Parteifraktion, die es ungern sah, dass Lamberz/Markowski in Äthiopien – oder vorher in Bagdad und Aden, wo die ELF-Leute aus Eritrea präsent waren – mit den »falschen Leuten« sprechen würden.

Oder hatten – falls es bei dem Transport-Hinweis doch um Libyen ging – die Sowjets Kenntnis von konkreten Attentatsplänen gegen Gaddafi und waren vielleicht daran beteiligt? Möglich wäre auch das, doch die Entwicklung der Beziehungen zwischen Moskau und Tripolis in den folgenden Jahren deutet nicht darauf hin. Selbst ein unberechenbarer Mann wie Gaddafi hätte sich kaum mit Militär- und Sicherheitsberatern aus einem Land umgeben, das in einen Attentatsversuch gegen ihn – und deren gab es vorher und nachher mehrere – verwickelt gewesen wäre.

Andererseits konnte es kaum dem politischen Kalkül der sowjetischen »Freunde« entsprechen, ein Attentat ausgerechnet auf DDR-Politiker zu planen, mit denen ein besonders gutes Einvernehmen bestand – und sie vorher zu warnen. KGB-Chef Andropow befand sich Ende der siebziger Jahre auf dem besten Wege zu einer realistischen Erkenntnis des wirtschaftlich-technischen Kräfteverhältnisses in der Welt und mahnte in internen Studien tiefgreifende Reformen des Systems an, die sein Protegé Gorbatschow später in Angriff nahm. Er hatte keinen Grund, Lamberz und Markowski aus dem Wege zu schaffen, die als potenzielle Verbündete zu betrachten waren.

Lamberz und Markowski, begleitet von ihrem Personenschutz, dem persönlichen Referenten Eberhard Heinrich, dem Sektorenleiter Internationale Verbindung Rabenhorst, einem Oberst der Staatssicherheit, der für die Zusammenarbeit mit Äthiopien verantwortlich war, einem Arzt, einer Sekretärin, dem *ADN*-Fotografen Spremberg und dem Dolmetscher Dr. Ernst, flogen am Sonntagvormittag mit einer Sondermaschine vom Typ TU 134A von Berlin-Schönefeld nach Tripolis. Hätten die Sowjets sie ernsthaft an dieser Reise hindern wollen, so hätte bis zur letzten Minute ein Anruf aus Moskau, notfalls aus der Residenz des sowjetischen Statthalters in der DDR, Pjotr Abrassimow, in Wandlitz genügt. Die Zeit, in der Honecker es wagte, sich direkt oder zumindest passiv gegen sowjetische Direktiven zu stellen, sollte erst noch kommen.

Die DDR-Delegation wurde im Beach Hotel am Strand von Tripolis untergebracht. Noch am Nachmittag fand das erste Gespräch mit dem libyschen Außenminister Dr. Ali Abdessalam Treiki statt. Lamberz' Afrika-Mission war keineswegs geheim, wie es der Inhalt der im *Stern* genannten Vertragsverhandlungen eventuell vermuten ließe. Im Gegenteil: Spremberg und Heinrich flogen der Öffentlichkeitswirkung wegen mit. Am 6. und 7. März meldete *Neues Deutschland* jeweils auf der ersten Seite die Ankunft des Sonderbotschafters Lamberz in Tripolis und die »umfassende Unterredung über die Zusammenarbeit mit Libyen«, an der auch DDR-Botschafter Freimut Seidel teilnahm.

Im Gespräch mit dem libyschen Außenminister wurde kein Termin für ein Zusammentreffen mit Gaddafi genannt. Erst nachdem Lamberz am Mittag des folgenden Tages – es war Montag, der 6. März 1978 – ein weiteres Gespräch mit Gaddafis zweitem Mann, Stabsmajor Abdel Salam Jalloud, geführt hatte, erfuhr er, dass ihn Gaddafi am Nachmittag an einem nicht näher bezeichneten Ort außerhalb von Tripolis empfangen werde. Derart kurzfristige Festlegungen entsprachen den libyschen Gepflogenheiten. In einer *Spiegel*-Serie von 1986 heißt es über die »beduinischen Schwierigkeiten« Gaddafis:

> »In der Wüste braucht man keine Uhr, sagt ein arabisches Sprichwort. Dem Staatschef geht das Zeitgefühl ab. So entspringt es keiner bösen Absicht, wenn er Botschafter drei Stunden in der glühenden Mittagssonne warten läßt – auf einen Audienztermin, der niemals genau festgelegt wurde. Daß er Journalisten schon mal um vier Uhr morgens zu sich ruft und sogar bei wichtigen Staatsakten oft nicht erscheint, wird ihm zu Unrecht als gezielte Provokation angekreidet. Er kann nicht anders.«

Die Einladung in die Wüste stellte übrigens einen besonderen Beweis für die Hochschätzung des DDR-Politikers dar. Nur ausgewählten Gästen wurde diese Ehre zuteil, Fidel Castro beispielsweise oder dem ugandischen Schlächter Idi Amin. Bei seinem Dezember-Besuch war Lamberz in Gaddafis Zelt-Residenz im hermetisch abgeriegelten Sperrbezirk von Tripolis empfangen worden, während Axen nur bis in Gaddafis Büro vordrang. Auch Honecker wurde ein Jahr später in der scharf bewachten Residenz in Tripolis empfangen.

Die Libyer bestanden darauf, außer Markowski und Lamberz nur zwei weitere Begleiter zuzulassen. Da einer davon der Dolmetscher Armin Ernst sein musste, blieb Lamberz die Wahl zwischen seinem Personenschutz-Offizier Rolf Heidemann, dem persönlichen Referenten Heinrich und dem *ADN*-Fotografen. Lamberz war ein Medienmann und nicht ohne Eitelkeit; er wollte jede Gelegenheit nutzen, die eigene wie die internationale Bedeutung der DDR herauszustreichen, und sei es nur in der DDR-Presse. Schon einmal hatte Spremberg Fotos von ihm neben Gaddafi geschossen. Auf solche Publizität wollte Lamberz auch jetzt nicht zugunsten seiner Sicherheit verzichten. Die sah er nicht gefährdet.

»Tut mir leid, Rolf, du kannst nicht mit ... Die Libyer legen Wert darauf, allein für meine Sicherheit zu sorgen.« So erinnerte sich Heidemann laut *Stern* an Lamberz' Worte. Im Nachhinein stellt sich die libysche Forderung möglicherweise als Misstrauen der Gaddafi-Sicherheitsleute heraus, denen die Effektivität ihrer DDR-Kollegen geläufig war und die ungern fremde Geheimdienstler in Gaddafis Hauptquartier sahen.

Die Libyer stellten ihren Gästen eine weitere Entscheidung frei: Sie durften das Transportmittel wählen. Ob Lamberz in diesem Augenblick an die angebliche sowjetische Warnung dachte: Achtet darauf, wie der Transport verläuft? Die Libyer boten eine zwei- bis zweieinhalbstündige Wüstenfahrt im Landrover an – oder einen wesentlich kürzeren Hubschrauberflug. Heidemann, der seine Aufgabe, den hohen Funktionär in jeder Situation notfalls unter Einsatz des eigenen Lebens zu schützen, ohnehin gefährdet sah, drängte darauf, den Landweg zu wählen. Auch Markowski erinnerte sich an die internen DDR-Vorschriften, bei solchen Dienstreisen niemals ausländische Hubschrauber zu benutzen. Freimut Seidel, seit 1974 DDR-Botschafter in Libyen, wies darauf hin, welch einmaliges Erlebnis eine Fahrt durch die Wüste sei. Dass er selbst nicht an diesem Gespräch teilnehmen würde, stand fest. Bei Lamberz' Verhandlungen mit den Libyern in Berlin war der libysche Botschafter ebenfalls nicht zugegen gewesen.

Gegen den Ausflug im Landrover sprach nur der knappe Zeitplan. Den konnte eine nächtliche Wüstenfahrt leicht gefährden. Lamberz und Markowski mussten am nächsten Morgen um fünf Uhr nach Bagdad weiterfliegen, um von dort aus über Aden am Mittwoch Addis Abeba zu erreichen. Ein direkter Flug über die Krisen- und

Kriegsgebiete war nicht möglich. Am 8. März 1978 sollte Lamberz um 8.00 Uhr in Addis Abeba eintreffen. Dort war kein großes Programm vorgesehen, wohl aber ein Essen mit Mengistu Haile Mariam, dem letztlich die Reise galt.

Dieses Argument gab den Ausschlag. Lamberz entschied sich für den Hubschrauberflug und teilte das den Libyern mit. »Er war wohl ein bisschen leichtsinnig, wie wir alle zu dieser Zeit«, urteilte Hans Modrow über die Entscheidung seines Freundes.

Gegen 17 Uhr wurden die Vier vom Beach Hotel abgeholt. Heidemann nahm Lamberz' Aktenkoffer, um seinen Chef wenigstens bis zum Flughafen zu begleiten, wurde jedoch abgewiesen.

Um 17.27 Uhr startete der Helikopter vom Typ Super Frelon vom Flughafen Tripolis nach Wadi Suf al-Jin, ein Flussbett, das sich etwa 160 Kilometer südlich von Tripolis hinzieht, und wo etwa einen Kilometer vom Landeplatz entfernt Gaddafis Zelt stand. Keiner der Deutschen kannte das Ziel des Fluges.

Für alle Ereignisse vom Zeitpunkt des Starts an gibt es nur eine offizielle Quelle: den undatierten libyschen »Bericht über die Untersuchungsergebnisse zum Hubschrauberunglück« (Bundesarchiv, a.o.O., IV 2/2.033/131, Blätter 21–27). An dem dort genannten zeitlichen Ablauf sind nie Zweifel geäußert worden.

»1. Der Hubschrauber Supervillon startete um 17.27 Uhr am Abend des 6. März 1978, eine Stunde und 53 Minuten nach dem ursprünglich festgelegten Termin (15.30 Uhr) wegen des verspäteten Eintreffens der deutschen Delegation und ihrer Begleiter auf dem Startplatz auf dem Wege nach Wadi Suf al-Jin in einer Entfernung 45 km südlich von Beni Walid.«

Die Verzögerung war mit Sicherheit nicht auf die deutsche Delegation zurückzuführen, die im Hotel darauf gewartet hatte, abgeholt zu werden.

»2. Um 17.35 Uhr informierte der Flugzeugführer den Kontrollturm auf dem Flughafen Tripolis, daß er gezwungen ist, sieben Meilen südlich des Flughafens Tripolis zu landen. Daraufhin wurde ein anderer Hubschrauber für sie angefordert.

3. Um 17.55 nahm der Flugzeugführer wiederum Kontakt mit dem Kontrollturm am Flughafen Tripolis auf und teilte mit, er habe den Flug fortgesetzt; seine Landung sei erforderlich gewesen, da die Verkleidung des Motors sich geöffnet hatte. Sie sei befestigt worden und beeinträchtige nicht mehr die Fortsetzung des Fluges.«

Die Notlandung in den Bergausläufern südlich von Tripolis wirft ein bezeichnendes Licht auf den Zustand des Hubschraubers und dessen Wartung. Dieses Ereignis ist bis zu meiner Veröffentlichung in der 1. Auflage der »Besonderen Vorkommnisse« in keinem Bericht über das Unglück erwähnt worden. Stattdessen spekulierte der *Stern* darüber, weshalb in dem Hubschrauber, der für den Transport von bis zu 30 Soldaten geeignet war, nur elf Personen gesessen hatten.
Die Super Frelon SA 321 L (»Super-Hornisse« – im Untersuchungsbericht phonetisch als »Supervillon« angegeben) des französischen Herstellers Aérospatiale war mit fast 20 Metern Länge der größte und stärkste westeuropäische Hubschrauber. Ausgerüstet mit drei 1200-kW-Wellenturbinen zum Antrieb des Sechsblatt-Ganzmetallgelenkrotors kann er 4000 kg Innenladung aufnehmen. In Libyen, das 1995 über acht Hubschrauberstaffeln verfügte und wo 2006 noch elf Super Frelon auf ihren Ersatz warteten, standen mehrere Super Frelon als »Salon«-Maschinen für den persönlichen Gebrauch des Revolutionsführers zur Verfügung, die dementsprechend nur für den Transport einer begrenzten Personenzahl ausgerüstet waren. In der technischen Beschreibung sind für die Super-Hornisse zwei Mann Besatzung angegeben; der libysche Untersuchungsbericht nennt jedoch neben den beiden Piloten den Feldwebel al-Mabruk und Unteroffizier Hassuna als Besatzung. Falls diese beiden Sicherheitsfunktionen wahrzunehmen hatten, so ist anzunehmen, dass der Bundesnachrichtendienst für ihre Ausbildung verantwortlich gewesen war.
Pilot war der Hauptmann der Flieger Said Muftah Hilmi, in der Bundesrepublik ausgebildeter Erster Pilot für amerikanische Bell- und französische Alouette-Hubschrauber, der die Super Frelon seit Ende 1972 flog und 1901 Flugstunden absolviert hatte. Sein Co-Pilot, Oberleutnant der Flieger Mohammed Abdul Salam Saula, hatte seinen Abschluss für Alouette-Hubschrauber in Frankreich gemacht und den Lehrgang als Co-Pilot auf der Super Frelon im September 1973 abgeschlossen, 1974 auch den als Erster Pilot. Der Bericht verzeichnet seine »Teilnahme an einem Fliegerlehrgang, der zum Zeitpunkt seines Todes noch nicht abgeschlossen war«. Hilmi, auch das wird im Bericht ausdrücklich angemerkt, war »Tauglich nur für Sichtflug«.

Das Gespräch mit Gaddafi, über dessen Verlauf und Ausgang keinerlei Informationen vorliegen, dauerte drei Stunden.

>»Als das Gespräch beendet war, wurden sie gebeten zu bleiben und am nächsten Morgen zu fliegen. Doch die Delegation und die libyschen Begleiter bestanden auf der Übernachtung in Tripolis zur Erholung der Delegation, da es am Ort des Gesprächs keine Übernachtungsmöglichkeit gab. Die Piloten verbürgten sich für den Flug und sagten nachdrücklich, das Flugzeug sei sicher, es sei denn, es ereigne sich etwas von Gottes Hand, d.h. durch die *Macht des Schicksals*.« (Hervorhebung J.E.)

Ob dieser sibyllinische Spruch zur Beruhigung der Passagiere beitrug, sei dahingestellt. Jedenfalls stiegen sie in die Super Frelon. Außer der vierköpfigen Besatzung und den vier Deutschen waren auch für den Rückflug drei weitere Libyer an Bord: die beiden in der *ADN*-Meldung genannten Regierungsfunktionäre und der protokollarische Mitarbeiter Hassan al Jaddi al Suwaiyi.

Es war inzwischen 21.30 Uhr und, zwei Stunden nach Sonnenuntergang, stockdunkel. Der Startplatz in der Wüste war frei von Hindernissen wie Bäumen oder Leitungsmasten, nicht aber von Steinen. Außerdem wirbelten die fast zehn Meter langen Rotorblätter den Sand auf. Unter den drei Möglichkeiten für die Gründe des Unglücks nennt der Bericht:

>»Fehlende Sicht wegen der starken Dunkelheit und des beim Start von den Rotorblättern aufgewirbelten Staubes führt oft zum Verlust des Gleichgewichts beim Piloten.«

Eine Schilderung des Unglücksablaufs fehlt in dem libyschen Bericht. Die war schon am 29. März 1978 in einer *UPI*-Meldung aus Bonn über einen für den Folgetag vorbereiteten *Bild*-Artikel auch nach Ostberlin gelangt. Der handschriftliche Verteiler der Internen Dienstmeldung (Bundesarchiv, a.o.O., 2/2.033/126, Blatt 247) lautet: »Gen. Herrmann erweitert auf: Honecker, Stoph, Mielke, P. Verner, Mittag, O. Fischer«.

>»Die *Bildzeitung* teilte mit, daß ihre Informationen über den Absturz von ›einem Angehörigen des Kreises um Ghaddafi‹ stammen, der gesagt hat: ›Am 6. März konferierte Ghaddafi in einem Zelt in der Wüste mit Honeckers Vertreter. Gegen 20.30 Uhr geleitete er seinen Gast und dessen Begleitung zu einem in der Sowjetunion produzierten 16sitzigen Hubschrauber, um gemeinsam mit ihnen nach Tripolis zurückzufliegen. Doch im letzten Augenblick trat ein Offizier des Sicherheitsdienstes zu Ghaddafi und flüsterte ihm etwas zu‹, soll der Informant der *Bildzeitung* zufolge erklärt haben. Ghaddafi verabschiedete sich schnell von Lamberz, indem er sagte: ›Wir werden uns in Tripolis wieder sehen.‹

Als Ghaddafi und sein engster Berater Jaloud in einem Peugeot 504 abgefahren waren, nahmen der arglose Lamberz und 10 Mitglieder seiner Begleitung ihre Plätze ein. Der Hubschrauber erhob sich etwa 30 Meter. Als er versuchte, zur Seite wegzufliegen, fiel er wie ein Stein zu Boden und explodierte. Alle an Bord befindlichen Personen verbrannten bis zur Unkenntlichkeit.

Ghaddafi beobachtete den Vorgang von ferne. Kurz danach ordnete er die Verhaftung eines Ministers und vieler Luftwaffenoffiziere an – zirka 60 Personen. Er hatte Lamberz und 10 weitere Personen geopfert, um seine Gegner mit einem Schlag vernichten zu können.«

Ebenfalls am 29. März meldete die *New York Times*:

»Oberst Muammar al-Gaddafi, der libysche revolutionäre Führer, war das Ziel eines Mordanschlages, der am 6. März fehlschlug und zum Tod von zwei Führern der ostdeutschen Kommunistischen Partei führte, wie heute von offiziellen amerikanischen Vertretern erklärt wurde. Berichten zufolge, die in Washington eintrafen, habe es eine Explosion in einem Hubschrauber gegeben, in dem sich Oberst Gaddafi anlässlich eines Besuches der Ostdeutschen in einem landwirtschaftlichen Entwicklungsprojekt außerhalb der libyschen Hauptstadt Tripolis hätte befinden sollen.«

Was sich am Abend des 6. März 1978 in der libyschen Wüste tatsächlich abgespielt hat, wird man wohl nie genau erfahren. Nach libyschen Angaben wurde die Absturzstelle im Umkreis von zehn Kilometern abgesperrt; außerdem wurden der Sekretär für Kommunikation und der Stabschef der Luftstreitkräfte bis zum Abschluss der Untersuchungen vom Dienst suspendiert. DDR-Vertreter wurden zur Untersuchung nicht zugelassen. Dabei weilte gerade Generalmajor Henkes, Chef der DDR-Fluggesellschaft Interflug, anlässlich der Eröffnung der Fluglinie Berlin – Tripolis – Luanda in Libyen und bot vergebens seine Hilfe an. Bereits am 7. März hatten Botschafter Seidel und er Mielke in einem Blitztelegramm einen an die Libyer zu übergebenden Fragenkatalog »zur aufklaerung sachverhalts schweren ungluecks« vorgeschlagen. Ob der Übergabe dieser 32 Fragen zugestimmt wurde, geht aus den Akten nicht hervor. Der libysche Bericht beantwortet nur einen Teil davon. Er zählt z.B. eine ganze Reihe von Feststellungen an der Absturzstelle auf, u.a.

»8. Alle Trümmer des Flugzeugs wurden vom Feuer erfaßt mit Ausnahme des hinteren Rotors. Sein Unterteil wurde zerbrochen in einer Entfernung von etwa 10 m gefunden. Daraus folgt, daß seine Abtrennung das

Ergebnis eines Zusammenstoßes des Hauptrotors mit dem Schwanz des Flugzeugs war. Weiterhin wurde ein Teil des Hauptverbindungsstücks (Dumpers), das über 30 kg wiegt, in einer Entfernung von 20 m nordöstlich gefunden.

9. Es wurden Spuren im Boden gefunden und festgestellt, daß sie vom Aufschlagen des Hauptrotors auf den Boden herrührten. Die Spuren befanden sich an fünf Stellen, die voneinander ein bis zwei Meter entfernt waren.

...

11. Der rechte Kommutator, der am hinteren Rotor befestigt ist, war völlig nach vorn gedrückt. Daraus folgt, daß der Erste Pilot versucht hat, das Flugzeug während der Linksdrehung wieder zu richten, während die Kommutatoren des Co-Piloten das Gegenteil anzeigten.

...

15. Die rechte Anzeige des Steuerknüppels stand bei 18. Das deutet darauf hin, daß der Pilot versuchte, das Flugzeug hochzuziehen, dieses jedoch nicht darauf reagierte.

16. Der rechte und linke Drehzahlmesser des Rotors zeigten 180 Umdrehungen/Minute. Das deutet darauf hin, daß Motorkraft abgesunken war.«

Die drei Treibstofftanks waren ausreichend gefüllt, der Höhenmesser stand auf der Minimalhöhe von 50 Fuß.

Abgesehen von der fehlenden Sicht führt der Bericht zwei Gründe für das Unglück an, die »der Wahrscheinlichkeit am nächsten« kommen:

»Erste Möglichkeit:

Während des Startvorgangs, als das Flugzeug in Erdbodennähe war, kam es zu einer plötzlichen Havarie des Motors, er fing Feuer. Das bezieht sich besonders auf Motor Nr. 1, der das äußere Elektrosystem antreibt. Daraus resultierten der Rückgang der Umdrehungszahl des Hauptrotors und die Drehung des Flugzeugs nach links.

Zweite Möglichkeit:

Ein Blatt des Hauptrotors löste sich. Das führt gewöhnlich dazu, daß das Flugzeug das Gleichgewicht verliert und nicht mehr mit dem Steuerungsmechanismus beherrscht werden kann. Diese Möglichkeit wird gestützt durch das Verbindungsstück, das weit entfernt von den Trümmern des Flugzeugs gefunden wurde, durch die fünf Löcher im Ergebnis des Aufschlages der Rotorblätter auf die Erde (während die Anzahl der Rotorblätter sechs beträgt), sowie durch das Auffinden eines der Hauptrotorblätter etwa 200 m von den Trümmern entfernt.

...

Der Untersuchungsausschuß neigt zur zweiten Möglichkeit. Andere Möglichkeiten außerhalb der oben erwähnten hält er für völlig unwahrscheinlich.«

Näher wurde der Schaden am Hauptrotorblatt vom Untersuchungsausschuss nicht erläutert. Handelte es sich um eine Bruchstelle? Ein solcher Fall ist bei dem vom amerikanischen Hubschrauber-Hersteller Sikorsky entwickelten und gebauten Rotor- und Getriebesystem niemals bekannt geworden. Ein Rotorblatt »löst« sich nicht durch unbemerkte Materialschwäche; die Überprüfung des Rotors gehört bei einem der ständigen Wartung unterliegenden Militärhubschrauber zu den Standardvorbereitungen vor jedem Flug. Allerdings darf man nach der Notlandung auf dem Hinflug an einer vorschriftsmäßigen Wartung des Hubschraubers zweifeln. Falls es jemandem gelungen war, an einer von Gaddafis Super Frelons ein Rotorblatt zu beschädigen oder zu lockern, standen die Chancen nicht schlecht, dass der Unfall den Revolutionsführer treffen würde. Auf eine solche Möglichkeit deutete auch ein angebliches Bekennerschreiben einer oppositionellen libyschen Gruppe nach dem Unglück von Wadi Suf al-Jin. Wie der DDR-Botschafter in Libyen von seinem sowjetischen Kollegen erfuhr, stürzte bald danach eine zweite Super Frelon aus Gaddafis persönlicher Staffel ab.

Bild hatte es schon am 29. März gewusst, also vier Wochen vor Übergabe des offiziellen Berichts:

»Saboteure hatten die Rotorblätter an Ghaddafis Hubschrauber gelöst und Ghaddafi wußte das.«

Der libysche Untersuchungsausschuss kam zu einem anderen

»Beschluß:

Der Untersuchungsausschuß

– nachdem er alle Zivilisten und Militärs, die mit Hin- und Rückflug zu tun hatten, befragt hat;

– nachdem er selbst die Wartung des Flugzeuges, die technische Überprüfung, die Durchsichtstermine und die Qualifikation der Techniker, die die Wartung beaufsichtigten, untersucht hat, wobei er einen technischen Sonderausschuß zur Prüfung der Flugzeugtrümmer und zum Ablesen der Instrumente hinzugezogen hat;

– nachdem er in allen Untersuchungen die Bedingungen zur Kenntnis genommen hat, unter denen das Flugzeug erprobt und die Piloten beauftragt wurden;

– nachdem er alle aufgezeichneten Gespräche abgehört hat;

– und nachdem er Einsicht in alle für die Luftfahrt geltenden Anordnungen und Instruktionen genommen hat;
hat beschlossen:
1. Der Sekretär für Kommunikation und der Stabschef der Luftstreitkräfte tragen keine Verantwortung für das Unglück.
2. Der Erste und der zweite Pilot werden beschuldigt, die geltenden militärischen Instruktionen und Befehle sowie die Regeln und Bedingungen der zivilen und militärischen Luftfahrt verletzt zu haben, da sie nachts geflogen sind, obwohl der Flug auf der Grundlage einer Erlaubnis für Sichtflug am Tage und einer vorbereiteten Sichtflugstrecke durchzuführen war. Nachdem sie verspätet aus Tripolis eingetroffen waren, von wo sie etwa zwei Stunden nach dem ursprünglich festgelegten und genehmigten Zeitpunkt 15.30 Uhr (der tatsächliche Start erfolgte um 17.27 Uhr) gestartet waren und sich dadurch ihr Start von Wadi Suf al-Jin verzögerte, hätten sie nicht nachts abfliegen dürfen, besonders da sie ihre Qualifizierung für den Nachtflug noch nicht abgeschlossen hatten. Zumindest hätten sie um Erlaubnis für den Nachtflug bitten müssen. (Im vorliegenden Exemplar von EH unterstrichen, J.E.) Alle Gespräche stimmten darin überein, daß ihnen auf keinen Fall die Flugerlaubnis erteilt wurde.«

In der DDR konnte niemand die Gründe und die Hintergründe für den Absturz überprüfen. Ob Mielke zu dem libyschen Bericht jemals ein technisches Gutachten anfertigen ließ, ist nicht bekannt. Ein Indiz für die Annahme, er habe ohnehin die wahre Absturzursache gekannt? Markus Wolf jedenfalls bestätigte, dass auch sein Mann in Tripolis keine zusätzlichen Erkenntnisse übermitteln konnte.

Da Eberhard Heinrich am Abend des Unglücks aus der DDR-Botschaft in Tripolis Honecker nicht erreichte, war Mielke der erste, der von Lamberz' und Markowskis Tod erfuhr. Er informierte Honecker, und der schickte noch in den frühen Morgenstunden Axen mit der Hiobsbotschaft zu den Witwen. Um neun Uhr kondolierte Honecker mit dem Politbüro bei Ingrid Lamberz.

Öffentlich wurde in der DDR niemals etwas über die Unglücksursache mitgeteilt. Nicht einmal die Ehefrauen von Lamberz und Markowski erfuhren, dass Botschafter Seidel am 24. April 1978, also sieben Wochen nach dem Absturz, in Tripolis zum Abteilungsleiter Europa des Außensekretariats gerufen wurde, der ihm den technischen Bericht über die Arbeit der Untersuchungskommission übergab, welchen der Botschafter postwendend an Hermann Axen schickte. Der Bericht traf am 26. April in Berlin ein und wurde sofort

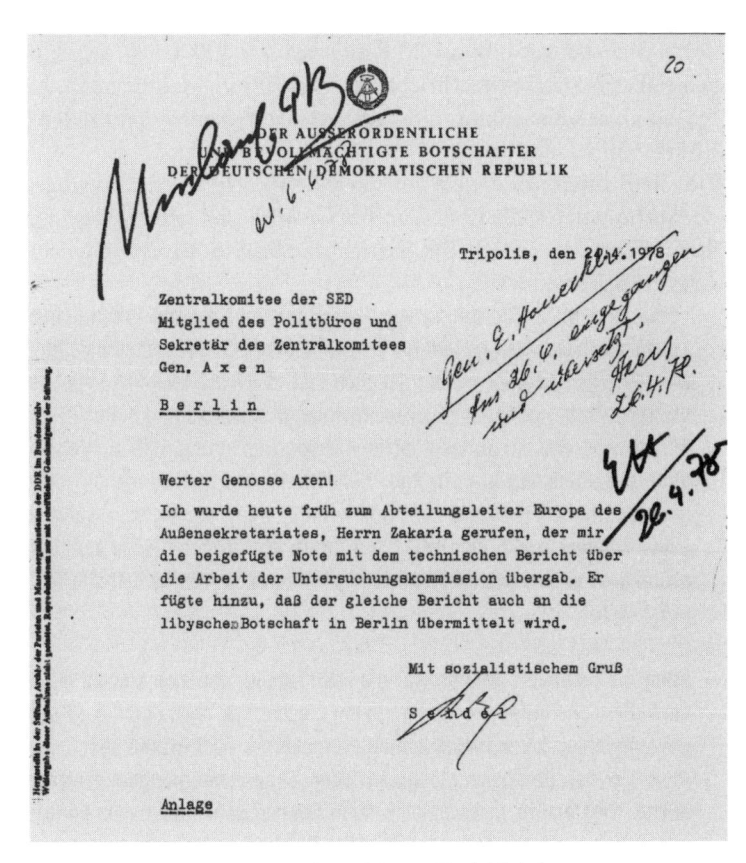

> DER AUSSERORDENTLICHE
> UND BEVOLLMÄCHTIGTE BOTSCHAFTER
> DER DEUTSCHEN DEMOKRATISCHEN REPUBLIK
>
> Tripolis, den 24.4.1978
>
> Zentralkomitee der SED
> Mitglied des Politbüros und
> Sekretär des Zentralkomitees
> Gen. A x e n
>
> B e r l i n
>
> Werter Genosse Axen!
> Ich wurde heute früh zum Abteilungsleiter Europa des
> Außensekretariates, Herrn Zakaria gerufen, der mir
> die beigefügte Note mit dem technischen Bericht über
> die Arbeit der Untersuchungskommission übergab. Er
> fügte hinzu, daß der gleiche Bericht auch an die
> libysche Botschaft in Berlin übermittelt wird.
>
> Mit sozialistischem Gruß
>
> Seidel
>
> Anlage

Der von Axen und Honecker abgezeichnete Begleitbrief

übersetzt, wie Axen auf Seidels Anschreiben vermerkte. Honecker versah den Bericht am gleichen Tag mit eigenhändigen Unterstreichungen und zeichnete ihn auf dem Anschreiben mit dem Vermerk »Umlauf PB« ab. Dieses Original-Exemplar blieb bis zum 6. Juni 1978 im Politbüro in Umlauf und gelangte später in die Akten aus dem Büro Lamberz. Die *Stern*-Journalistin sah im März 1991 nur die Kopie aus Mielkes Panzerschrank.

Man verschwieg Ingrid Lamberz und Liesel Markowski auch, dass die Leichen ihrer Männer in der Nacht zum 8. März im Institut für Gerichtliche Medizin der Humboldt-Universität von zwei Obduktionsgruppen im Beisein von MfS-Offizieren der Untersuchungs-Abteilung IX/7 obduziert worden waren. Die entsprechende Akte

der Staatssicherheit umfasst 20 Positionen mit 120 Seiten, angefangen mit den arabisch geschriebenen Überführungsdokumenten, bis hin zu einer »Aufstellung tätig gewordener Personen« und den 16 Röntgenfilmen der Leichen.
Der *Stern* zitierte zu diesem Thema widersprüchliche Erinnerungen des Sektionsarztes, die Prof. Gunther Geserick und seine Kollegen in ihrem Buch »Endstation Tod. Gerichtsmedizin im Katastropheneinsatz« präzisierten:

»Eine eindeutige Zuordnung von Personennamen zu den untersuchten Leichen ist seinerzeit gegenüber den Gerichtsmedizinern nicht erfolgt ... Die Gerichtsmediziner hielten lediglich fest, daß »als Todesursache Verbrennen (bzw. hochgradige Hitzeeinwirkung) in Betracht« kommt ...
Für die Aussage zur Todesursache war von Bedeutung, daß sich eingeatmete Rußteilchen in Luftröhre, Luftröhrenästen und Lungenbläschen gefunden hatten, was nur zustande kommt, wenn ein Mensch während eines Brandes atmet, also lebt ... Ein Sturz aus größerer Höhe kam aufgrund des Fehlens eindeutig mechanisch traumatisierter Skelettteile nicht in Betracht.
...
Politisch besonders wichtig war die Feststellung, daß sich sowohl durch die äußere und innere Besichtigung der Leichen wie auch durch die Röntgenaufnahmen keine metalldichten Fremdkörper nachweisen ließen, wie man sie bei Bombenexplosionen oder Schußeinwirkungen erwarten dürfte. Die Version, daß es sich um ein Attentat gehandelt haben könnte, war damit durch keinerlei medizinische Befunde zu belegen.«

Ein Attentat, das den Hubschrauber ohne Explosion zum Absturz brachte, schließen die Befunde der Gerichtsmediziner nicht aus. Aber wer konnte ein solches Attentat geplant haben, und gegen wen war es gerichtet? Gerüchte, es habe sich um einen Anschlag gegen Gaddafi gehandelt, kursierten vom ersten Tag an in der DDR, im Zentralkomitee wie in der Bevölkerung, und über den makabren Witz »Was macht Honecker mit seinen Gegnern? Er organisiert einen Rundflug über Libyen!« wollte schon damals niemand lachen.
Vergleicht man die Erinnerungen der Zeugen, die mit Lamberz und seinen Begleitern bis zum Abflug nach Wadi Suf al-Jin zusammen waren, und zweifelt den libyschen Bericht in seinen Aussagen nicht grundsätzlich an, so sprechen – abgesehen von den technischen Aspekten der Hubschraubermanipulation – mehrere Faktoren gegen

eine Attentatsversion, soweit sie gegen Lamberz gerichtet gewesen sein sollte:
– Lamberz selbst bestimmte den Personenkreis seiner Begleiter und
– entgegen den internen DDR-Vorschriften – die Art des Transports per Hubschrauber.
– Lamberz entschied sich gegen den Rat der Libyer für den nächtlichen Rückflug, obwohl ihm nach der Zwischenlandung beim Hinflug der Zustand des Hubschraubers bekannt sein musste.
Bei einer Manipulation am Rotorblatt wäre die Katastrophe allerdings auch am nächsten Morgen unabwendbar gewesen.

Der *Stern*, in dem der Lamberz-Report im Mai 1991 als 5. Teil einer Serie »Wie die Stasi die Menschen zerstörte« erschien, scheute sich, Honecker und Mielke direkt der Anstiftung zum Mord zu beschuldigen, und beschied sich, »Die Geschichte eines mysteriösen ›Unfalls‹« zu erzählen, »bei dem elf Menschen verbrannten. Darunter die prominenten SED-Funktionäre Werner Lamberz und Paul Markowski, die unbequem geworden waren.«
Die Schlagzeile »Ließ Honecker Werner Lamberz ermorden?« überließ man dem *Berliner Kurier* für die Kurzfassung einer Story, mit der *DPA* bereits Ende Oktober 1990 für Aufsehen gesorgt hatte. In einem angeblichen Interview mit dem »ehemaligen Chef-Leibwächter Rolf Heidemann« äußerte der den Verdacht, die Stasi habe Lamberz umgebracht. Wie die *Junge Welt* und andere Zeitungen meldeten, hatte Heidemann erklärt,

»daß der DDR-Personenschutz damals entgegen allen vorhergehenden Anweisungen komplett durch libysche Leibwächter ersetzt worden sei. Die nach dem Unfall sonst üblichen ›stundenlangen Gespräche, Aussprachen, ja Verhöre im Ministerium für Staatssicherheit blieben aus‹, sagte Heidemann. ›Auf höchste Anweisung‹ sei der Personenschutz von Lamberz ›in Blitzeseile‹ auseinander gerissen worden. In die Akte Lamberz sei ein ›für niemanden einsehbarer Vermerk‹ des ehemaligen Stasi-Ministers Erich Mielke gekommen.«

In einem Kommentar knüpfte die *Junge Welt* an die Betrachtung über den einstigen Hoffnungsträger Lamberz die Vermutung:

»Honecker, Mielke und andere (könnten) durchaus ein Motiv zur Beseitigung von Lamberz gehabt haben, abgesehen davon, *daß man bei der Stasi ohnehin beinahe alles für denkbar halten muß.* (Hervorhebung J.E.)
Trotzdem sollte man erhebliche Zweifel anmelden. Die nur intern verbrei-

tete Version von Lamberz' Tod lautete: Der libysche Staatschef habe ursprünglich mit Lamberz im gleichen Hubschrauber fliegen wollen, sei aber kurz vor dem Start ausgestiegen, weil er Hinweise auf ein Attentat gegen sich erhalten habe. Der Hubschrauber sei dann in der Luft explodiert, wobei alle Insassen starben. Für die Öffentlichkeit gab die DDR Lamberz' Tod als Unglücksfall aus, um den neuen Partner Libyen nicht gleich wieder zu verprellen.
Zeugt dieses Verhalten der DDR-Führung auch nicht von hoher Ethik, so entbehrt es doch nicht einer gewissen politischen Logik, zumal damals außenpolitische Erfolge über alles gingen und Honecker Lamberz nicht nur dafür wohl wesentlich mehr brauchte, als er ihn als Rivalen im eigenen Lager fürchten mußte. Solange der ... Leibwächter also keine Beweise für seine Story liefert, muß er sich den Verdacht gefallen lassen, daß er bei *DPA* nur eine schnelle Mark verdienen wollte.«

Drei Tage später, am 30. Oktober 1990, meldete die *Junge Welt* unter der Schlagzeile »Lamberz-Leibwächter dementiert Story«:

»... Rolf Heidemann hat mitgeteilt, er habe gegenüber der Deutschen Presse-Agentur keine Erklärung abgegeben.«

Ein halbes Jahr später erzählte Heidemann dem *Stern* Einzelheiten, die mit seiner nicht abgegebenen Erklärung durchaus übereinstimmten. Noch immer war er verwundert, dass Mielke ihn nicht eingehender befragt hatte. Konnte er sich nicht vorstellen, dass aus Tripolis längst ein höherer MfS-Resident minuziös berichtet hatte? Selbst auf offiziellem Wege war anlässlich der erwähnten Borufka-Reise nach Libyen bereits Anfang April eine mündliche Erklärung des libyschen Oberbefehlshabers gegenüber der DDR abgegeben worden, in der es u.a. hieß

– es handle sich keinesfalls um einen Sabotageakt
– es war nicht beabsichtigt, Gaddafi durch einen Anschlag umzubringen
– der Flug mit dem Hubschrauber wurde entgegen einer bestehenden Weisung bei Nacht durchgeführt ...

Der *Stern* fand noch andere Indizien und Zeugen für die Version vom Stasi-Attentat. Ein ZK-Mitglied, viele Jahre zuständig für internationale Beziehungen, erklärte:

»Nur Honecker und Mielke können Gaddafi den Auftrag für einen Anschlag gegeben haben. Anderenfalls hätten sie auf einer gründlichen Untersuchung unter Mitwirkung von MfS und eigenen Militär-Experten bestanden und die Ursache des Absturzes nicht geheimgehalten. Soweit kenne ich Honecker und Mielke.«

Er kannte Honecker und Mielke anscheinend nicht gut genug. Die hielten prinzipiell alles geheim, was ihnen nicht in den Kram passte. Im Fall des Lamberz-Absturzes aber entschied EH eigenhändig auf dem Anschreiben des DDR-Botschafters in Libyen, den Bericht nach der Verlesung im Politbüro in Umlauf zu geben – was dem gut informierten ZK-Mitglied offensichtlich entgangen sein muss. Der Politbüro-Beschluss 18/78 vom 9. Mai 1978 lautet:
»Die Information der Regierung der Sozialistischen Libyschen Arabischen Volksjamahiriya über die Ursachen des Hubschrauberunglücks am 6. März 1978 wird zur Kenntnis genommen.«
Ist es außerdem nicht weit eher möglich, dass die »politische Logik« der *Jungen Welt* zutrifft? Auch der langjährige DDR-Botschafter in Libyen erinnert sich daran, dass die DDR nach dem Absturz alles tat, »um Beeinträchtigungen der Beziehungen mit Libyen zu vermeiden« – nicht nur, was die DDR anging, sondern das ganze sozialistische Lager betreffend. Einen außenpolitischen Alleingang hätte Honecker unter Breshnew nie gewagt. Der DDR kam in Libyen eine wichtige Stellvertreterfunktion zu, genossen doch »die Deutschen«, die bei Tobruk einst gegen die verhassten Engländer gekämpft hatten, (im Gegensatz zu den Russen) auch in Gaddafis Revolutionsstaat besonderes Ansehen. Groteskerweise zehrte die DDR in Nordafrika von Rommels anhaltendem Nachruhm. Der »Wüstenfuchs« hatte es geschickt und nicht ohne weitreichende Absichten verstanden, trotz seiner offiziellen Rolle als Verbündeter der ebenso verhassten italienischen Kolonialherren, sich anders als diese und die Engländer um eine Zusammenarbeit mit dem arabischen Hinterland zu bemühen.

Als Gaddafi im Juni 1978, also nur drei Monate nach Lamberz' Tod, zum Staatsbesuch in die DDR kam, war von dem unangenehmen Ereignis nicht mehr die Rede. Honecker und Gaddafi schlossen einen Zehnjahresvertrag über die wirtschaftliche, technische und militärische Zusammenarbeit ab, für den Lamberz und Markowski die Vorarbeiten geleistet hatten. Dass Gaddafi bei diesem Besuch von der deutschen Einheit sprach und nicht einmal das *ND* wagte, diese Passage zu streichen, ist am Rande anzumerken. Gaddafi war zwölf Jahre später einer der ersten, der Kohl zum Vollzug der Einheit gratulierte. Neben dem BND-Major Raethjen aus Pullach und seinen 13 Ausbildern, die Gaddafis Personenschutz zwischen 1979 und 1983 »SS-like« drillten, wurde Gaddafis Geleitschutz auf der Basis des Zehn-

jahresvertrags von DDR-Geheimdienstlern geschult. Gibt es ein deutlicheres Indiz gegen die Annahme, die DDR-Staatssicherheit hätte das Attentat in der libyschen Wüste inszeniert? Dass der stolze Sohn der Wüste gar einen »Auftrag« von Honecker und Mielke angenommen und ausgeführt hätte, ist eine kindliche Vorstellung. Gaddafi hat in jeder Phase seiner 42-jährigen Herrschaft erkennen lassen, wie tief er jeden anderen, noch dazu nicht-islamischen Staat in Wahrheit verachtet. Da sollte ihn ausgerechnet die winzige und ökonomisch schwachbrüstige DDR veranlassen, ein quasi gegen seinen eigenen Emissär (denn als der war Lamberz nach Äthiopien unterwegs) gerichtetes Attentat, noch dazu in unmittelbarer Nähe seines Zelt-Hauptquartiers, zu dulden, ja zu planen, und dabei noch einen seiner wichtigsten Vertrauten und einen teuren Helikopter samt Besatzung zu verlieren? Der Tod eines hochrangigen ausländischen Diplomaten in Libyen war selbst für ein Regime wie das seine ein höchst unerwünschtes Ereignis.
Und die angeblichen Auftraggeber? Waren sie wirklich die kaltblütigen Schurken, die ein solcher Anschlag voraussetzt?
Es fällt nicht schwer, diese Frage für Mielke mit Ja zu beantworten. Der hatte nicht nur die Polizisten vom Bülowplatz auf dem Gewissen, sondern mindestens auch seinen Genossen Willy Kreikemeyer. Betrachtet man andererseits die Gewalttaten, die ihm und seinem Ministerium zugeschrieben werden, so fällt – wenn die Beweislage überhaupt einmal ausreichte – bei der Vorbereitung und Durchführung eine allenfalls bauernschlaue Einfalt auf, die z.B. dem sogenannten »Bulettenprozess« (die geplante Ermordung eines Überläufers durch vergiftete Lebensmittel) eher tragikomische Züge verlieh. Sieht man von den Menschenraubaffären der fünfziger Jahre ab, die fast sämtlich mit mehr frecher Brutalität als mit besonderer Raffinesse vonstatten gingen, so fehlen Aktionen von jener Tragweite, die in Polit-Thrillern die Handlung bestimmen, im Repertoire der Staatssicherheit.
Mielke wird als ein extrem misstrauischer, sicherlich auch rachsüchtiger Mensch geschildert – nicht als geborener Intrigant und Zyniker wie Mittag. Es ist kaum anzunehmen, dass der Geradeausdenker Mielke alle Winkelzüge der Wolfschen Hauptverwaltung Aufklärung oder gar die Einzelheiten der Schalckschen Devisenwirtschaft durchschaute. Hätte er einen notwendigerweise kompliziert angelegten Plan zur Ermordung eines Genossen, der zu jener Zeit in der inter-

nen Parteihierarchie über ihm stand, ohne weiteres gebilligt, ja hätte seine Nibelungentreue zum Generalsekretär ausgereicht, dafür ein Le-Carré-Szenario erfinden und in Gang setzen zu lassen? Wen hätte er mit einer so delikaten und gefährlich unsicheren Aufgabe betrauen können, und wie viele Mitwisser hätte es gegeben? Vor Ort waren eigene Kräfte kaum vorhanden. Markus Wolfs HVA schied von vornherein aus. So viel darf man Wolf glauben, dass er schon 1978 eher einem potenziellen Reformer wie Lamberz zugeneigt war als der Betonfraktion seines Chefs Mielke.

Und Honecker selbst? Charakterlich ist auch ihm beinahe jede Untat zuzutrauen – solange sie kein Aufsehen erregte. Er war kein Despot von Stalinschem Format, eher ein Leisetreter, um Gottes willen bemüht, im Ausland nicht noch unangenehmer aufzufallen, als es die DDR durch die Mauertoten ohnehin tat. Bei denen konnte er sich wenigstens einreden, es handle sich um anonyme Feinde des Sozialismus. Aber ein Mann, den er zwei Jahre zuvor noch in seiner Funktion bestätigt hatte und der in heikler Mission für ihn unterwegs (und in dieser Funktion nahezu unersetzbar) war und dessen geplanter Tod notwendigerweise Mitwisser im »nichtsozialistischen Wirtschaftsgebiet« erfordert hätte?

Gab es irgendeinen Beweis, dass Lamberz ihm die Treue aufkündigen wollte und unmittelbar nach seinem Zepter griff? Dazu hätte Lamberz sich zuallererst sowjetischer Hilfe und Zustimmung versichern müssen. Vom vergreisten Breshnew konnte er die wohl kaum erwarten, und schon gar nicht unter Berufung auf einen Reformkurs. Personelle Veränderungen auf der oberen Ebene in der DDR waren ohne sowjetische Zustimmung nicht möglich. Als Günter Schabowski nach Lamberz' Tod vom Aufsteiger Joachim Herrmann die *ND*-Chefredaktion übernahm, erfuhr er durch einen sowjetischen Diplomaten von seiner Beförderung.

Auch Schabowski schildert Honecker als einen zutiefst von sich und seiner historischen Mission überzeugten Mann, der zu einsamen Personalentscheidungen neigte. Nach den im Politbüro üblichen Spielregeln wäre es ihm ein Leichtes gewesen, sich jedes beliebigen Widersachers unter Hinweis auf eine ideologische Abweichung oder – schlimmstes aller Verbrechen! – Fraktionsbildung zu entledigen. Unter Ulbricht hatte er in diesem Spiel zweimal gesetzt und gewonnen. Das hätte mit Sicherheit auch in einem Fall Lamberz funktioniert. Dass er damit vielleicht einen Märtyrer geschaffen hätte, wäre

ihm nie in den Sinn gekommen. Tatsächlich aber existierten keine grundsätzlichen politisch-ideologischen Widersprüche zwischen Lamberz und ihm, auch wenn Axens persönlicher Referent Dr. Manfred Uschner dem *Stern* erklärte:
> »Für Honecker war er ein gefährlicher Rivale geworden, weil er so ganz anders war. Heute würde man sagen: Er war ein Typ Gorbatschow. Er war offen für neue Gedanken, nur öffentlich mußte er sie zurückhalten.«

Soviel ist sicher: Lamberz war ein kluger Mann. Er hätte »neue Gedanken« mindestens bis zum Tode Breshnews zurückgehalten. Am Abend vor seinem Tod jedenfalls äußerte er sich in der DDR-Botschaft in einem Sinne, der seine volle Übereinstimmung mit »beiden Erichs« ausdrückte.

Und Honecker, für den das oberste Prinzip »teile und herrsche« galt, war nicht der Mann, jemanden einer bloßen Rivalität wegen töten zu lassen. Der ehemalige Chefredakteur der Gewerkschaftszeitung *Tribüne* charakterisierte den Generalsekretär in seinem Buch »Tisch-Zeiten«:
> »Das ist ein Typ, der nichts für Ironie oder Hintersinnigkeit übrig hat ... Gedankliche Spielereien sind Honecker verdächtig. Er ist geradlinig, ohne Verstellung. Er will keine neuen Leute um sich haben. Deshalb werden die Kaderveränderungen nur sehr quälend vollzogen.«

Wie zutreffend diese Charakteristik ist, zeigte sich 1985 im Fall Konrad Naumann, dem Honecker seinen Lebenswandel, ja sogar offene Aufmüpfigkeit und sehr lange auch das Renommieren, er sei der künftige Generalsekretär, nachsah – bis Gorbatschows Machtübernahme in Moskau ihn vermuten ließ, dass aus der sowjetischen Botschaft (Naumann war ein Vertrauter Abrassimows) kein Protest zu erwarten war. Naumann, eins der beiden Politbüromitglieder, die während der neunzehn Honecker-Jahre in Unehren aus dem Gremium schieden, wurde dahin strafversetzt, wo vor ihm der weit gefährlichere Abweichler und Berija-Vertraute Herrnstadt und auch Schirdewan ihr Gnadenbrot gekaut hatten: ins Archiv.

Über Hintermänner wie Axen und Mittag zu rätseln ist müßig. Beide hätten nie etwas ohne Honecker und Mielke ausrichten können; sie besaßen keinen Zugriff auf den Geheimdienstapparat.

Dass der Tod des einzigen geistig potenten Kritikers für den nun endgültig zur Allmächtigkeit aufsteigenden Wirtschaftssekretär wie gerufen kam, steht außer Frage. Ob Mittag wirklich nur ein selbsternannter Mephisto im Politbüro war oder ob ein größeres Spiel ihn zu seiner abenteuerlichen Wirtschaftspolitik trieb, hat kaum jemand versucht herauszufinden. Es war auch kein Thema, das die ermittelnden Beamten der ZERV beschäftigte, die seit 1992 dem angeblichen Lamberz-Attentat nachforschten und zu keinem anderen Ergebnis kamen als der Autor 1995.

Als Arabeske ist die vergebliche Suche der Stasi nach dem Verfasser und Absender einer am 10. März 1978 in Halle abgestempelten Postkarte hinzuzufügen, die ein angeblicher Mohammed Ben Yussuf an das Politbüro des ZK der SED sandte:

»Zum Tot Werner Lambers erfare ich soeben durch Funk aus Tripoli, daß die Verantwortung für den Abschuß des Hubschraubers die Organisation Black Eagle übernommen hat. Eine Gruppe der PLO, die unter and. die Bekemfung von Kadaffi und seine Freunde zum Ziel gemacht hat.

Suchen Sie bitte nicht nach mier – sonst fliegt grosses Haus mit allen Einwohner in die Luft ...«

Die umfangreich dokumentierten »eingeleiteten Überprüfungsmaßnahmen erbrachten keine Hinweise, die zur Identifizierung des Schreibers führten«. Auch zur ominösen Organisation Black Eagle finden sich keine verwertbaren Hinweise, und so wird das gesamte Schriftmaterial am 13. Juni 1978 »in der AIG der Abteilung XXII zur Ablage gebracht«.

Tod eines Ofensetzers –
Das Honecker-»Attentat«
von Klosterfelde

> Böse Herrscher verfolgt stets die Furcht
> vor ihren Untertanen.
> *(Orientalisches Sprichwort, zitiert nach Roy*
> *Medwedjew, »Das Urteil der Geschichte«)*

Ein Mann, Alkoholiker und in einer tiefen persönlichen Krise steckend, fährt mit seinem Auto am Silvestertag Amok. Als ihn die Polizei stellt, zieht er eine Pistole und schießt auf einen der beiden Beamten. Der zweite schießt zurück. Der Amokschütze erhebt die Waffe gegen sich selbst und stirbt durch einen Kopfschuss.
Die Meldung über das Ereignis nähme in den Zeitungen zwischen zwölf und zwanzig Zeilen ein, in der Boulevardpresse unter einer balkendicken Schlagzeile platziert, dazu ein bisschen »Ex-Ehefrau sagt: Ich bin fassungslos! Die Nachbarn: Wir haben es kommen sehen. Er war immer so seltsam.« Allenfalls ein paar Zeilen Nachschlag am nächsten Tag, vielleicht ein buntes Aufstoßen. Dann wäre der Fall vergessen. Unglückliche Alkoholiker, die mit Feuerwaffen hantieren, sind selbst in Brandenburg kaum seltener anzutreffen als Messerstecher, Pferdemörder, Tresordiebe oder rechtsradikale Randaleure.
Als das oben geschilderte Vorkommnis jedoch Anfang Januar 1983 ruchbar wurde, rauschte es gewaltig im bundesrepublikanischen Blätterwald. Manchmal wirbeln noch heute Blätter herum, mehr als 25 Jahre nach dem Selbstmord an der Fernverkehrsstraße in Klosterfelde, Kreis Bernau, heute Landkreis Barnim. Zumal es sich scheinbar nicht um einen Selbstmord handelte, sondern um den finalen Rettungsschuss auf einen Attentäter nach einem gescheiterten Anschlag auf den damals siebzigjährigen Diktator EH. Selbst im Internet findet man heute hinter dem Namen Paul Eßling die Angabe: »deutscher Attentäter« ...
»Der STERN enthüllt, was die DDR zu vertuschen sucht: DAS ATTENTAT!« Mit diesem fettgedruckten Aufmacher und einem in das Honecker-

Titelbild eingeklinkten Foto des »Attentäters« erschien der Hamburger *Stern* am 11. Januar 1983.

»Ein Ofensetzer aus einem Dorf bei Berlin versuchte Silvester auf den DDR-Staatsratsvorsitzenden zu schießen. Der Attentäter verfehlte sein Ziel. Erich Honecker entkam und überlebte. Dem Schützen blieb nur der Selbstmord. Er schoß sich in den Kopf und starb auf der Stelle. Ein Sicherheitsbeamter wurde mit schweren Verletzungen ins Krankenhaus gebracht.«

Das einzige Attentat auf einen DDR-Politiker auf dem Boden der DDR in vierzig Jahren!

In Wahrheit jedoch blieb EH unverletzt, ja unberührt von dem Ereignis. Vor ihm lagen noch sechs wunderbare Jahre und mancher Staatsbesuch, bevor er als republikflüchtiger Spätheimkehrer auf der Anklagebank eine mitleiderregende Greisenfigur abgab, um schließlich in dem Land sterben zu dürfen, in dem der General Pinochet noch oberster Kriegsherr war. Gehässige Gemüter hielten »Lebenslänglich mit Margot« für eine ausreichend gerechte Strafe für den saarländischen Dachdeckergehilfen.

Den Staatsoberen in aller Welt jedenfalls blieb es 1983 erspart, an der Gedenkstätte der Sozialisten oder zumindest in Briefen und Telegrammen ihre tiefempfundene Trauer über das Dahinscheiden des hochgeschätzten Staatsmannes und Freundes zu bekunden. Helmut Kohl, im Oktober 1982 aus der Wende der FDP als siegreicher Kanzler hervorgegangen, verpasste diese erste Gelegenheit zu einem Besuch bei seinen späteren Wählern in den neuen Territorien, und Franz Josef Strauß wäre gar nicht mehr dazu gekommen, seinem kreditwürdigen Geschäftspartner Erich die Freundschaft anzutragen. Das geschah erst ein halbes Jahr nach dem Attentat von Klosterfelde, das gar keins war. Bei der ganzen Affäre handelte es sich nämlich – wie könnte es anders sein – um eine schnöde Erfindung, zumindest um eine schamlose Übertreibung des allgegenwärtigen Klassenfeindes, auf dessen Kosten sich so gut leben ließ.

War überhaupt etwas dran an dieser einigermaßen ungewöhnlichen *Stern*-Meldung aus der sonst so friedlichen zweiten deutschen Republik? Drohte etwa der RAF-Terrorismus der siebziger Jahre aus dem bürgerlichen Sumpf der BRD nach Osten überzuschwappen?

Der 11. Januar 1983 war ein Dienstag, der Tag der wöchentlichen Politbürositzung im Zentralkomitee der SED. Die Tagesordnung dieser ersten Sitzung im neuen Jahr umfasste 23 Punkte mit 22 Beschlussvorlagen, darunter so lebenswichtige wie die »Maßnahmen zur Arbeit mit den Thesen des ZK der SED zum Karl-Marx-Jahr« und die »Schlußfolgerungen für die Erhöhung von Ordnung, Disziplin und Sicherheit im Eisenbahnwesen«. Welche Rolle hingegen das angebliche Attentat – zu dem seit dem Vortag eine dreißigzeilige Information des MfS vorlag – bei dieser Routinesitzung gespielt hat, kann man sich vorstellen: gar keine. Gerade weil das Sicherheitsbedürfnis der obersten Führungsriege mehr und mehr zunahm und schließlich groteske Ausmaße erreichte, wurden die wirklich brisanten Themen niemals im großen Kreis beraten, wie man heute weiß. Demnach handelten nur Mielke und Honecker miteinander aus, in welcher Form und Schärfe man auf die vom *Stern* aufgedeckte Staatsangelegenheit zu reagieren gedachte. Möglicherweise hat auch Medien-Herrmann dabeigesessen. Aber nicht einmal der kannte die wahren Hintergründe der Ängste von Erich & Erich.

Wussten tatsächlich nur die beiden greisen Verschwörer, die das Land bis zur Haftunfähigkeit regieren sollten, und eine Handvoll Spezialisten der Hauptabteilung XXII des Ministeriums für Staatssicherheit, was erst im Juni 1990 an den Tag kam? Ganz sicher fielen den beiden Erichs allein bei der Vorstellung, jemand hätte tatsächlich nur einen einzigen Schuss auf den großen Nimrod EH abgegeben, die Mitglieder der Rote Armee Fraktion ein, denen sie Ausbildungshilfe und Unterschlupf gewährt hatten.

Seit 1980 waren nach und nach mindestens acht führende Mitglieder der RAF in die DDR »übergesiedelt«; Terroristen, denen die bundesdeutsche Justiz Morde und Mordversuche, Brandstiftungen, Raubüberfälle, Sprengstoffattentate, Entführungen, Raketenangriffe und andere Gewalttaten vorwarf, und nach denen in aller Welt gefahndet wurde. Weshalb hatten sich Mielke und Honecker diese Leute ins Land geholt? Als der Ofensetzer am Silvestertag 1982 angeblich auf Erich I. schoss, war Henning Beer gerade erst fünf Monate in dem Land, das als das sicherste der Welt gelten musste, geht man vom prozentualen Anteil der Sicherheitskräfte – die Organe genannt – und ihrer Zuträger an der stetig schwindenden, oder besser: verschwindenden Gesamtbevölkerung aus.

Erich II., der in seinem Dienstzimmer ein Tonbandgerät vom Typ Smaragd aus den frühen sechziger Jahren und ein ebenso antikes Rundfunkmöbel benutzte, hatte mancherlei abstruse Vorstellungen im Kopf. Bei unpassenden Gelegenheiten bekundete er gerne, er

könne Westberlin mit seinem Wachregiment einnehmen, wann immer man ihn ließe. Selbst die Standorte für Westberliner Bezirksniederlassungen des MfS waren festgelegt und wurden regelmäßig observiert. Nach seiner Verhaftung – wirklich erst dann? – übermannte Mielke die Altersdemenz. In der (noch DDR-)Untersuchungshaft fiel er durch vorbildliche Führung und als mustergültiger Bettenbauer auf. An die Tür seines freundlichen Krankenzimmers in der Justizvollzugsanstalt Plötzensee hatte jemand ein Herz geklebt mit der Aufschrift: »Weil Du so lieb bist, weil Du so gut bist.« Eingeschlossen wurde er nur während der Nacht- und der Mittagsruhe.
Löste also das Attentat von Klosterfelde bei den beiden Erichs einen Schock aus? Das ist sehr unwahrscheinlich. Mielke erfuhr bereits in den Abendstunden des 31. Dezember 1982, dass jenes »besondere Vorkommnis« kaum einen terroristischen Hintergrund befürchten ließ. Dennoch war er wie sein Vornamensvetter fest entschlossen, auch diesmal zu tun, was selbst bei den geringfügigsten Abweichungen vom normierten DDR-Alltag, wie er sich in den heimischen Medien spiegeln durfte, getan wurde: jede Information über das Ereignis wurde mit der höchsten Geheimhaltungsstufe versehen – und das Ganze vertuscht.
Dementsprechend groß war der Ärger über die unerwartete *Stern*-Veröffentlichung. Aus Furcht vor weiteren Enthüllungen fiel den beiden auch diesmal nichts Klügeres ein, als dem Klassengegner und seiner medienwirksamen Propaganda mit einem ungeschickt formulierten Dementi Paroli zu bieten. EH, den in den letzten Wochen seiner bröckelnden Macht der amateur-journalistische Ehrgeiz dazu verführte, sich auf einen persönlichen Schlagabtausch mit *Bild* einzulassen, bald darauf Memoirenpostille seines würdigen Nachfolgers Krenz, verfasste sogar die Pressemeldung über die eigene unverwüstliche Gesundheit selbst. Ob er auch der Autor der *ADN*-Meldung vom 11. Januar 1983 war, lässt sich nicht belegen. Sicher ist, dass der Text, der um 15.23 Uhr über die Fernschreiber klapperte, nicht aus der Pressestelle des Ministeriums des Innern stammte. So erfuhren die DDR-Bürger zwölf Tage nach den Vorgängen in der ihnen vertrauten unbeholfenen Sprache ihrer Oberen offiziell vom

»Selbstmord nach Fahrerflucht
Die Pressestelle des Ministeriums des Innern weist Falschmeldungen westlicher Agenturen und Presseorgane über einen Verkehrszwischenfall am 31. Dezember 1982 in Klosterfelde, Kreis Bernau, zurück. An diesem

Tag war es zu einer schweren Verkehrsgefährdung durch den Fahrer eines Pkw vom Typ Lada gekommen. Nach Feststellung der Volkspolizei stand der Fahrer des Pkw unter starkem Alkoholeinfluß. Eine ärztliche Untersuchung ergab eine Blutalkoholkonzentration von 2,5 Promille. Nach schwerer Gefährdung des Straßenverkehrs war der Pkw-Fahrer den Aufforderungen, die Fahrt zu stoppen, nicht gefolgt, sondern beging Fahrerflucht. Als er durch eine Streife der Volkspolizei gestellt wurde, schoß der Volltrunkene aus einer Handfeuerwaffe. Dabei wurde ein Streifenangehöriger der Verkehrspolizei schwer verletzt. Bevor es gelang, den Täter festzunehmen, beging er *mit seiner Schußwaffe* Selbstmord.« (Hervorhebung J.E.)

Zum Wahrheitsgehalt der Meldung, die erheblich mehr Aufsehen erregte, als es den Urhebern recht sein konnte, passt die zu DDR-Zeiten populäre Radio-Jerewan-Wendung: im Prinzip ja. Abgesehen von der falschen Quellenangabe war der Streifenangehörige der Verkehrspolizei kein Verkehrspolizist, und die Volkspolizei kaum von dem Vorfall tangiert – aber sonst stimmte beinahe fast alles. Nur glaubte es kein Mensch. Denen im Westen, vom *Stern* informiert, fehlte der Staatsratsvorsitzende, verletzt oder unverletzt, auf jeden Fall in die Angelegenheit verwickelt, und die im Osten fragten sich, von welcher Firma der Volltrunkene wohl gewesen sein mochte, der sich da angeblich mit seiner eigenen Schusswaffe entleibt hatte.

Die strenge Gesetzgebung der DDR – basierend auf den Nachkriegsbefehlen der sowjetischen Besatzungsmacht – erlaubte nur den Angehörigen der »bewaffneten Organe«, Armee, Polizei und Staatssicherheit, dazu den Spitzen von Partei und Regierung, den sogenannten Repräsentanten, also auch CDU-Ministern, Waffen zu tragen. Jeder illegale Waffenbesitz wurde unnachsichtig verfolgt und hart bestraft. Was also steckte hinter diesem merkwürdigen Verkehrsdelikt, das den *Stern*-Korrespondenten Dieter Bub drei Tage nach der *ADN*-Meldung seine Akkreditierung kostete? Botschafter Meyer, sieben Jahre später Hans Modrows Regierungssprecher, zitierte ihn am 14. Januar 1983 ins Außenministerium, um ihn wegen der von der Springer-Presse zur Hetze gegen die DDR ausgebeuteten »Falschmeldung« zu rügen. Laut *Spiegel* gab Bub freimütig zu, gegen die Arbeitsordnung für auswärtige Korrespondenten verstoßen und ohne Genehmigung recherchiert zu haben. Die Geschichte vom Attentat sei mehreren West-Kollegen gleich nach Neujahr gegen Geld angeboten worden. Das war zu viel. Meyer informierte Honecker. Der entschied: Rausschmiss. Zwei Stunden nach der ersten Unterredung teilte Meyer Bub mit, er habe die DDR »auf Grund grober Verletzungen der gesetzlichen Bestimmungen, wegen wahrheitswidriger und verleumderischer Berichterstattung« binnen achtundvierzig Stunden zu verlassen. Bub war der vierte westdeutsche Korrespondent, den ein solches Verdikt traf.

Ende November 1989, beinahe sieben Jahre nach den Ereignissen in Klosterfelde, beauftragte mich die Redaktion der populären DDR-Zeitschrift *Das Magazin*, den Spuren des »Verkehrszwischenfalls« vom Silvestertag 1982 nachzugehen.
Klosterfelde ist eine 3000-Seelen-Gemeinde wie hundert andere rund um Berlin. Das alte märkische Angerdorf, etwa zwanzig Kilometer vom Autobahnring entfernt, bietet wenig Bemerkenswertes; allenfalls fällt das idyllische Bild der Mühle mit dem Erntewagen über dem Tor der Bäckerei auf. Auch der Mühlstein ist noch zu besichtigen. Die Kaufhalle, die Gaststätte, die Siedlungshäuser, die Neubauten, der Bahnhof der Vorortstrecke – alles sah aus wie überall in dieser Gegend der »Volksrepublik Preußen«. Der Ort dehnt sich bis auf die Ostseite der Bahnlinie aus. Bis zum Waldrand stehen hier bungalowähnliche Wochenend- und Wohnhäuser, von denen eins dem toten Pkw-Fahrer gehört hatte.
Es war nicht schwer, Zeugen der Silvestervorgänge von 1982 aufzuspüren. Selbst die Angehörigen der Volkspolizei begannen in diesen ersten Wochen der Wende ihre jahrzehntelang geübte Sprachlosigkeit zu überwinden. In einem der ältesten und dürftigsten Häuser an der Dorfstraße wohnte die 77-jährige Mutter des angeblichen Attentäters Paul Eßling. Dessen Sohn Ralf, ein zurückhaltender und sympathischer junger Mann, der gerade Vater geworden war, lebte auf dem weitläufigen väterlichen Anwesen am Wald. Man hatte keinen Versuch unternommen, den anfangs nicht einmal Volljährigen von dort zu vertreiben. Er fuhr das zur Straftat benutzte Kraftfahrzeug, das man ihm mit zersplitterter Türscheibe und ohne den Schonbezug des Fahrersitzes zurückgegeben hatte.
Die meisten der Zeugen, die das MfS am Silvesterabend 1982 und in den Tagen danach vernommen hatte, wohnten noch am Ort, in dem auch der Arzt praktizierte, der den Tod des Ofenbaumeisters Paul Eßling festgestellt hatte und auch sonst gut über seinen Nachbarn informiert war. Wahrscheinlich überwachte man ihn gleichzei-

tig im OPV »Landarzt«, für den u.a. der eifrige IM »Hans Berger« Informationen sammelte und gleichzeitig CDU und Kirche im Ort bespitzelte.
Paul Eßling, ein Vierteljahr vor seinem 43. Geburtstag auf so schreckliche Weise ums Leben gekommen, galt im Ort als ein ehrgeiziger Eigenbrötler. Nach der Scheidung seiner Ehe im Herbst 1981 geriet er zunehmend in eine tiefe Lebenskrise, aus der er keinen Ausweg fand.
Aufgewachsen war er in Klosterfelde auf dem großväterlichen Grundstück. Seinen Vater lernte er erst kennen, als der aus der Kriegsgefangenschaft heimkehrte. Da war Paul schon fast neun Jahre alt. Die Ehe der Eltern wurde geschieden, und der Junge geriet vollständig unter den Einfluss von Vater und Großvater. Beide waren Handwerksmeister alter Schule, hart zu Untergebenen, Frauen und Kindern, dabei arbeitsam und trinkfest. Paul wurde wie sie.
Als seine eigene Ehe scheiterte, zog die Ehefrau mit den beiden Töchtern nach Berlin und suchte sich Arbeit in einem Verlag. Der 15-jährige Ralf blieb beim Vater.
So viel wusste ich inzwischen über Paul E., dessen Urne auf dem kleinen Friedhof an der Dorfkirche ruht. Eine von der Mutter geforderte Erdbestattung war nicht zugelassen worden. »Sie haben mir den Jungen erschossen!« Das blieb ihre feste Überzeugung über all die Jahre, in denen man nur hinter vorgehaltener Hand über den Tod von Paul Eßling sprach. Niemand sagte ihr eindeutig, was wirklich geschehen war. Stillschweigen hieß die »politische« Entscheidung von oben. Zur Urnenbeisetzung Anfang Februar 1983 durfte nicht einmal eine Traueranzeige erscheinen. Kein Presserummel, lautete Mielkes eindeutiger Befehl. Die Angelegenheit hatte Aufsehen genug erregt. Selbst im Krematorium hielten sich Gerüchte über die angeblich noch in der Asche vorhandene Kugel, als hätte nicht einmal eine Obduktion stattgefunden. Wo waren das Sektionsprotokoll, wo die Vernehmungsprotokolle der Zeugen, der Bericht der angeblichen Verkehrspolizisten? Eine Anklage war nie erhoben worden. Der einzige Beschuldigte war tot. Eine bequeme Lösung für alle, die etwas verbergen wollten.
Im Ministerium des Innern verwies man mich an das Ministerium für Staatssicherheit. Der riesige Gebäudekomplex in Berlin-Lichtenberg hieß in den ersten Dezembertagen 1989 bereits Amt für Nationale Sicherheit und ließ erste Auflösungserscheinungen erkennen.

Der Pressesprecher in der Ruschestraße gab sich locker und kooperativ und sicherte mir jede Hilfe bei der Suche nach den Akten zu. Immerhin berühre das Ereignis die Sicherheit und den Schutz hoher Persönlichkeiten. Und die Lage sei kritisch, das Amt stünde auf dem Spiel. Er bot mir die gesammelten Stimmen der Westpresse zum Ereignis an. Anfangs war nur von einer Genehmigung für die Akteneinsicht die Rede, schließlich lautete der Bescheid des obersten Chefs, dessen Namen man nicht einmal nennen wollte: Bitte an die Generalstaatsanwaltschaft wenden.

Auch die hatte schon den obersten Herren gewechselt. Generalstaatsanwalt Wendland, mit dem die Kriminalschriftsteller der DDR noch im September 1989 heftig über die Lex Heym, Privilegienmissbrauch und Wahlfälschung diskutiert hatten, und den erst bei letzterem Thema die Fassung verließ, war nach seinen hinhaltenden Äußerungen über die Ausschreitungen der Sicherheitskräfte am 7. und 8. Oktober nicht länger tragbar gewesen und zurückgetreten. Seine Pressesprecher, einer davon der sozialistische Rechts- und Moralapostel im Fernsehen, der bald böse Bücher über EH verfassen sollte, fahndeten vergeblich nach dem Verbleib der Akten zum Vorkommnis in Klosterfelde. Auch beim zuständigen Staatsanwalt in Frankfurt/Oder war die Leichensache Paul E. nicht auffindbar.

Schließlich fand sich im Archiv des Militäroberstaatsanwalts der DDR ein Konvolut von vier säuberlich gebundenen Aktenbündeln mit dem Kurztitel »Todesursachenuntersuchung Paul Eßling«. Die Überschrift auf der Titelseite lautete wesentlich schwerwiegender:

> »Bericht über den Abschluß der Untersuchung zum versuchten Mord an dem Angehörigen des MfS, Oberleutnant Li., Rainer, am 31. 12. 1982 während seines Dienstes zur Absicherung einer Repräsentantenfahrt Ortslage Klosterfelde/Bernau und damit unmittelbar in Zusammenhang stehende Todesermittlungssache Eßling, Paul«.

Am 9. Januar 1990 empfing mich der Militäroberstaatsanwalt der DDR in seinen Amtsräumen im militärisch gesicherten Teil des Berliner Stadtgerichts in der Grunerstraße. Generalmajor Gierke, seinem Dienstrang entsprechend gekleidet, mit breiten roten Biesen an den Hosenbeinen, hatte die Akte bereits durchgesehen und gab sie zur Einsicht mit der Einschränkung frei, Namen daraus nicht zu veröffentlichen. Das war die in der DDR übliche Form des Datenschutzes. Als Autor für die Staatsanwalt-Reihe im Fernsehen hatte ich gelegentlich Akten eingesehen.

Der Generalmajor führte mir persönlich vor, wie viel »der Repräsentant« wohl von dem ganzen Klosterfelder Vorgang verspürt haben mochte: nicht mehr als eine leichte Bewegung des Oberkörpers beim Abbremsen seines Wagens von 90 auf 70 km/h.
Die Volkpolizisten vor Ort bestätigten diesen allseits bekannten Repräsentanten-Fahrstil: »Die sind hier immer nur durchgerast. Wir hatten da nichts zu melden.«

Nur wenige Kilometer südlich von Klosterfelde lag der eigentliche Regierungssitz der DDR: die Waldsiedlung Wandlitz. Vom Ort Wandlitz her führte die Fernverkehrsstraße 109 (heute B 109) anfangs als Berliner Chaussee, dann als Straße der Roten Armee durch Klosterfelde. Der Zustand der Fahrbahn ließ nicht vermuten, dass hier ständig Repräsentanten unterwegs in ihre Jagdreviere waren. Ausgerechnet das feudale Vergnügen der Jagd hatten nämlich die gealterten Revolutionäre zu ihrer liebsten Freizeitbeschäftigung erkoren, und das verheimlichten sie nicht einmal vor all denen, die nun im Januar 1990 nichts davon gewusst haben wollten. Mit Filmbeiträgen und Fotos reich illustrierte Schilderungen der jährlichen Diplomatenjagd gehörten zum festen Ritual der Hofberichterstattung in Presse, Funk und Fernsehen.
Als Helmut Schmidt im Dezember 1980 die DDR besuchte, wohnte er im Jagdschloss Hubertusstock; die Gespräche des Bundeskanzlers mit Honecker fanden in dessen »Jagdhütte« Klein Dölln statt. Die ganze Welt sah diese Bilder.
Rings um Klosterfelde erstrecken sich ausgedehnte Wälder. Nur drei Kilometer südöstlich ließ Goebbels einst am Bogensee sein Wochenendhaus bauen – später die Wäscherei der Jugendhochschule der FDJ, die beim Schmidt-Besuch als Internationales Pressezentrum hergerichtet wurde.
Der Weg der neuen Feudalherren zu ihren Jagdgründen führte also mitten durch Klosterfelde. Und zur Jagd war er auch an jenem Silvestertag unterwegs, der Titelheld der *Stern*-Story, der die Schorfheide so sehr liebte, dass er sie sicherheitshalber als sein persönliches Eigentum einzäunen ließ, und der auch an jenem 13. November 1989 dort jagte, an dem zum ersten Mal in der Geschichte des Landes in der Volkskammer ein Zipfel des alles verhüllenden Fahnentuchs gehoben und nach der Verantwortung gefragt wurde. »Aber ich liebe euch doch alle ...«, lauteten Mielkes unvergängliche Worte.

Kaum jemandem fiel auf, dass es sich um ein Zitat handelte, um den letzten Satz des Drachentöters Lanzelot in der berühmten Benno-Besson-Inszenierung »Der Drache« von Jewgeni Schwarz im Deutschen Theater: »Ich liebe euch alle, meine Freunde, und darum weiß ich, es wird alles gut werden ...«

Unter Aufsicht des pensionierten Militärstaatsanwalts Heinz B. verbrachte ich zwei Tage mit dem Studium der 743 nummerierten Aktenblätter. B., ein freundlicher und aufgeschlossener Mann, war sieben Jahre zuvor bei den Untersuchungen in Klosterfelde der leitende Staatsanwalt gewesen. Meine Fragen beantwortete er ohne zu zögern und anscheinend rückhaltlos. Auf die gleiche Offenheit traf ich später beim ehemaligen Untersuchungsführer des MfS, der mir zu interessanten Detailangaben verhalf. Übereinstimmend waren alle 1983 an den Untersuchungen Beteiligten der Ansicht, dass schon damals jede Geheimniskrämerei in dieser Sache völlig unnötig, ja schädlich gewesen sei. Überdies seien alle Ermittlungen unter strenger Beachtung der gesetzlichen Vorschriften geführt worden. »Es wurden keine Wunschprotokolle verfasst«, beteuerte der Stasi-Major.
In der ganzen DDR, besonders natürlich im Umkreis von Klosterfelde wucherten im Januar 1983 die Gerüchte. Was hatte den geheimnisvollen Verkehrssünder dazu getrieben, sich mit *seiner Schusswaffe* umzubringen? Weshalb waren in Klosterfelde, so dicht bei Wandlitz, die Ofensetzer bewaffnet? Oder gehörte der Selbstmörder zur Staatssicherheit und hatte die Nerven verloren?

Dieser letzte Tag im Leben Paul Eßlings, ein Freitag, an dem nur bis mittags gearbeitet wurde, wenn überhaupt, war ein trüber Wintertag ohne Schnee. Am Vormittag hatte Paul seine Mutter aus ihrem geduckten Häuschen im Dorf abgeholt; sie bereitete in der Küche des komfortablen Flachbaus am Wald das Mittagessen vor: Kartoffelsalat, wie ihn Paul liebte. Der hatte seine Beziehungen zum Fleischer genutzt und Filet dazu besorgt. Der sechzehnjährige Ralf war unterdessen mit dem Moped ins Nachbardorf gefahren, um ein Stündchen auf dem eigenen Pferd zu reiten, während der rastlose Meister selber wie gewohnt in seinem weiträumigen Werkstatt- und Lagergebäude herumwerkte.
Gegen halb zwölf erschien er im Haus, um zu telefonieren. Dann verschwand er, ohne ein Wort zu hinterlassen. Seine Mutter hörte den

Wagen davonfahren. Sie wunderte sich nicht darüber. Sie kannte ihren Paul. Als der Enkel vom Reiten heimkehrte, trug sie das Essen auf.
Etwa zur gleichen Zeit setzten sich in der Liebermannstraße in Berlin-Weißensee, nur wenige hundert Meter von der täglichen Protokollstrecke der Repräsentanten entfernt, zwei kräftige junge Männer um die Dreißig in einen Volvo 164 E. Beide trugen grüne Uniformen und weiße Mützen. Als Offiziere des Ministeriums für Staatssicherheit versahen sie den Sicherungsdienst der Verkehrspolizei im Rahmen des Personenschutzes führender Repräsentanten von Partei und Regierung. Ihr Dienstauftrag lautete, die Fahrt des Generalsekretärs von Wandlitz aus in Richtung Schorfheide zu begleiten.
Unter dem Kommando von Oberst Rudolf Knaut waren in der Abteilung 7 – Nahsicherung – der Hauptabteilung Personenschutz im MfS insgesamt 300 Mann ausschließlich für derartige Schutzaufgaben vorgesehen. Die beiden »Verkehrspolizisten« gehörten zur Unterabteilung 2 – Personensicherung Honecker, Stoph und Sindermann. Die UA 1 war der Stab.
Pünktlich um 13 Uhr schloss sich der Volvo am Tor der Waldsiedlung – die von der UA 5 bewacht wurde – als Nachläufer zwei Wagen der Marke Citroën an, dem Hauptwagen und dessen Begleitfahrzeug, dem Kommandowagen, der auch als Funkzentrale fungierte. In Wandlitz bog die kleine Kolonne auf die F 109 nach Norden ab, durchfuhr mit den üblichen 90 km/h den Ort und näherte sich der nächsten Kreuzung. Von links, aus Richtung Stolzenhagen, kam ein dunkelgrüner Lada heran, hielt am Stoppschild kurz an und bog dann – welch unglaublicher Vorgang! – unmittelbar vor dem Hauptwagen auf die Chaussee ein. Die »Sicherungsfahrt« musste »sehr stark abbremsen«, dann überholen die beiden Citroëns den Lada 1300 ohne Schwierigkeiten.
Möglicherweise warf der »führende Repräsentant« in diesem Augenblick einen Blick auf den Fahrer des grünen Autos, der verkrampft hinter seinem Lenkrad saß und vergeblich versuchte, das Tempo mitzuhalten. Dachte Honecker vielleicht an die gut vorbereiteten Attentate der RAF-Leute, denen er Asyl gewährt und zu einer neuen Identität verholfen hatte? Seinen Personenschützern fiel gewiss ein, welche Lehren aus den terroristischen Aktivitäten im Nachbarland gezogen worden waren: Der Konvoi musste rollen und durfte sich durch keinen Zwischenfall aufhalten lassen.

Wahrscheinlich jedoch schätzte niemand die Situation als gefährlich ein. Der Kommandant des Volvo, Oberleutnant Rainer Li., ein ehemaliger Betonbauer, erhielt aus dem Kommandowagen per Funk die Anweisung, den Lada zu stoppen und die »Personifizierung und Abstrafung« des Verkehrsrowdys vorzunehmen. Sein Kraftfahrer, der Oberleutnant Horst Hü., schaltete Blaulicht und Sirene ein und versuchte mit einiger Mühe, an dem Lada vorbeizufahren. Der drängte nach links. Oberleutnant Li. wies aus dem heruntergelassenen Fenster mit der roten Leuchtkelle unmissverständlich nach rechts.
Die beiden Citroëns waren längst weit voraus. Der Ladafahrer unternahm einen letzten verzweifelten Versuch, schneller zu sein als die vermeintliche Polizei. Starren Blicks überholte er den Volvo rechts mit ungefähr 90 km/h.
»Der ist doch besoffen!«, sagte Li. zu seinem Fahrer. Der setzte erneut zum Überholen an. Ein Trabant im Gegenverkehr schaffte es gerade noch, auf den unbefestigten Randstreifen zu fahren.
Das ungleiche Verfolgungsrennen endete hinter den ersten Häusern von Klosterfelde. Ein entgegenkommender Lkw, der auf das Sondersignal hin hielt, versperrte die Hälfte der Fahrbahn und nahm dem Lada jede Fluchtmöglichkeit. Der Wagen kam anderthalb Meter hinter dem Volvo zum Stehen, in dem Horst Hü. mit laufendem Motor und eingelegtem Gang wartete, um einem eventuellen Auffahrunfall zu entgehen.
Rainer Li. stieg aus und bedeutete dem Lkw-Fahrer, er könne weiterfahren. Dann erst ging er auf den Lada zu. »Was soll denn das hier werden?«, rief er. Er war sicher, es mit einem Betrunkenen zu tun zu haben. Immerhin war Silvester.
Der Ladafahrer, mittelgroß und mit einer schwarzen Lederjacke bekleidet, war ebenfalls ausgestiegen und stand hinter der Fahrertür seines Wagens. Und plötzlich geschah das Unerwartete: Der Mann griff unter seiner Jacke zur Hüfte, zog eine Pistole und schoss!
Li. spürte einen stechenden Schmerz in der linken Brusthälfte und wich unwillkürlich ein paar Schritte zurück. Sein Kollege und Genosse Horst Hü., ausgebildet für alle Situationen, die beim Schutz von Repräsentanten auftreten könnten, hielt im ersten Augenblick nicht für möglich, was sich da wenige Meter hinter ihm abspielte.
Er besann sich, zog die 9-mm-Makarow und lud durch. Noch im Aussteigen begriffen und ohne über das Visier zu zielen, schoss er zweimal am Mittelholm des Volvo vorbei auf den Mann, der im

Schutz der Ladatür gebückt und mit beiden Händen an seiner Pistole hantierte. Die Türscheibe splitterte. Der Mann in der Lederjacke hob wiederum seine Waffe, in Kopfhöhe diesmal, zielte auf die eigene Schläfe und schoss ein zweites Mal. Dann brach er neben dem Hinterrad seines Wagens zusammen.

Horst Hü. war nicht überzeugt davon, dass der Mann sich erschossen hatte. Mit der Waffe in der Hand näherte er sich vorsichtig dem am Boden Liegenden und stieß dessen Pistole mit dem Fuß zur Seite. Erst als er sicher war, dass der fremde Schütze handlungsunfähig war, steckte er seine Makarow ein.

Inzwischen war Oberleutnant Rainer Li. zum Dienstfahrzeug gewankt. »Das Schwein hat mit Platzmunition geschossen, das drückt!«, sagte er gepresst. Der Schmerz über dem Herzen verstärkte sich. Erst als er im Auto saß, entdeckte er das Blut auf seiner Uniform. Dennoch setzte er noch einen Funkspruch an die Zentrale ab und forderte einen Rettungswagen an.

Oberleutnant Horst Hü. kümmerte sich um den Mann auf der Fahrbahn, brachte ihn in eine stabile Seitenlage, wie er es gelernt hatte, und legte ihm den Sitzbezug aus dem Lada unter den Kopf. Eine Krankenschwester, die mit einer Kollegin im Wagen angehalten hatte, machte ihm klar, dass der Mann, dessen Blut in breitem Strom über die Straße rann, längst tot war.

Auch der Fahrer des Lkw S 4000 und sein Sohn waren hinzugetreten. Angeblich hatten sie bei laufendem Motor die Schüsse nicht gehört, wohl aber beim Blick nach hinten den Ladafahrer zusammenbrechen sehen. Anwohner, die sich anfangs weder über das gewohnte Sondersignal noch über das Knallen am Silvestertag gewundert hatten, kamen aus den nahen Häusern. Es war ungefähr 13.10 Uhr. Eine Stunde später wurde der Oberleutnant Rainer Li. mit einem Lungendurchschuss drei Zentimeter über dem Herzen in die MfS-Klinik Berlin-Buch eingeliefert. Sein linker Lungenflügel war zusammengefallen, aus dem Rippenfellraum mussten 800 ml Blut entfernt werden. Sein Zustand war ernst, besserte sich aber rasch.

Erst gegen 15.30 Uhr traf die Untersuchungskommission der Staatssicherheit am »Ereignisort« ein, an dem nichts verändert worden war. Noch immer lag der Tote unter einer Decke neben seinem Pkw. Über seine Identität bestand kein Zweifel. Jeder im Ort kannte den Handwerksmeister Paul Eßling und seinen grünen Lada. Der herbeigerufene Mediziner war Eßlings behandelnder Arzt und Nachbar. Ohne die Leiche unter der Decke vollständig zu untersuchen, diagnostizierte er den Tod durch einen Kopfschuss und stellte den Totenschein aus. Alle Ermittlungen und Untersuchungen wurden von Anfang an »zuständigkeitshalber« von den Kriminalisten und Juristen der Spezialkommission der Hauptabteilung Untersuchung des MfS geführt. Intern hieß dieser Bereich, der für die Aufklärung aller »öffentlichkeitswirksamen« Ereignisse und schweren Straftaten zuständig war, »Vorkommnisuntersuchung«, worunter u.a. die kriminalistischen Untersuchungen bei Flugzeug- und Eisenbahnunglücken, spektakulären Kindermorden oder von Straftaten, von denen »Repräsentanten« betroffen waren, verstanden wurden. Die Untersuchungskommission der Abteilung IX/7 war im Diensthabenden System jederzeit erreichbar. In Klosterfelde, wo die viel befahrene F 109 von der Volkspolizei seit Stunden großräumig abgesperrt war, lautete der Befehl für die Staatssicherheit, alle Untersuchungen am Ereignisort in kürzester Frist abzuschließen, um das entstandene Verkehrschaos in Grenzen zu halten. Inzwischen sprach die ganze Gegend von der Schießerei.

Ereignisort in Klosterfelde

Die Kriminalisten des MfS fanden in unmittelbarer Nähe des Volvo zwei 9-mm-Hülsen aus Horst Hü.s Makarow. Eine nicht abgeschossene Patrone 7,65 mm lag drei Meter vom Kopf des Toten entfernt auf der Fahrbahn. Eine leere 7,65-mm-Hülse hatte der Tote in der Jackentasche; eine zweite wurde am nächsten Tag nach aufwendigen Sucharbeiten mit Metalldetektoren am gegenüberliegenden Straßenrand gefunden. Deren Projektil steckte in der Oberbekleidung des verletzten Oberleutnants, wie sich herausstellte.

Man brachte die Leiche Paul Eßlings in den Hof des nächstgelegenen Hauses an der Berliner Chaussee. Von dort wurde sie am Abend zur gerichtsmedizinischen Untersuchung abtransportiert. Zwei Einsatzfahrzeuge der Feuerwehr standen bereit, um sofort nach dem vorläufigen Abschluss der Untersuchungen – inzwischen war es längst dunkel – die Fahrbahn zu reinigen. Aus kriminalistischer Sicht war das eine schwerwiegende Fehlentscheidung. So wurden die zweite 7,65-mm-Hülse und das zweite Projektil niemals gefunden. Ungeklärt blieb vorerst auch der Verbleib der beiden Makarow-Geschosse, von denen eins verschwunden blieb. Später gaben die beiden Zeugen im Lkw dazu einen Hinweis. Die Ladeklappe ihres S 4000 wies eine 0,5 cm tiefe Mulde wie von einem Geschoss auf.

Drei Anwohner der Berliner Chaussee wurden noch am Silvesterabend in Wandlitz vernommen. Nur sie können als unmittelbare Augenzeugen des Geschehens gelten. Zwei von ihnen hatten gesehen, dass der Ladafahrer zuerst auf den Verkehrspolizisten geschossen hatte, bevor er seine Waffe gegen die eigene Schläfe richtete. In diesen Punkten widersprechen sich die Zeugenaussagen nicht, wohl aber, was die Anzahl der Schüsse betrifft. Als ein Berliner Journalist mehr als elf Jahre später die Zeugen – auch die Insassen des Lkw – befragte, wollten nicht mehr alle zu ihren damaligen Aussagen stehen. Grund genug für die Staatsanwaltschaft in Neuruppin, Ermittlungen im Fall Paul Eßling aufzunehmen, die davon ausgingen, die Staatssicherheit habe seinerzeit Druck auf die Zeugen ausgeübt. Das ist insbesondere bei den ersten Vernehmungen am Silvesterabend einigermaßen unwahrscheinlich, galt es doch zuerst einmal, den wahren Sachverhalt zu ermitteln, den die Staatssicherheit nicht kannte. Die Zeugen schilderten unabhängig voneinander, dass Eßling zuerst geschossen und später die Waffe gegen sich selbst erhoben habe. Es ist kaum anzunehmen, dass die Vernehmungsspezialisten zu diesem Zeitpunkt bereits schlüssig erkannt haben sollten, in welche Richtung

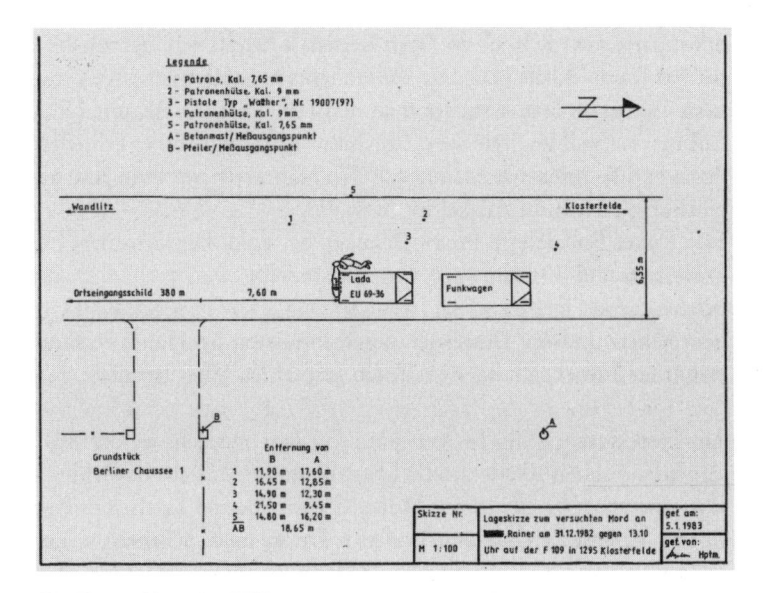

Die Tatortskizze des MfS

eine Zeugenbeeinflussung überhaupt zielen musste. Und weshalb überhaupt eine solche Beeinflussung? Um einen unter Schock stehenden und noch nicht vernommenen Oberleutnant des Personenschutzes vor dem (von wem erhobenen?) Vorwurf zu schützen, er hätte einen Amokschützen und potenziellen Mörder »hingerichtet«? Die Vernehmer waren nicht über den Zustand von Oberleutnant Li. informiert und wussten nicht, ob er überleben würde. Hätte Horst Hü. nach einem aufgesetzten Nahschuss unter den Augen der Zeugen seiner Tat die Leiche in eine stabile Seitenlage gebracht und ihr den Schonbezug unter den Kopf gelegt? Hü. wurde aktenkundig erst am 6. Januar vernommen, Rainer Li. sogar erst am 2. Februar 1983. Ihre Aussagen stimmen bis auf geringfügige Details überein.

Wie nicht anders zu erwarten, verpflichtete die Staatssicherheit alle Zeugen zu absoluter Verschwiegenheit über den Vorfall.

Paul Eßlings Mutter erfuhr erst am Neujahrstag vom Tod ihres Sohnes. Am Silvesternachmittag hatte sie der Enkel, der noch keinen Führerschein besaß, auf Schleichwegen zu ihrem Haus gefahren, das nur wenige hundert Meter vom Ereignisort entfernt direkt an der F 109 steht. Zweimal tauchte die Volkspolizei an diesem Abend jeweils in Begleitung eines Zivilisten bei ihr auf. Beim ersten Besuch

erkundigte man sich, ob sie ihren Reisepass bereits verlängert habe – die Rentnerin durfte ja in den Westen fahren – und welche Westkontakte sie besaß. Später suchte man den Enkel bei ihr. Als mir Hilda Eßling das erzählte, irrte sie möglicherweise bezüglich des zeitlichen Ablaufs. Die intensive Suche nach Westkontakten setzte in Klosterfelde erst nach Bubs Artikel im *Stern* ein.
Der Enkel Ralf feierte im Nachbarort bei Freunden Silvester. Die Schießerei am Ortseingang von Klosterfelde war auch dort das beherrschende Thema. Doch erst als der Junge nachts gegen 2.30 Uhr heimkehrte und die Untersuchungskommission im Hause vorfand, erfuhr er, dass es sich bei dem Toten um seinen Vater handelte.

Am Neujahrstag 1983 begann um zehn Uhr morgens an der Militärmedizinischen Akademie Bad Saarow unter Aufsicht des Militärstaatsanwalts Oberstleutnant Möller die Sektion der Leiche des Paul Eßling. Oberst Medizinalrat Professor Dr. sc. med. Schmechta, Leiter des Instituts für Gerichtliche Medizin, nahm sie selbst vor. Ihm assistierten der Sektionsassistent Sch. und Major Dr. med. Ko. Der ausführliche und mit einer Fotodokumentation versehene Leichenöffnungsbericht klärte die Todesursache eindeutig:

»Die Leichenöffnung des E. ergab Befunde einer Schußverletzung des Kopfes und einer Schußverletzung des Rumpfes in Höhe des Beckens. Bei der Kopfschußverletzung befindet sich der Einschuß in der rechten Schläfenregion oberhalb des oberen Ohrmuschelrandes und ist der Ausschuß links der Kopfmitte lokalisiert. Das Geschoß hat den Schädel in Querrichtung und unter einem geringgradig ansteigenden Winkel durchsetzt. Die Einschußverletzung wies die Zeichen eines sog. absoluten Nahschusses auf (Waffe der Hautoberfläche aufgesetzt bzw. Schußentfernung bis 0,5 cm). Eine außergewöhnlich starke Beschmauchung war in der Umgebung der Schädeleinschußöffnung und an der harten Hirnhaut darunter ausgeprägt.

Bei der zweiten Schußverletzung handelt es sich um einen Durchschuß des Körpers von der rechten Unterbauchregion zur linken Gesäßseite mit einem geringen Winkel nach unten (Schußrichtung gering absteigend gegenüber der Horizontalen). Nahschußzeichen waren mit bloßem Auge nicht nachweisbar.

Todesursache des E. ist die Schußverletzung des Kopfes infolge der Hirngewebszerreißungen und der Schädelknochenberstungsbrüche.«

Beim Entkleiden des Toten fand sich in seiner Turnhose das 9-mm-

Projektil der Makarow. Es handelte sich mit großer Wahrscheinlichkeit um die gleiche Kugel, die vorher die Scheibe des Lada durchschlagen hatte.
Weiter verzeichnete die Sektionsdiagnose:

»<u>Schußverletzung des Kopfes:</u>
Beschriebene Einschußverletzung der rechten Schläfenregion 5,5 cm oberhalb des oberen Ohrmuschelansatzes (166 cm oberhalb der Fußsohle). Feiner sog. Schmutzsaum der Wundränder.

<u>Zeichen des absoluten Nahschusses:</u>
Ausbildung einer Pulverschmauchhöhle mit verstreuten grau-schwärzlichen Pulverschmauchablagerungen unter der Hautoberfläche, unter dem Muskelüberzug des rechten Schläfenmuskels und zwischen den Muskelfasern desselben.

Die 1 cm breite grauschwarze Beschmauchung in der Umgebung der Knocheneinschußlücke.

Rötliche Verfärbung der Muskelfasern des rechten Schläfenmuskels um den Schußkanal.

Pfennigstückgroße grauschwarze Beschmauchung der harten Hirnhaut unter der Schädeleinschußöffnung.

Handtellergroße frische dunkelrote Kopfschwartenblutung der Stirn-/ Scheitelregion.

Längsovale 1,5 cm mal 0,8 cm große Einschußverletzung des Schädels am vorderen oberen Rand der rechten Schläfenbeinschuppe. Trichterartige Erweiterung nach innen.

Fetzige, etwa 3 cm Zerreißung der harten Hirnhaut unter der Einschußöffnung.

Von der Schädeleinschußöffnung strahlig ausgehende Schädelbrüche in Richtung des rechten Stirnbeinhöckers, zur Scheitelmitte und zum rechten Scheitelbeinhöcker sowie in Kopflängsrichtung zur rechten Hinterhauptseite.

... Vereinzelte frische rote Punktblutungen in der Umgebung der Hirnschußverletzung.

...

Etwa 3 cm mal 3,5 cm große <u>Schädelknochenausschußverletzung </u>an der Stirnbein-Scheitelbeingrenze links der Pfeilnahtkreuzung. Trichterförmige Erweiterung der Knochenlücke nach außen (Durchmesser an der inneren Knochentafel etwa 2 mal 2 cm).

Von der Knochenausschußverletzung ausgehende strahlig angeordnete Schädelberstungsbrüche ... Heraussprengung von 2 jeweils etwa 5 mal

5 cm großen Scheitelbeinfragmenten am Hinterrand der Knochenausschußöffnung.
Zerreißung der harten Hirnhaut unter der Schädelausschußöffnung.
Beschriebene Auschußverletzung der Kopfschwarte links hinter der Kopfmitte 12 cm oberhalb der linken Augenbraue (169 cm oberhalb der Fußsohle).
Schußverletzung des Rumpfes:
...
Einschußverletzung des rechten Unterbauches (94 cm oberhalb der Fußsohle). ...
Schußverletzung der rechten äußeren Hüftschlagader von ovalärer Gestalt und etwa 0,6 mal 0,8 cm Durchmesser. ...
Zerreißung der Hinterwand der Harnblase mit etwa 2 cm mal 3 cm großer Eröffnung der Harnblase. Geronnenes Blut in der Harnblase.
Schußkanal durch die linken inneren Hüftmuskeln am Unterrand des linken Darmbeines und durch die linksseitige Gesäßmuskulatur.
Ausschußverletzung der Haut der linken Gesäßhälfte 86 cm oberhalb der Fußsohle.
Allgemeines stärkeres Hirnoedem.
Deutliche Blutarmut der inneren Organe. Wenig flüssiges Leichenblut.
Stärkere netzartige Kohlefarbstoffablagerung unter dem Lungenfell beider Lungen.
Verfettung der Leber.«

Eine sogenannte »Stanzmarke« vom Aufsetzen der Waffe in der rechten Schläfenregion fehlte; auch an der 7,65-mm-Waffe waren keine direkten Spuren (Hautpartikel o. Ä.) eines aufgesetzten Nahschusses festzustellen. Ob auch die Makarow-Pistole auf solche Spuren untersucht wurde, geht aus dem Protokoll nicht hervor. Es fand jedoch eine eingehende Untersuchung der Schussspuren statt, bei der die Schmauchelemente Antimon, Blei und Kupfer unter der Haut des Schläfenlappens und an der (rechten) Schusshand Eßlings nach der atomabsorptionsspektrofotometrischen Methode bestimmt und verglichen wurden. Das Gewichtsverhältnis der Blei- und Kupferspuren stimmte dabei an der Einschussstelle mit denen der Wischspuren von Eßlings rechter Hand überein. Daraus ergab sich laut Gutachten zweifelsfrei der Nachweis eines absoluten Nahschusses, den E. sich selbst beigebracht hatte.

In Klosterfelde und Umgebung begannen in den ersten Januartagen 1983 intensive Nachforschungen der Staatssicherheit, insbesondere im weit verzweigten Kunden- und Bekanntenkreis des Handwerksmeisters. Man war bemüht, Umfeld und Motivation des »Attentäters« und die Herkunft seiner Waffe aufzuklären. Diese Ermittlungen waren nach gut einer Woche in den wesentlichen Punkten abgeschlossen. Dass inzwischen die Gerüchteküche brodelte und die Legende vom Attentat selbst den Berliner Pfarrer Eppelmann erreicht hatte, wusste die Stasi ebenfalls. Wichtigtuerische Informanten schrieben sich die Finger wund; in den Akten findet sich manches erheiternde Schriftstück.

Überraschenderweise hatte jedoch – unbemerkt vom MfS! – zur gleichen Zeit noch jemand in Klosterfelde, Wandlitz und Stolzenhagen recherchiert. Der Mann aus Berlin war in einem unauffälligen Wagen mit DDR-Kennzeichen aufgetaucht – und fündig geworden: *Stern*-Korrespondent Dieter Bub, dem ein Ortsansässiger eine Information über den ungewöhnlichen Zwischenfall zugespielt hatte. Zum Erstaunen der Westmedien und zum grimmigen Ärger der DDR-Oberen konnte Bub mit echten Fotos des »Attentäters«, seiner Familie, seines Hauses und seiner Freundin aufwarten und Einzelheiten aus dem Familienleben des unglücklich Geschiedenen breittreten, die in Klosterfelde anscheinend die Spatzen von den Dächern pfiffen.

Natürlich kam der West-Korrespondent, der sich ohne Genehmigung des Außenministeriums ohnehin auf verbotenem Terrain bewegte und sein Risiko kannte, nicht an die wirklichen Augenzeugen heran. Der *Stern* musste deshalb seine fünfseitige Titelstory mit allerlei erfundenen Details schmücken: »Die anderen Stasi-Männer reißen ihre Kalaschnikows hoch ...«, ein Foto des angeblichen Tatorts und eine fantasievolle Zeichnung, auf der Eßlings Lada von zwei Volvos »in die Zange genommen« wird, während ein dritter Bewachungswagen und ein Polizeifahrzeug zu Honeckers Citroën aufschließen und weiterrasen. Selbst die angeblichen Wagenspuren der Aktion entdeckte Bub auf dem unbefestigten Randstreifen vor dem Haus Berliner Chaussee 5. Allerdings lag dieses Haus, dessen Bild den Bericht illustrierte, zweihundert Meter vom Ereignisort entfernt, und die Reifenspuren stammten von den Absperrfahrzeugen.

Der *Spiegel*, nicht ganz ohne Neid auf Bubs waghalsige Recherchen, zweifelte die Attentats-Story sofort an und demontierte Bubs Bericht.

Nach Bub war Paul Eßling auf das Ende des Honecker-Konvois gestoßen.

»›In diesem Moment‹, folgert *Stern*-Bub, ›muß den Ofensetzer aus Klosterfelde die kalte Wut gepackt haben.‹ Sein einziger Beleg: Eßling habe nach Aussagen von Bekannten häufig ›unbeherrscht auf Honecker und die SED-Regierung geschimpft. Wenn er nur könnte, wollte er es denen schon zeigen‹ – ein Indiz, an dem gemessen es in der notorisch unzufriedenen DDR-Bevölkerung von potenziellen Attentätern nur so wimmeln müßte.

Der *Stern* weiß noch mehr. Zwar saß Eßling nach Bubs Schilderung allein im Auto, doch der Leser ist Live dabei: ›Ohne den Fuß vom Gaspedal zu nehmen, holt er seinen Revolver aus dem Handschuhfach und entsichert ihn.‹

Ob Eßling es Honecker tatsächlich zeigen wollte oder ob der Amok-Fahrer aus privatem Kummer einfach durchdrehte und, als er gestoppt wurde, den ersten besten anschoß, bevor er sich selbst umbrachte, oder ob er in einer Kurzschlußhandlung in jedem Fall Selbstmord begehen wollte – das wußte in Wahrheit Eßling allein.

In der SED zirkuliert noch eine andere Version: Danach tötete Eßling möglicherweise nicht sich selbst, sondern wurde von Sicherheitsbeamten erschossen; unsinnig ist in jedem Fall die *Stern*-Behauptung, der Staatsratsvorsitzende sei ›nur knapp einem Attentat entkommen‹.«

Attentat oder nicht – Mielkes Firma wurde nach der *Stern*-Veröffentlichung erst richtig aktiv in Klosterfelde. Angeblich wurden zeitweise sogar die Telefonverbindungen nach Berlin unterbrochen, doch dabei konnte es sich um eine normale Störung im überalterten Telefonnetz des CDU-Postministers handeln. Jedenfalls war die Staatssicherheit fieberhaft bemüht, Bubs Informanten ausfindig zu machen.

Doch nicht einmal die eigenen IM, die es in der Gegend um Wandlitz noch reichlicher gab als anderswo in der DDR, konnten Klarheit in die Angelegenheit bringen. Man vernahm ein Dutzend Leute; keiner wusste etwas. Nur eine Frau Sch. wollte »einen Westwagen« im Ort gesehen haben.

Im nächsten *Stern* vom 18. Januar – Bub war seit Tagen aus der DDR ausgewiesen – schob das *Magazin* noch einmal nach, allerdings nur noch unter ferner liefen auf Seite 124: Neue Fakten, neue Fotos – diesmal von einem Verwandten der Familie Eßling, Immo

Sch. aus Flensburg, beigesteuert. Von seinen Besuchen bei Paul Eßling wusste Sch. zu berichten, der sei ein höchst eigensinniger Mensch und überdies ein Waffennarr gewesen – keinesfalls jedoch ein Alkoholiker. Ein Attentäter mit 2,5 Promille (die wies ein nach dem gaschromatografischen Verfahren gewonnenes Gutachten dem Toten nach) machte nicht viel her. Dass ein geübter Schütze auch oder gerade in diesem Zustand sein Ziel zu treffen vermag, steht auf einem anderen Blatt. Paul Eßling war ein ausgezeichneter Schütze gewesen. Die zahlreichen Schießscheiben in seinem Haus bewiesen es, und die GST, die halbmilitärische Gesellschaft für Sport und Technik in Klosterfelde, bestätigte es den Ermittlern von der Staatssicherheit.

Im Ort wusste jeder, was Immo Sch. und der *Stern* nicht wahrhaben wollten: Paul Eßling trank. Und auch die Stasi wusste es. Bereits am 24. Januar 1982 hatte man ihm in Berlin nach einer Verkehrskontrolle die Fahrerlaubnis entzogen. Er war mit einem Blutalkoholgehalt von 1,9 mg/l 19 km/h zu schnell gefahren. Doch wozu hatte man gute Bekannte bei einer gewissen Firma? Eßling wandte sich an Hauptmann Tr. von der MfS-Kreisdienststelle Bernau, der wiederum den Genossen Str. von der HA VII/1, verantwortlich für die Offiziershochschule der VP in Biesenthal, so gut kannte, daß Tr. ihn um Unterstützung anging. Der stellvertretende Leiter der Kreisdienststelle bat die HA VII/1, »das bei der VPI(nspektion) Pankow anstehende Verfahren gegen Eßling, Paul ... einzuziehen und uns zur operativen Nutzung zu übersenden.« Die Begründung lieferte Tr. ein Jahr später nach:

»E. war mir persönlich bekannt, es bestand ein operatives Interesse resultierend aus bedeutsamen Kontakten ... Einfluß auf die Überlegungen ... hatte auch, daß Eßling für viele Genossen des MfS gearbeitet hatte und eine Arbeit für einen Genossen der HA XVIII bei Groß Köris zugesagt, aber noch nicht ausgeführt hatte.
Im Frühsommer 82 wurde dem E. die Fahrerlaubnis zurückgegeben.«

Das Jahr 1982 war eine besonders kritische Zeit im Leben des Paul Eßling. Inzwischen hatte er den letzten Halt verloren, den ihm die Familie vorher noch geboten hatte, obwohl er Frau und Kinder durch sein herrisches und oft genug extremes Verhalten tyrannisierte. Seine Unausgeglichenheit und ständige Unzufriedenheit schlugen immer öfter in eine unkontrollierte Reizbarkeit seinen Kunden und Bekann-

ten gegenüber um. Sein Alkoholkonsum stieg. Darunter litten auch seine letzten persönlichen Beziehungen.
Die 38-jährige Geschäftsfrau Sieglinde St. aus Stolzenhagen, um die er sich hartnäckig bemüht hatte, kündigte ihm ein paar Tage vor Weihnachten an, die Beziehung zu ihm endgültig zu lösen. Eßling war verzweifelt und betrank sich sinnlos. Als der Schnaps alle war, griff er nach vergälltem Brennspiritus. Sogar von einem Selbstmordversuch ist die Rede. Ein guter Bekannter, den er in der Nacht zum 23. Dezember mehrfach telefonisch belästigte, riet ihm dringend, einen Arzt zu verständigen.
Ob er am Silvestervormittag schon in seiner Werkstatt getrunken hatte, bevor er bei Frau St. anrief und seinen Besuch ankündigte, ist nicht nachweisbar. Frau St. trank gerade mit ihren Mitarbeitern ein Glas Sekt zum Silvester-Feierabend und war nicht bereit, mit ihm zu reden.
Als er gegen zwölf Uhr dennoch vor ihrem Haus aufkreuzte, drohte er: »Ich gehe jetzt rein und räume bei dir auf!« Sieglinde St. blieb ruhig und verwies ihn konsequent ihres Hauses. Zwanzig Minuten später war er schon wieder da, stieg aber diesmal nicht aus dem Lada aus. Elf Jahre später erinnerte sich Frau St.: »Kann sein, daß er etwas getrunken hatte, besoffen war er jedenfalls nicht.«
Wahrscheinlich hatte Eßling zu diesem Zeitpunkt nur einen ersten Schluck aus der Flasche Goldbrand genommen, die er in den zwanzig Minuten zwischen seinen beiden Besuchen in Stolzenhagen im Wandlitzer Imbiss »Zum dicken Kurt« gekauft hatte. Das abweisende Verhalten der Frau war wohl schließlich der Auslöser für seine Amokfahrt. Auf dem Beifahrersitz neben ihm das Fernglas, das er immer bei sich hatte, und die Flasche Goldbrand, aus der er ungefähr 0,3 Liter getrunken hatte – sieben bis acht Doppelte, was mit dem Blutalkohol-Untersuchungsergebnis übereinstimmt. Ein 23 cm langes Messer lag griffbereit neben ihm am Boden; in seinem Gürtel steckte die 7,65-mm-Walther-Pistole, mit der er öfter Schießübungen veranstaltet hatte. In seiner Tasche trug Paul Eßling über tausend Mark bei sich, dazu den Entwurf einer Heiratsannonce in der *Wochenpost*:

> »Die 40 sind überschritten, die erste Ehe ist geschieden. Vater mit 16jährigem Sohn, nur 1.70 groß und auch keine Schönheit, kann auch nicht mit Hochschul-Abschluß glänzen und muß kräftig arbeiten, in schöner Gegend bei Berlin, ortsgebunden, überzeugter Nichtraucher, sucht hübsche, lebenserfahrene Frau, die bereit ist, sich anzupassen, so wie er es

auch möchte. Fahrerlaubnis erwünscht, obwohl eigene vorhanden. Bitte Bildzuschriften ...«

Die Ermittler der Staatssicherheit stießen in Eßlings Haus und Werkstatt zuerst und überall auf leere Flaschen. Sechs Tage lang durchsuchten sie unter Aufsicht des Militärstaatsanwalts B. das gesamte Anwesen, durchforschten selbst den Karpfenteich mit Detektorsonden. Die Ausbeute: ein rostiger Nagel.
Anders sah es dagegen im Haus und unter dem Dach des großen Nebengebäudes aus. Kein Zweifel, der Mann, dem das alles gehört hatte, musste ein Waffennarr gewesen sein!

Ein Teil der Waffensammlung

Über dem Kamin hing eine Kollektion von Hieb- und Stichwaffen; es fanden sich ein Florett, ein indischer Dolch, mehrere Weidmesser, eine Armbrust. Paul Eßling hatte eine französische Doppelflinte mit Zielfernrohr, Kaliber 16 x 24, dazu 617 Patronen besessen, eine Büchsflinte der Firma C. Franz Keller aus Suhl, Kal. 11.15/16 x 70, eine 8,8-mm-Scheibenbüchse mit gezogenem Lauf, sämtlich um die siebzig Jahre alt. Außerdem Kleinkaliberwaffen, zwei unbrauchbare Revolver, selbstgebaute Schalldämpfer, zwei Druckluftpistolen, insgesamt 1154 Schuss Munition und 360 leere Patronenhülsen. Das Beschlagnahmeprotokoll umfasste 164 Positionen. 31 Gegenstände wurden später auf Anweisung des Staatsanwalts vernichtet, 77 an die Erben zurückgegeben.

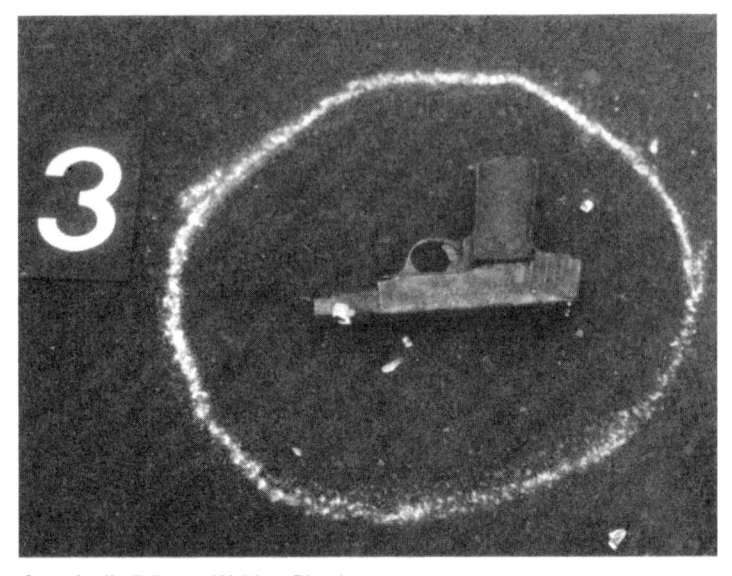

Spur 3: die 7,5 mm-Walther-Pistole

Den Grundstock zu dieser Waffensammlung hatte schon Eßlings Vater, ehemals Blockleiter der NSDAP, gelegt und über die Wirren der Zeit versteckt gehalten. Aus dessen Besitz stammte auch die schlecht gepflegte »Selbstladepistole Cal. 7.65 Walthers-Patent Modell 4«, um 1915 von Carl Walther in Zella St. Blasii gefertigt. Paul Eßling hatte sie an dem verhängnisvollen Silvestertag nicht zum ersten Mal bei sich getragen. Er liebte es, bewaffnet umherzufahren. Nach dem Suizid lag die Pistole mit nicht zurückgefahrenem Ladeschlitten als »Spur Nr. 3« auf der Chaussee in Klosterfelde. Hatte Eßling vor dem tödlichen Schuss noch Zeit gefunden, eine Ladehemmung zu beseitigen? Die Patrone, Spur 1 der MfS-Ermittler, spricht dafür. Auch beim Probeschießen im Verlauf der waffentechnischen

Untersuchung verklemmten sich immer wieder Patronen im Auswerferfenster der Waffe.
Aber Paul Eßling war mehr als nur ein Waffenliebhaber gewesen. Mit dem führenden Repräsentanten, mit dem zusammen er in die Schlagzeilen geriet, hatte er eine andere Leidenschaft geteilt: Er war ein passionierter, um nicht zu sagen manischer Jäger gewesen. Doch im Gegensatz zu dem hohen Würdenträger, der sich dafür riesige Waldgebiete reservierte, ließ man den eigenwilligen Handwerksmeister, dessen charakterliche Schwächen und dessen Neigung zum Alkohol bekannt waren, legal nie zu Schuss kommen. Das traf Eßling, der sich dank seiner beruflichen Fähigkeiten materiell mehr leisten konnte als viele andere DDR-Bewohner, sehr tief. Nicht einmal die Politprominenz zweiter Garnitur, die einen Gutteil seines Kundenkreises ausmachte, vermochte ihm da zu helfen. In den Befragungsprotokollen der Staatssicherheit tauchten zahlreiche renommierte Namen auf, darunter auch ein erfolgreicher Krimiautor. (In der DDR waren alle Krimiautoren erfolgreich.) Über einen anderen prominenten Schriftsteller ist nachzulesen, er habe Eßling zu Hause besucht und sei von dessen Bekannten K. nach Hause gefahren worden. Betroffen bestätigte mir der Kollege den Vorgang. Bis dahin hatte er nicht geahnt, dass ihn die flächendeckende Überwachung mit dem »Attentäter« in Verbindung gebracht hatte.
Paul Eßling baute seine Kamine auch in Häusern der Staatssicherheit – unter anderem bei Markus Wolf –, in mehreren Armee-Objekten und in den Jagdhütten des Sportvereins Dynamo bei Groß-Schönebeck. Eßling war stolz auf seine Arbeit, die jeder schätzte. Ins Jagdkollektiv wurde er dennoch nicht aufgenommen. »Unsere Jagdgesellschaft ist durch Abtrennung eines Jagdgebiets an eine andere Jagdgesellschaft mit Jägern weit überfordert«, heißt es in einem von mehreren Ablehnungsschreiben auf seine wiederholten Aufnahmegesuche.
Was war das für eine »andere Jagdgesellschaft«, für die hier zwischen Wandlitz und der Schorfheide ein eigenes Gebiet abgetrennt worden war? Nicht einmal als Paul Eßlings Munitionslieferant K., ein Diplom-Staatswissenschaftler, der als »Versorger« für die Waldsiedlung Wandlitz tätig war und ein Jahr nach Eßling in seiner Jagdhütte Selbstmord beging, sich angeblich »im Auftrag von General Wolf« für Eßling einsetzte, half das. General Günter Wolf, im Januar 1990 wegen Amtsmissbrauchs und Korruption verhaftet, war

seit dem Tode von Franz Gold Chef der Hauptabteilung Personenschutz im MfS. Ihm unterstand auch das Personal der Waldsiedlung Wandlitz. Er wies seine Untergebenen schriftlich an, ihre Arbeitsaufgaben

»zur optimalen und niveauvollen Betreuung und Versorgung der führenden Repräsentanten, ihrer Familienangehörigen und Gäste ... jederzeit vorbildlich, mit hoher Einsatzbereitschaft, revolutionärer Wachsamkeit und tschekistischer Meisterschaft zu realisieren«!

Merkwürdig blieb dennoch, dass sich ein Stasi-General für Paul Eßling einsetzte, denn der »stritt mit den Leuten, schimpfte auf den Staat, über Versorgungsmängel und die da oben«, wie der *Stern* unter Berufung auf Ortsansässige zu berichten wusste. Als die Stasi diesen Behauptungen nachging, wollte niemand in Klosterfelde sie bestätigen. Vielmehr wurde Eßling als ein in »politischer Hinsicht zurückhaltender Mensch charakterisiert« – obwohl ihn wahrhaftig viele anders und besser kannten. Selbst die hier besonders zahlreichen ehrenamtlichen Informanten der »Firma« gaben sich blauäugig, unwissend oder versuchten, ihr angebliches Nichtwissen zu entschuldigen. Wohl wäre Eßlings Jagdleidenschaft bekannt gewesen, nichts jedoch über die Waffen in seinem Besitz.

Das ist ausgesprochen unglaubwürdig. Paul Eßling war häufig im Wald herumgestreift und -geritten und hatte etliche Jäger verärgert. Es blieb nicht unbemerkt, dass er Rehe und Wildschweine schoss. Mindestens ein solcher Vorfall war aktenkundig, wie die Stasi schnell herausfand.

Außerdem stammte die Munition für Eßlings Jagdwaffen – im Gegensatz zu den Vorkriegspatronen für seine Walther-Pistole von der Deutschen Waffen- und Munitions-AG Berlin Borsigwalde – aus den siebziger Jahren! In der DDR verfügte nur ein ausgewählter Personenkreis über eine persönliche Jagdwaffe und durfte Munition dafür kaufen.

Das MfS aber protokollierte all das säuberlich und veranstaltete umfangreiche weitere Nachforschungen. Aber so recht war wohl niemand daran interessiert, ausgerechnet in der Nähe von Wandlitz in einem bodenlosen Sumpf herumzustochern. Lediglich vier magere Seiten füllt beispielsweise die bemerkenswerte Tatsache, dass ausgerechnet ein Offizier der eigenen Firma, Oberstleutnant Al. von den rückwärtigen Diensten der HVA, Eßling für Westgeld die beiden Luftdruckpistolen besorgt hatte.

Ausführlicher konzentrierte man sich auf die charakterlichen Schwächen Paul Eßlings und ließ zu diesem Zweck ein nachträgliches (!) medizinisches Gutachten anfertigen. Darin wurde Eßlings wenig geselliges, leicht reizbares und rechthaberisches Wesen hervorgehoben. Besonders nach dem Verlust der Familie habe sich der zu Alkoholmissbrauch neigende ziel- und willenlose Mann – schon der Vater und Großvater waren »Potatoren« (Quartalstrinker) – hilflos und unsicher gefühlt. Als Schlussfolgerung aus diesem Persönlichkeitsbild wird die Absicht des »Bilanzselbstmordes« einer anankastischen (zwanghaften) Persönlichkeit angenommen.

Für die Staatssicherheit war das eine annehmbare Lösung des Falls Paul Eßling. Der zwölfseitige, vom Abteilungsleiter Oberstleutnant Lehmann unterzeichnete Abschlussbericht der Hauptabteilung Untersuchung bescheinigte Eßling außerdem, er habe »sich in einem schuldhaft herbeigeführten, die Zurechnungsfähigkeit vermindernden Rauschzustand (Psychose)« befunden, und kommt zu dem Ergebnis, es könne »ausgeschlossen werden, daß E. aus einer feindlichen negativen Haltung heraus gezielt einen Angriff auf eine Repräsentantenfahrt geführt oder geplant hatte«.

In Klosterfelde kehrte allmählich wieder Ruhe ein. Die Sicherheitsbestimmungen für »Repräsentantenfahrten« wurden verschärft, und dem besonders mit der Sicherung der Protokollstrecke beauftragten IM »Hans Berger«, der nicht ahnte, dass man vorsichtshalber auch sein Telefon abhörte, und der in Eßling seinen besten »Goldbrand«-Kunden verloren hatte, wurde »in Anerkennung besonderer Leistungen bei der Aufklärung des Vorkommnisses« eine Spieluhr im Wert von 350 Mark überreicht.

Der kurzgefasste Report zum angeblichen Honecker-Attentat erschien im April 1990 im *Magazin*. Zur gleichen Zeit meldeten sich nach und nach Honeckers ehemalige Leibwächter zu Wort. *Bild* beispielsweise ließ Ende März 1990 den angeblichen Augenzeugen Bernd Brückner zu Wort kommen, der den Vorfall jedoch nur vom Hörensagen kannte. In Brückners Mär fuhr Paul E. einen Trabant, den zwei Männer des Begleitkommandos angeblich beiseite schoben, bevor sich der »stockbetrunkene Ofensetzer« an die Verfolgung der Kolonne machte!

»Und da passierte es: Der Ofensetzer sprang, wie von Sinnen – und das war er ja auch –, aus seinem Trabi und zog eine Pistole, zielte und schoß …«

BILD-Serie, 2. Folge

Ich war Honeckers Leibwächter

Kurz nach Weihnachten 1983 fand das einzige „Attentat" auf Erich Honecker statt – eines mit Anführungszeichen, erklärt sein Leibwächter Bernd Brückner.

„Ein Ofensetzer in Ost-Berlin war von seiner Freundin an die Luft gesetzt worden und hatte sich sinnlos betrunken... In diesem Zustand setzte er sich ans Steuer seines Autos und fuhr durch die Gegend..."

Von ADAM GOLTZ und ANDREAS MÖLLER

Sein Pech: Er hielt irgendwo zwischen Wandlitz und Klosterfelde an einer Abzweigung an, die vom Staatssicherheitsdienst für die Größen des Polit-Gettos von Wandlitz blockiert worden war.

Doppeltes Pech: Genau in diesem Augenblick tauchte auf der F-109 (F wie Fernstraße, ähnlich unseren Bundesstraßen) das Vorauskommando des Honecker-Konvois auf. Zwei Männer der Begleitkommandos stürzten heraus, schieben die Absperrung zur Seite – und sausen weiter.

„Denn hinter ihnen kam schon der ›Chef-Konvoi‹", berichtet Bernd Brückner. „Und eine der Lehren, die wir aus westdeutschen Terroristen-Attentaten gezogen hatten, hieß: Der Konvoi darf durch keine noch so originellen Tricks – etwa einem auf die Fahrbahn rollenden Kinderwagen – zum Anhalten gezwungen werden! Er muß rollen, rollen, rollen,

muß Hindernisse notfalls rammen oder überrollen..."

Natürlich hätte der Trabi des Ofensetzers, der da stand, eine Sprengladung tragen können, die in dem Augenblick gezündet worden wäre, wenn Honeckers gepanzerter Citroën vorbeirauschte – wie im Falle des gepanzerten Mercedes von Alfred Herrhausen, dem Chef der Deutschen Bank.

„Aber diese Erfahrung hatten wir noch nicht", sagt Bernd Brückner. „Den stockbetrunkenen Ofensetzer jedenfalls muß die Wut gepackt haben, als er Honeckers Wagenkolonne an sich vorbeirasen sah – er setzte sich hinter unsere Fahrzeuggruppe, ja, der Kerl wollte uns sogar überholen und hupte wie verrückt!

Streifenwagen VK/1, der die Nachhut bildete (Fachausdruck: Nachläufer), scherte aus, als der Ofensetzer überholen wollte, und versuchte ihn abzudrängen.

„Die Kollegen schalteten Blaulicht und Sirene ein und wedelten mit der Leuchtkelle... Und als das alles nichts half, stoppten sie. Auch der Ofensetzer mußte anhalten, weil auf der anderen Fahrspur ein Lkw entgegenkam..."

Und da passierte es: Der Ofensetzer sprang, wie von Sinnen – und dick war er ja auch –, aus seinem Trabi und zog eine Pistole, zielte und schoß...

Einem der Beamten des Verkehrs-Begleitkommandos, der gerade aussteigen wollte, direkt in die Brust! Der Mann hatte gerade noch die Kraft, über Funk Alarm auszulösen, bevor er zusammenbrach.

„Sein Kollege war auf der anderen Seite herausgesprungen und eröffnete das Feuer auf den ‚Attentäter'... Aber da war schon nicht mehr viel zu feuern: Den zweiten Schuß hatte sich der Ofensetzer bereits selbst gegeben... Er war tot..."

Soviel zum „Attentat" auf Honecker. Bernd Brückner bezweifelt, daß der besoffene Ofensetzer überhaupt wußte, wem er da hinterhergejagt war.

An die Nr. 1 kam man nur von vorne ran

„Für solche Fälle", sagt der Leibwächter, „war vorgesehen – und tausendmal geübt worden –, daß der Citroën der Nr. 1 seine Fahrt stark abbremst, ohne anzuhalten, der Kommandowagen an ihm vorbeizieht und vor dem Hindernis stoppt... Die Kollegen reißen als Deckung alle vier Türen auf, gehen dahinter mit der Waffe in Stellung, und einer läuft zum Hindernis, um die Lage zu klären..."

An alles war gedacht worden, bloß nicht daran, daß ein Verrückter hinter dem Konvoi herfahren würde. „Anders war das bei öffentlichen Auftritten des Staatsratsvorsitzenden", erzählt Bernd Brückner. „Da war unsere Nr. 1 immer von einem Ring von vier, sechs Kollegen umgeben, die grundsätzlich jeden abdrängten, der seitlich oder von hinten an den Chef herantreten wollte – zulässig war nur die Annäherung von vorne. Wer von vorne kam, wurde scharf unter die Lupe genommen..."

Eine falsche Bewegung, ein Ausholen mit dem Arm, oder irgendeine schnelle Vorwärtsbewegung, weil der Betreffende in der Menge vielleicht gestoßen wurde – und schon wäre diese Person weggedrückt und mit trockenen, unauffälligen Handkantenschlägen „neutralisiert" und abgeführt worden.

„Innerhalb der Hauptabteilung PS, wie Personenschutz, des Ministeriums für Staatssicherheit, gab es die Abteilung 7 – Nahsicherung – unter dem Kommando von Oberst Rudolf Knaut. Das waren 300 (!) Mann, gegliedert in die Unterabteilungen UA 1 (Stab), UA 2 (Personensicherung Honecker, Stoph und Sindermann, dem Parlamentspräsidenten), UA 3 und 4 (Schutz der Politbüro-Mitglieder) und UA 5 (Sicherung der Freizeit-Objekte der SED-Spitze). Für Mitglieder der Regierung hingegen gab es keinerlei Personenschutz..."

Die waren nicht so wichtig.

Morgen lesen Sie:
Was Erich Honecker mit Adolf Hitler gemeinsam hatte: Er liebte Hunde, Kinder und Filmvorführungen.

Nahkampfspezialisten des Personenschutzes müssen Videos mit Pornos von Politbüro-Mitglied Günter Mittag zu Honecker transportieren.

© 1990: BILD-Hamburg

▲ Zwei Stasi-Volvos haben Paul Eßling abgedrängt. Mit der Pistole in der Hand springt er aus seinem Lada und schießt den Stasi-Mann nieder, der neben ihm aus dem Volvo steigt. Ohne Stopp rast Honeckers Luxuslimousine mit Polizeischutz weiter zum Jagdausflug an den Pinnow-See.

Ofensetzer Paul Eßling ▲ 41, mit Fernglas und dicker Wolljacke im letzten Winterurlaub vor seinem Tod. Er wurde aus enttäuschter Liebe zum Attentäter auf Honecker.

»Bild« vom 22. März 1990

Illustriert war die Story mit der fantasievollen Zeichnung aus dem *Stern*. Doch Brückner bezweifelte selbst, »daß der besoffene Ofensetzer überhaupt wußte, wem er da hinterhergejagt war«.
Immerhin präsentierte das mdr-Fernsehen Brückner noch im Juni 2003 als Sachverständigen für das Honecker-Attentat.
Adelhard Winkler, unter seinen Kollegen sechsunddreißig Jahre lang als einer der schlimmsten Hofhunde EHs verschriener Fahrer und Oberleibwächter seines Herrn – dessen (echter) Hund ihn einmal ins Bein gebissen hatte –, war der nächste, der seine schmal gewordenen Einkünfte zwischen den Busenwundern einer *ILLU*strierten aufzubessern gedachte. Neben etlichen besonderen Unappetitlichkeiten aus dem Leben des Generalsekretärs wusste Winkler der Leserschar auch etwas über den schießwütigen Ofensetzer mitzuteilen: »Wir waren uns sicher: Der Mann wollte Honecker töten!«
Eilig meldete die *Berliner Zeitung* am 5. September 1990: »Leibwächter bestätigt das Attentat auf Honecker«.
Diese durch nichts zu beweisende Behauptung ließ wiederum Ralf Ehresmann nicht ruhen, der ebenfalls zehn Jahre lang den Schatten des Übervaters bewacht hatte. Aufrechten Ganges und Blickes begab er sich in die Redaktion der *Berliner Zeitung* und gab zu Protokoll, Winkler hätte an jenem Silvestertag dienstfrei gehabt. Und überhaupt wisse er es besser: Es war kein Attentat.
»Kugeln von Klosterfelde galten nicht Honecker«, hieß es am 7. September prompt auf Seite 1. Ehresmann hatte anscheinend wirklich neben Funker und Fahrer im zweiten Citroën gesessen und zumindest den ersten Teil des »besonderen Vorkommnisses« als Augenzeuge erlebt:

»Am nördlichen Ausgang von Wandlitz kam links aus Richtung Stolzenhagen ein grüner Lada 1300 auf die Fernverkehrsstraße zu. Er stoppte an der Kreuzung, fuhr wieder an, stoppte nochmals, stieß anschließend wenige Meter zurück ... Als wir ziemlich nahe dran waren – etwa einhundert Meter von der Kreuzung entfernt –, bog der Lada in scharfem Tempo links ein, zog gleich auf den rechten Sommerstreifen und schlingerte anschließend ein wenig auf die Straße. Im gleichen Augenblick waren wir jedoch schon an ihm vorbei.«

Mehr wusste Ehresmann nicht über den Vorfall, nur:

»E. H.s Hand jedenfalls zitterte auch an diesem Nachmittag nicht. Neun kapitale Hirsche sollten das Jahr 1983 nicht mehr erleben. Ehresmann will es genau wissen; er mußte das Wild ja aufbrechen.«

Dem damaligen innenpolitischen Ressortchef der *Berliner Zeitung* erschienen die Auskünfte seines Informanten allzu dürftig. Deshalb reicherte er sie mit einer detaillierten Schilderung des weiteren Verlaufs in Klosterfelde sowie mit Erkenntnissen aus dem »Bericht der Untersuchungsbehörden« und den »von namhaften Medizinern erstellten Obduktionsergebnissen« an, die er der Einfachheit halber ohne Quellenangabe aus dem *Magazin* abschrieb.
Immerhin wollte er selbst herausgefunden haben:
»Das Attentat auf den ›führenden Repräsentanten des deutschen Arbeiter- und Bauernstaates‹ hat also überhaupt nie stattgefunden.«
Auch dieser Satz hatte, wie die meisten anderen in dem Beitrag, schon fünf Monate zuvor beinahe wörtlich im *Magazin* gestanden.

Kurioserweise war es der *Stern*, der im Dezember 1993 noch einmal auf die eigene, elf Jahre alte Story zurückkam:
»Das Attentat fand statt
Hartnäckig dementierte die DDR-Führung vor zehn Jahren den *Stern*-Bericht über einen Anschlag auf Erich Honecker. Jetzt aufgefundene Dokumente geben dem *Stern* recht«,
hieß es in der Überschrift vielversprechend.
»Das zwanzigseitige Stasi-Dossier über den Vorfall – so geheim, daß es nur drei Exemplare gab – wurde jetzt in der Gauck-Behörde aufgefunden. Durch neue Recherchen des Stern alarmiert, hat die Staatsanwaltschaft beim Berliner Kammergericht nun sogar die zuständigen Kollegen in Frankfurt/Oder gebeten, den angeblichen Selbstmord des Attentäters Paul Eßling zu überprüfen. Denn es wird nicht mehr ausgeschlossen, daß der schon angeschossene Handwerker von einem Stasi-Offizier mit einem gezielten Nahschuß in den Kopf regelrecht ›hingerichtet‹ worden ist.«
Wem fällt, wenn er das liest, nicht sofort Bad Kleinen ein? Hatte die Stasi gegenüber der GSG 9 die Nase vorn gehabt?
Auch der Rest des fünfspaltigen *Stern*-Artikels sah allzu bekannt aus. War es ein Zufall, dass einer der beiden Verfasser, einst *ADN*-Korrespondent in Bonn, sich ein paar Wochen vor der Veröffentlichung telefonisch bei mir nach Einzelheiten aus den Akten des Militäroberstaatsanwalts erkundigt hatte?
Wenn es denn ein neuer Beweis dafür war, »daß der Klosterfelder Handwerker es wirklich auf Honecker abgesehen hatte«, weil »die Fahrzeugkolonne des Staatschefs nicht aus einem halben Dutzend

Wagen (wie der *Stern* 1983 geschrieben hatte), sondern bloß aus drei« bestanden hatte, so war auch dieser »Beweis« seit April 1990 im *Magazin* und im selben Jahr im Kriminalmagazin *underground* nachzulesen.
Die Staatsanwaltschaft Frankfurt/Oder indes ermittelte tatsächlich. Elf Monate gingen ins Land, bis die *Berliner Zeitung* fragte: »Erschoß die Stasi den Honecker-›Attentäter‹?«, und selbst die *Süddeutsche Zeitung* titelte: »Mutmaßlicher Attentäter angeblich auf der Stelle von Stasi-Offizieren hingerichtet«.
Den Vogel (wie kaum anders zu erwarten: eine kapitale Ente) schossen in trauter Eintracht *Bild* und Sat.1 ab. Die nämlich legten am 27. Oktober 1994 angebliche Stasi-Dokumente vor, die den damals Berlin Regierenden Bürgermeister Eberhard Diepgen als Waffenlieferanten für Paul Eßling entlarvten!
Während Diepgen – mit seinem damaligen Polizeipräsidenten Hagen Saberschinsky gerade auf einer Moskau-Reise in Sachen Sicherheit unterwegs – locker äußerte, bei den Waffen, die er bisher beschafft hätte, habe es sich ausschließlich um Wasserpistolen für seine Kinder gehandelt, war Sat.1 auf Anfrage nicht einmal mehr bereit, den Wortlaut der ausgestrahlten Meldung mitzuteilen. Am Sonntag, dem 30. Oktober 1994, schließlich kündigte RTL per Trailer für die abendliche Spiegel-TV-Sendung einen Beitrag über das Honecker-Attentat an, der kommentarlos entfiel.
Die Staatsanwaltschaft Neuruppin, die den Fall Eßling inzwischen übernommen hatte, interessierte sich weniger für Diepgens angebliche Beihilfe, als vielmehr für die Ergebnisse des Obduktionsberichts und die Zeugenaussagen.
Nachdem das Gutachten eines Bonner Rechtsmediziners (das sich vermutlich auf im *underground* zitierte Formulierungen aus dem Bad Saarower Leichenöffnungsbericht vom 3. Januar 1983 stützte), zu dem Schluss gekommen war, Eßling sei mit einer Waffe größeren Kalibers als 7,65 mm erschossen worden, erhärtete sich der Anfangsverdacht gegen Horst Hü. Der Neuruppiner Oberstaatsanwalt Gerd Schnittcher erklärte gegenüber der *Berliner Zeitung*:

»Wir haben den Verdacht, daß der Mann durch einen aufgesetzten Kopfschuß getötet wurde, ohne daß sich seine Verfolger zu diesem Zeitpunkt noch in einer Notwehrlage befanden.«

Der Rechtsmediziner Professor Dr. Maxeiner von der FU Berlin kam nach eingehendem Studium der Unterlagen aus Bad Saarow zu einem anderen Schluss: Die auf den Obduktionsfotos deutlich sichtbare Ausfaserung der Ausschusswunde sei typisch für das Kaliber 7.65.

> »Es sei zweifelsfrei erwiesen, daß Eßlings Kopfwunde aus einer 765er (sic!) Walther stammte.«

So zitierte am 30. Dezember 1994 der *Tagesspiegel* den Leitenden Neuruppiner Staatsanwalt Dr. Erardo Rautenberg. Nach dessen Ansicht

> »steht mit ziemlicher Sicherheit fest, daß sich Eßling an jenem 31. Dezember 1982 mit seiner eigenen Waffe erschossen habe«.

Die Augenzeugen, diesmal nicht von Journalisten, sondern von der Staatsanwaltschaft befragt, hatten ihre Aussagen vom Silvesterabend 1982 bestätigt.

Der Klosterfelder Berichterstatter des *Tagesspiegel* aus dem Dunstkreis der dort noch immer munteren Stasi-Gefolgschaft kannte diese Aussagen nicht. Seine Behauptung, »Gerüchte, nach denen Stasi-Mitarbeiter mit ihren Dienstwaffen auf den Mann geschossen hätten, sind damit vom Tisch«, ist falsch. Die Obduzenten in Bad Saarow dokumentierten den Bauchdurchschuss, den der Oberleutnant Hü. Paul Eßling beigebracht hatte, ebenso gewissenhaft wie die tödliche Kopfverletzung.

Wie immer bleibt ein unwägbarer Rest. Mit dieser Feststellung hatte ich schon den Report vom Januar/April 1990 abgeschlossen. Dass Kugeln nicht auffindbar sind, Papillarabdrücke auf Eßlings Waffe fehlen und sich die Aussagen der Zeugen über Details ihrer Beobachtungen und über die Anzahl der Schüsse – zwischen zwei und vier – widersprechen, deutet eher auf eine unbeeinflusste Untersuchung und Befragung hin.

Bei aller Irrationalität, die man vielen Aktionen der DDR-Staatssicherheit gewiss nicht absprechen kann: Weshalb hätte die Firma einen akribisch geführten Aktenvorgang von 743 Seiten und tausenden weiteren Seiten mit Protokollen und Gutachten anlegen und durchgängig fälschen sollen, von dem für sie doch feststand, dass ihn nie ein Unbefugter zu Gesicht bekommen würde? Es hätte mehr Zeugen für die Fälschung als für den tatsächlichen Hergang gegeben.

Für die zuerst im Januar 1983 im *Spiegel* geäußerte Vermutung, Eßling »tötete möglicherweise nicht sich selbst, sondern wurde von

Sicherheitsbeamten erschossen«, jedenfalls fanden auch die Neuruppiner Staatsanwälte keinen Beweis. Selbst Dr. Rautenberg hegte am Ende der Untersuchungen starke Zweifel, »ob Eßling überhaupt einen Anschlag auf Honecker geplant hatte ...«

Tod eines Sängers –
Leben und Tod des Dean Reed

1

Begonnen hat seine vielversprechende Karriere immerhin in Hollywood. Mehrere Dokumentarfilme beschäftigen sich mit seinem Leben, hauptsächlich aber mit seinem Tod. Für einen Spielfilm bietet sich ein an Massenszenen und Liebesromanzen reiches Leinwand-Spektakel mit einem melodramatischen Schlussakkord an: Das abenteuerliche Leben und der tragische Tod des Sängers und Schauspielers Dean Reed. Reeds Tochter Ramona fasste schon als Teenager den Entschluss, den Lebensweg ihres Vaters zu verfilmen, und Tom Hanks arbeitete seit 2001 an einem entsprechenden Projekt über den Genossen Rockstar, den Roten Sinatra, den Johnny Cash des Kommunismus, über jenen seltsamen Mann, der Russland den Rock'n'Roll brachte. Könnte der Film auch »Ein Cowboy in Rauchfangswerder« heißen?

Dort, im Zeuthener See, nicht weit entfernt von seinem Haus am Schmöckwitzer Damm, endete in einer lauen Sommernacht vor 25 Jahren Dean Reeds Leben. Die Affäre um seinen angeblich so geheimnisvollen Tod ist eine Medienaffäre. Mitte 1990 setzte in der noch bestehenden DDR eine hektische Suche nach – journalistisch ergiebigen – Opfern der Staatssicherheit ein. Dabei stieß ein TV-Team aus Westberlin im damaligen Gemeinsamen Landeskriminalamt (GLKA) in Berlin-Hohenschönhausen auf den Fall Dean Reed. Nach eingehendem Studium der Fakten konnte man sich jedoch nicht zu einem Filmbeitrag entschließen. Der dünne Aktendeckel, den der vorletzte und langjährige Chef der DDR-Kriminalpolizei (und nicht die Staatssicherheit, wie gerne behauptet wird, oder gar Erich Honecker), Generalleutnant Helmut Nedwig, seinem Nachfolger im versiegelten Safe hinterlassen hatte, bot wenig Sensationelles: einen fünfzehnseitigen, handgeschriebenen Abschiedsbrief Dean Reeds samt Schriftgutachten, den mit einer Fotodokumentation versehenen Auffindungsbericht der Leiche und den Obduktionsbericht der Professoren Otto Prokop und Georg Radam. Zur Todesursache hieß es darin:

»Soweit bei fortgeschrittenen postmortalen Veränderungen feststellbar, am ehesten Ertrinken unter toxischer medikamentöser Beeinflussung.«

Kopien des Materials kursierten bald in Journalistenkreisen und sorgten sporadisch für ein Aufrauschen im bunt gewordenen Blätterwald. Am 7. September 1990 hielt es der auf Medienwirksamkeit bedachte DDR-Innenminister Peter-Michael Diestel für notwendig, die Öffentlichkeit darüber zu informieren, dass Dean Reed nicht »einem tragischen Unfall zum Opfer fiel, sondern auf Grund persönlicher Motive Selbstmord beging«, und dass die anders lautende offizielle DDR-Version »der Sicherheitsdoktrin der Partei- und Staatsführung geschuldet« sei.

Vierzehn Tage später druckte das kurzlebige *blatt* pikante und nicht autorisierte Auszüge aus dem nachgelassenen Brief. »Ein Schreiter über Wasserleichen«, kommentierte *Die Weltbühne* die Ausflüsse des Herausgebers Helfried Schreiter, der zu jener Zeit in engem Kontakt zu Reeds zweiter Frau stand. Schreiter, einst Offizier der Volksarmee, DDR-Schriftsteller und Krimiautor (Pseudonym Louis Martin), danach *Stern*-Redakteur, blieb schließlich auf der Flucht vor den Gläubigern seiner dubiosen Nachwende-Unternehmungen verschollen.

Auch der Sohn des unrühmlich bekannten Volkskammerpräsidenten Sindermann, ehemaliger Oberstleutnant der Kriminalpolizei und Chef der Berliner Morduntersuchungskommission (MUK), mischte im Hintergrund der Reed-Affäre mit.

Am 2. November 1990 veröffentlichte die *Süddeutsche Zeitung* in ihrer *Magazin*-Beilage einen vierseitigen Bericht, in dem nicht einmal Reeds Todesdatum stimmte.

»Wie es hieß, trug er einen Strick um den Hals, als man ihn hinter dem Steuer seines Autos vom Grund des Sees holte. Hatte er sich das Leben genommen? War er, wie gemunkelt wurde, mit Rauschgift vollgepumpt oder das Opfer einer Politintrige?« Und: »Die Akte Reed ist bis heute nicht freigegeben.«

In der Pressestelle des GLKA lag diese Akte seit Monaten griffbereit. Es machte nicht einmal sonderliche Schwierigkeiten, den zuständigen Untersuchungsführer der Staatssicherheit ausfindig zu machen und zu befragen. Zudem enthielt der Beitrag in der *Süddeutschen Zeitung*, in der weder Reeds Abschiedsbrief noch dessen Adressat genannt waren, entschieden mehr Widersprüche als alle vorherigen

Vermutungen, Gerüchte und Informationen über den Tod des Sängers zusammen. Als besondere journalistische Glanzleistung war ein Foto abgedruckt, »Die letzte Aufnahme: Dean Reed mit seiner Frau Renate Blume am Tage vor seinem Tod«, und dazu im Text die Fragen:

»Gab er sich aus Eifersucht auf seine dritte Ehefrau, die ihn bereits einige Wochen zuvor verlassen haben soll, den Freitod? Andererseits: Wie kann sich ein Selbstmörder noch mit dem Strick um den Hals ins Auto setzen und in den See fahren?«

Ja, wie kann er, zumal es zwei Spalten weiter hieß, »daß Reeds *am Ufer gefundenes Auto* Blechschäden aufwies«? (Hervorhebungen J.E.) Von dieser Qualität waren die Recherchen über Reeds mehr als vier Jahre zurückliegenden Tod, die Anlass zu immer neuen Spekulationen boten, bis endlich im April 1991 der *Berliner Kurier* die balkendicke Titelfrage stellte:

»**Auch Dean Reed von Stasi umgebracht?**

Auch der beliebte Showstar Dean Reed ist möglicherweise von der Stasi umgebracht worden. Er war 1986 auf mysteriöse Weise in einem See in Rauchfangswerder bei Berlin ertrunken. Reed hatte sich vorher mit Mielke angelegt, wollte in die USA zurückkehren. Das MfS befürchtete, daß er dort über die wahren Verhältnisse in der DDR berichten könnte.«

Ein Mordmotiv, das selbst dem allerletzten *Kurier*-Leser einleuchten musste: Wer (als US-Bürger mit gültigem Pass!) im Jahre 1986 – trotz anwesender West-Korrespondenten und wachsenden Ausreisezahlen – Informationen über die wahren Verhältnisse in der DDR zu liefern beabsichtigte, der hatte sein Leben verwirkt!

Die weiteren *Kurier*-Auslassungen waren mit nicht weniger Fantasie frei erfunden:

»Der weiße VW-Golf stand am Bootssteg. Die Türen offen, die Papiere im Wagen verstreut. Spaziergänger benachrichtigten die Polizei. Wenige Stunden später zogen Taucher die Leiche von Dean Reed aus dem flachen Wasser des Sees ...«

Andererseits behauptete Jochen von Lang, Autor zahlreicher Sachbücher, in seiner Erich-Mielke-Biografie:

»Dagegen war der im Westen verbreitete Vorwurf unbegründet, der Amerikaner Dean Reed, Schauspieler, Sänger und als Friedenskämpfer wegen seines Wechsels in die DDR überlaut gefeiert, sei von der Stasi ermordet worden, weil er mit der Rückkehr in den Westen gedroht habe. Er wurde

1986 tot am Ufer eines Berliner Sees aufgefunden. Aus einer jetzt entdeckten Stasi-Akte geht hervor, daß Reed Rauschgift zu nehmen pflegte und daß er – gewollt oder versehentlich? – an einer Überdosis gestorben war.«

Auch für diese – als Gerücht schon unmittelbar nach Reeds Tod verbreitete – Rauschgifthypothese gibt es in den Aussagen seiner Freunde und im Obduktionsprotokoll keinen Beleg.

Nach gründlichen Recherchen und einem längeren Gespräch mit dem Adressaten von Deans Abschiedsbrief bestand für mich kaum ein Zweifel an Reeds Selbstmord. In einem *Wochenpost*-Beitrag zu Reeds fünftem Todestag im Juni 1991 versuchte ich, die Gründe dafür schlüssig nachzuweisen.

Am 27. Juli 1993, beinahe drei Jahre nach Diestels Richtigstellung, zwei Jahre nach von Langs Darstellung und meinem ausführlichen Beitrag in der *Wochenpost*, erreichte diese Nachricht die *Berliner Zeitung*:

»DEAN REED (Foto) – der wegen seiner politischen Anschauungen 1972 in die DDR übergesiedelte Rocksänger hat im Juni 1986 im Zeuthener See bei Berlin offenbar Selbstmord begangen. Laut jetzt (!) vorliegendem Obduktionsbefund hatte Reed eine große Menge Schlaftabletten genommen und sei dann im See ertrunken. Offiziell hatte die DDR von einem ›tragischen Unglücksfall‹ des beliebten Sängers berichtet.«

Das gleiche Foto des Sängers mit dem schmachtenden Blick hatte sieben Jahre zuvor den Nachruf an gleicher Stelle geschmückt: »Dean Reed ist tot. 47 Jahre alt. Ein Unfall ...«

Endlich, im September 1993, strahlte der ORB einen Fernsehfilm aus, in dem erstmals Reeds Freunde und Kollegen, darunter ZK-Mitarbeiter Eberhard Fensch, der Kommentator Karl-Eduard von Schnitzler, der Regisseur Günter Reisch, »Filmminister« Horst Pehnert und Reeds Ehefrauen Wiebke und Renate zu Wort kamen. »Ein Glücksfall redlicher Aufarbeitung«, urteilte *Neues Deutschland* über den Filmessay »Dean Reed – Glamour und Protest« des Münchener Dokumentaristen Peter Gehrig, »der sich mit hoher Professionalität, taktvoller Zurückhaltung, Akribie und bohrender Gründlichkeit dieser Gratwanderung annahm und sie bestand« – der Gratwanderung zwischen Spannung, Betroffenheit und Faszination nämlich.

Der Film veranlasste die Kritikerin Margit Voss, die Reeds DDR-Karriere in allen Phasen verfolgt hatte, zu dem Resümee:

»Wie ein Paradiesvogel war er vom Himmel gestoßen. Als Dean Reed 1971 in die DDR kam, verkörperte er das Phänomen eines amerikanischen Traums. Ein junger, schöner, wie es schien begabter Mann, Schauspieler und Sänger, brachte die schon abgenutzte, müde Begeisterung für politische Aktionen wieder auf Touren. Alles schien noch einmal möglich: die Beendigung des Vietnamkrieges, der Sieg Allendes in Chile. Wenn sich die DDR nun sogar für Amerikaner als attraktiv erwies, sollte einem nicht bange sein.

Es ist schwer zu sagen, wann sich die Begeisterung legte. Jene fünfzehn Jahre, die Dean Reed in Berlin verbrachte, waren Jahre zunehmender Stagnation und Enttäuschung, die jeder auf andere Weise an sich erfuhr. Für ihn, der die Spielregeln nicht kannte, hier nicht zu Hause war, endete der Spagat zwischen dem kleinen deutschen spießigen Land und der weiten amerikanischen Heimat tödlich. Der Versuch, die Spannweite zwischen naivem politischem Engagement und künstlerischer Tätigkeit auszufüllen, scheiterte, vielleicht auch an Selbstüberschätzung.«

Wer war dieser vom Himmel gestoßene Paradiesvogel aus den Weiten Amerikas, Dean Cyril Reed, über den die Medien außerhalb des SW (Sozialistisches Wirtschaftsgebiet) zu seinen Lebzeiten fünfzehn Jahre lang kaum ein Wort oder Bild verloren, während er östlich und südlich der Elbe Publicity, Zustimmung und Beifallsstürme seiner – überwiegend weiblichen und jugendlichen – Fangemeinde genoss?

Aufschluss über sein Leben geben inzwischen mehrere Biografien. Die erste, in zwei Auflagen in der DDR erschienen, heißt bescheiden: »Dean Reed erzählt aus seinem Leben. Aufgeschrieben von Hans Dieter Bräuer«, und bedient das idealisierte Bild vom hehren und selbstlosen Friedenskämpfer, Sänger, Schauspieler und Regisseur; die zweite, »Comrade Rockstar«, zuletzt 2006 mit dem Untertitel »The Life and Mystery of Dean Reed« erschienen, sucht nach den verborgenen Geheimnissen des »Genossen Rockstar«, dessen Abbild in der Sowjetunion laut Verfasserin neben denen von Juri Gagarin und Josef Stalin zum Verkauf auslag. Das äußerlich seriös aufgemachte Werk, in dem sich geschickt erzählte Episoden und mitunter recht oberflächlich recherchierte Fakten aus Reeds Leben auf wunderliche Weise mit Ignoranz und krasser Unkenntnis der realsozialistischen Verhältnisse mischen, stammt aus dem Computer der amerikanischen Journalistin Reggie Nadelson.

Frau Nadelson sah Dean Reed zu seinen Lebzeiten einmal – im April 1986 in der CBS-Fernsehshow »60 minutes«.
»Sechs Wochen später wurde Dean Reed in einem See in Ost-Berlin tot aufgefunden. Hatte ihn die CIA ermordet? Der KGB? Ein eifersüchtiger Ehemann? Niemand wußte es.«
Auch Frau Nadelson, die von New York nach Denver, Hollywood, Hawaii, London, Berlin, Prag und Moskau flog und dort recherchierte, ohne auf die für die Aufklärung wesentlichen Leute zu stoßen, fand es nicht heraus.
Dabei ist Nadelsons Buch eher ein »Abfallprodukt« ihrer Arbeit an dem Dokumentarfilm »The Incredible Case of Comrade Rockstar« (der unglaubliche Fall des Genossen Rockstar), den die BBC 1992 ausstrahlte und der – sieht man von den Schwächen des Nadelsonschen Kommentars ab – einen guten Überblick über das Leben des Dean Reed bietet. Was den Tod des Sängers angeht, so dominiert auch hier das dunkle Geheimnis. Von der Frage »War Dean Reed der dritte Mann?«, unterlegt mit dem Zitherklang der berühmten Filmmusik, geht offensichtlich eine Faszination aus, auf die Frau Nadelson nicht verzichten mochte. Erst am Ende ihrer Recherchen hielt sie das entscheidende Beweismittel für Reeds Selbstmord – Deans Abschiedsbrief – in den Händen. Es blieb ihr nichts anderes übrig, als dessen Echtheit in Zweifel zu ziehen, wollte sie nicht große Teile ihrer Arbeit neu interpretieren.

Erst zehn Jahre später, im Windschatten der von Tom Hanks 2003/04 ausgelösten Dean-Reed-Renaissance, entstanden weitere Reed-Biografien. Klaus Huhn verfasste die Broschüre »Die misslungene ›Exhumierung‹ des Dean Reed«, und in Amerika erschien »Rock'n'Roll Radical: The Life & Mysterious Death of Dean Reed« von Chuck Laszewski. Der Politologe und Amerikanist Stefan Ernsting aus Frankfurt am Main schrieb »Der Rote Elvis. Dean Reed oder Das kuriose Leben eines US-Rockstars in der DDR« und ging darin dem Lebensweg Reeds wesentlich gründlicher nach als seine Vorgänger. Andererseits verraten manche Sätze die übliche Unkenntnis der DDR-Verhältnisse: »Als es noch eine Mauer gab, war dieses Waldgebiet (gemeint ist der Schmöckwitzer Forst mit der zu Ostberlin gehörenden Halbinsel Rauchfangswerder, J.E.) für West-Besucher mit Tagesvisum ebenso tabu wie West-Berlin, das auf DDR-Stadtplänen als graue Fläche markiert war.« Das ist ebenso falsch wie unverständlich, denn weshalb sollte West-Berlin für West-Besucher tabu gewesen sein? Rauchfangswerder jedenfalls konnten sie legal besuchen – oder illegal über Zeuthen, da es seit Mitte der siebziger Jahre an der Grenze zwischen Ostberlin und der DDR keine Kontrollen mehr gab.

Immerhin liefert Ernsting genauere Angaben zu Reeds Filmen und Platten, stellt einige von Reeds Texten vor und gelangt zu einem Urteil über dessen Erfolge in der DDR, dem kaum zu widersprechen ist:
> »Die falsch verstandene Akzeptanz durch hochrangige SED-Parteibonzen korrespondierte dabei mit Dean Reeds Unvermögen, die eigene Künstlerische Mittelmäßigkeit zu überwinden.«

2

Geboren wurde Dean Reed am 22. September 1938 auf der Hühnerfarm seiner Mutter, abseits der Wadsworth Avenue in Wheat Ridge, damals ein Dorf ein paar Meilen westlich von Denver, Colorado. Nach dem Öl-Boom der siebziger Jahre, der Denver reich und den Denver-Clan berühmt machte, hat der Vorort Wheat Ridge 30 500 Einwohner und bezeichnet sich als die »Welthauptstadt der Nelken«. In Filmausschnitten wirkt der Ort etwa wie Petershagen bei Berlin – nur etwas ärmlicher.

Deans Vater Cyril, Mathematik- und Geschichtslehrer an der lokalen High School, galt als ein »big womanizer«, ein gewaltiger Schürzenjäger, der eine seiner Schülerinnen geheiratet hatte. Als die Söhne herangewachsen waren, ließ sich Ruth Anna Reed von ihm scheiden. Nach ihrem Zeugnis war Cyril ein streitsüchtiger und konservativ denkender Mann, der zu den örtlichen Gründungsmitgliedern der ultra-konservativen John-Birch-Society gehörte. Diese Gesellschaft, benannt nach einem 1945 angeblich von chinesischen Kommunisten ermordeten Missionar und US-Army Intelligence Officer, der nach anderen Quellen in einem Streit getötet wurde, war 1958 von dem Süßwarenfabrikanten Robert Welch gegründet worden, um etwas gegen die »Weltverschwörung der Kommunisten im Lande« zu unternehmen.

Dean Reed hatte, wenn man ihm glauben darf, ein gutes Verhältnis zu seinem Vater, dem es offensichtlich nicht an Verständnis für seine Söhne mangelte, und der sich gerne mit Dean bolzte. Dean hatte zwei Brüder, Vernon Ray, später Boeing-Angestellter in Seattle, und Dale

Robert, der jüngere, der als Ingenieur laut Ernstings Zitat »vierzig Jahre lang in einer Atomwaffenanlage in der Antarktis gearbeitet hatte«.

Der Vater wollte aus dem sportlichen Dean einen strammen Offizier machen. So kam Dean als Zehnjähriger auf die Kadettenschule der Militärakademie in Denver, wo er reiten lernte. Das war das einzige Positive, was er über das Jahr in der Kaserne zu berichten wusste. Zum Militärdienst wurde er später nicht eingezogen. Aus gesundheitlichen Gründen? Seine Mutter spricht vage von »medical problems«, die der heranwachsende Dean hatte, und von einer großen Operation, die er überstand.

Der Sektionsbericht verzeichnete über der Narbe einer Blinddarmoperation eine »alte 8 cm lange, in Körperlängsrichtung arrangierte, im oberen Drittel unregelmäßige, geraffte Hautnarbe von grauer Farbe, rechts unterhalb des Rippenbogens« und eine »alte, feine, 3 cm lange Operationsnarbe großzehenwärts am linken Mittelfuß« – nach Angaben der Angehörigen von einer Venenfreilegung in der Kindheit. Unter der Oberbauchnarbe fanden sich »keine korrespondierenden inneren Verwachsungen, kein Anhalt für Operation im Bauchraum«.

Nach Auskunft der Mutter litt Dean mit zwanzig unter Magengeschwüren und Schlafstörungen. »Sein Leben lang nahm er jeden Abend eine Schlaftablette. Aber nur eine. Er nahm niemals mehr als eine Schlaftablette«, versicherte sie nach seinem Tode und in Kenntnis des ihr von den DDR-Behörden offiziell übermittelten Obduktionsberichtes, in dem von Ertrinken unter toxisch-medikamentöser Beeinflussung die Rede ist.

Deans sportliche Fähigkeiten wurden von seinen gesundheitlichen Problemen anscheinend nicht beeinträchtigt. Er galt als guter Leichtathlet und Schwimmer. Das Reiten blieb für Jahre sein wichtigstes Hobby. Als Teenager verdiente er damit Geld auf einer »Dude Ranch«, einer Ferienranch für Großstädter in Estes Park am Rande des Rocky-Mountain-Nationalparks. Und er spielte Gitarre. Zum zwölften Geburtstag hatte ihm der Vater ein Instrument geschenkt. Mit sechzehn komponierte Dean sein erstes Liedchen »Don't let her go«. »Eigentlich wollte ich damals«, erzählte er selbst, »vor allem den Mädchen imponieren ...«

Dabei blieb es ein Leben lang: Dean wollte immer imponieren. Den Mädchen. Seinem Vater. Seiner jeweiligen Ehefrau. Dem großen

Publikum. Der sozialistischen Welt. Amerika. Er blieb der große Junge, dem jedermann, vor allem jede Frau gut sein muss. Dass ihn jemand nicht mochte, bereitete ihm geradezu physisches Unbehagen. Er wollte geliebt und anerkannt werden, nicht nur als »der größte Icecream-Freak von Wheat Ridge«. Am meisten Kummer bereiteten ihm seine übergroßen, abstehenden Ohren, die er erst später unter dem modisch langen Haarschopf zu verbergen wusste. Dixie, eine Freundin, die ihn als Jugendlichen gekannt haben will und die in Reeds letzten Lebensmonaten eine Rolle spielen sollte, schildert den blauäugigen großen Jungen mit dem etwas weichlichen Mund als einen von der Musik und vom Laufen Besessenen, der alles, was er tat, mit maximalem Engagement tat, ein »gung-ho kid«. Das ist ein Ausdruck aus dem Marinejargon: »Ran an den Feind!« Vermutlich versuchte er, mit diesem Draufgängertum seine bemerkenswerte Schüchternheit zu bekämpfen.

Als knapp Achtzehnjähriger vollbrachte Dean die Heldentat, die in keiner Kurzfassung seiner Biografie fehlen darf: Er gewann einen 110-Meilen-Wettlauf gegen ein Maultier. Der Wettpreis: 25 Cents. Dazu 31 Zeilen im *Newsweek*-Magazin unter der Überschrift »Siegreicher Mann«. Den Zeitungsausschnitt wies Dean noch nach 35 Jahren seinem Biografen vor. Die gewonnene Münze bewahrte seine Mutter auf.

Nach Abschluss der Highschool beschloss Dean, Meteorologie zu studieren. Die Aussicht, als Wetterkommentator im Fernsehen aufzutreten, schien ihm ein zukunftssicherer Job und reizte seinen Ehrgeiz und seinen Darstellungstrieb. Die Musik und das Reiten auf den Touristenranchs blieben angenehme Nebenbeschäftigungen, um Geld für das Studium zu verdienen.

In der letzten Woche der Semesterferien 1958 setzte er sich in seinen Chevrolet Impala, um einen Ausflug nach Kalifornien zu unternehmen. Was ihm auf dem Weg dorthin angeblich widerfuhr, liest sich wie eine nicht sonderlich originell ausgedachte Filmszene: Er nimmt einen heruntergekommenen Musiker im Auto mit, bezahlt dem eine Übernachtung im Motel und vermacht ihm seine Ersatzjeans. Aus Dankbarkeit vermittelt ihm der Mann einen Kontakt zum Boss der Schallplattenfirma Capitol, den er aus besseren Tagen kennt.

Capitol, durch Nat King Cole reich geworden, gehörte zu den renommierten Firmen der Branche und residierte in Los Angeles in einem Turmhochhaus, das einem Plattenstapel ähnelte. Die Reed-

Szene im Capitol-Tower scheint selbst für einen amerikanischen Film zu kitschig: Dean macht Probeaufnahmen – und erhält binnen einer Woche einen Siebenjahresvertrag!

Ernsting ist der unwahrscheinlichen Geschichte nachgegangen und hat herausgefunden, dass hinter Dean bereits eine dreijährige Karriere mit zahlreichen öffentlichen Auftritten lag und der heruntergekommene Musiker kein anderer war als Deans späterer Manager Roy Eberhart.

Dean jedenfalls landete nach Titeln wie »Twirly, Twirly« und »Cannibal Twist« ein Jahr später mit seiner dritten Platte »Summer Romance« tatsächlich auf den vorderen Plätzen der Hit-Paraden. Er schien auf dem Weg nach oben. Capitol Records schickte ihn auf die Schauspielschule der Warner Bros., wo ihn Paton Price zusammen mit den Everly Brothers und Jean Seberg das Einmaleins der Schauspielkunst lehrte. Price, den Dean später stets als seinen zweiten Vater, seinen besten Freund und sein großes Vorbild bezeichnete, galt als einer der Besten seines Fachs.

Paton Price mag anfangs belustigt gewesen sein über den ungebildeten Provinztölpel aus Colorado, der nichts vom Leben, von der Politik oder von der Schauspielkunst wusste. Nicht einmal mit Frauen konnte er etwas anfangen, und das war selbst für einen beinahe Einundzwanzigjährigen aus dem spießigen Denver ein bisschen ungewöhnlich. Als sich Dean einmal allzu beeindruckt von einer neben ihm sitzenden Schönen zeigte, hieß Paton Price die beiden, sich zu entkleiden, um Dean ein wenig aufzulockern.

Und als der sich in einer Liebesszene mit Jean Seberg reichlich hilflos benahm, schickte ihn Paton Price ins Bordell.

»Du bist ein Naturtalent«, soll das schwarze Mädchen gesagt haben, das ihm seine Unschuld nahm.

Price und seine Frau Tillie nahmen das sympathische Landei Dean für einige Zeit in ihr Haus in Burbank auf. Dean besaß eine gute Auffassungsgabe, eine gewisse natürliche Intelligenz und war bei allen beliebt. Allmählich wurde ihm klar, dass es eine Menge Dinge zwischen Himmel und Erde gab, von denen daheim in Wheat Ridge niemand etwas ahnte. Price, der als Pazifist und Wehrdienstverweigerer im Zweiten Weltkrieg zwei Jahre im Gefängnis verbracht hatte, war nach Reeds Urteil ein »bürgerlicher Demokrat« und »ein kluger, gütiger, schlichter Mensch ... Wenn ich an Paton denke, kenne ich nur ein Gefühl: das der Dankbarkeit. Denn er hat mich gelehrt, über den

Sinn des Lebens nachzudenken, die Wahrheit zu lieben und stets für sie einzustehen.«

Unter dem Einfluss von Paton Price soll Dean die Hauptrolle in einer Western-Fernsehserie abgelehnt haben. Er wollte keine Waffe tragen. Price behielt diesen starken Einfluss auf seinen Schüler Zeit seines Lebens. Während Dean Reed in Südamerika lebte, standen sie in regem Gedankenaustausch über politische Themen, angeblich aber auch über die Anzahl der Frauen, die jeder »umgelegt« hatte. Die Gräfin Nyta Doval, die den pornografischen Inhalt dieses Briefwechsels zu kennen behauptet, kann allerdings kaum als zuverlässige Zeugin gelten.

Zwei Jahrzehnte später holte Dean Reed Paton Price als Berater für seinen vorletzten Film »Sing, Cowboy, sing« nach Berlin. Den Flug bezahlte Price selber. Es war das letzte Wiedersehen der beiden; Price starb einige Jahre später. Die Filmbilder zeigen Dean mehrfach mit dem Colt in der Hand.

3

»Summer Romance« hielt sich überraschend lange in den Charts. Vor allem in Südamerika galt der Rocksänger mit der hellen Stimme als ein großer Star. Es ist kaum nachzuprüfen, ob es wirklich der Einfluss der Gräfin Nyta Doval, wie sie gelegentlich behauptete, ein Tourneeangebot von Capitol oder Deans eigener Entschluss war, was ihn im Februar 1962 einen Pass beantragen ließ. Dem Bericht seines Freundes Johnny Rosenburg zufolge verschwand Dean, weil er sich nicht länger seinem Manager Roy Eberhart unterordnen wollte. Aber Johnny, den Dean als Songschreiber entdeckt hatte, lebte nach eigenen Angaben Ende 1960 zusammen mit Dean und den Eberharts in einer Villa in Canoga Park, die einst dem Kinderstar Shirley Temple gehört hatte. Als Dean und Johnny sich 25 Jahre später wiedersahen, behauptete Dean, er hätte Hollywood damals verlassen, weil man seinen Vertrag an die Mafia verkauft habe. Johnny erinnerte sich an die Vertragsübernahme durch zwei Autohändler aus Abilene, Kansas …

Wie dem auch sei – am 9. März 1962 verließ Dean Reed via New York die Vereinigten Staaten. Er ahnte nicht, dass er sein Heimatland nur noch wenige Male und als – ungebetener – Besucher wiedersehen würde. Die Personalangaben in seinem Pass waren nicht sonderlich

exakt. Haarfarbe: braun; Augen: grün; Größe: 1,84. Jeder wird ihn als blond bezeichnen, mit auffallend blauen Augen. In dem Pass, der ihm acht Jahre später ausgestellt wurde, war er um acht Zentimeter gewachsen.
In Santiago de Chile eine neue Filmszene: Eine begeisterte Menschenmenge empfängt Dean Reed. Es muss doch ein bisschen PR-Arbeit in dem Tourneeprojekt gesteckt haben. Dean war in seinem Element. So etwas hatte er in den Staaten nie erlebt. »The Magnificent Gringo« wurde auf Schritt und Tritt von seinen Fans verfolgt und gefeiert, alle antiamerikanischen Ressentiments schienen vergessen.
Dean blieb in Lateinamerika. Gemeinsam mit ein paar abenteuerlustigen Landsleuten bereiste er den brasilianischen Urwald, lebte bei einem kleinen Indiostamm, spielte den Indianern seine Liedchen vor.

»Der Urwald am Amazonas ist der einzige Ort in Südamerika, wo ich keine Schilder mit der Aufschrift ›Yankee, go home!‹ gesehen habe ... Für die Indios sind Amerikaner ganz normale Menschen. Sie haben mit ihnen noch keine schlechten Erfahrungen machen können – einfach deshalb, weil sie vor uns noch keine kennengelernt hatten.«

Das klang noch harmlos. Bald darauf, anlässlich einer Reise nach Lima, geriet Dean Reed jedoch in einen ernsthaften Konflikt mit den Auslandsvertretungen der USA: In einem offenen Brief an eine chilenische Zeitung hatte er die Lateinamerikaner aufgefordert, bei Präsident Kennedy schriftlich gegen die amerikanischen Kernwaffentests zu protestieren.
Es war das erste Mal, dass Dean Reed sich direkt zu einer politischen Frage äußerte – und das ausgerechnet, während das internationale Medieninteresse auf die Fußball-Weltmeisterschaft in Chile gerichtet war. Washingtons Diplomaten zeigten sich entsprechend ergrimmt. Sie drohten, ihm den Pass zu entziehen, riefen damit jedoch nur den Widerstand von Reeds Freunden in den USA hervor. Die Angelegenheit verlief im Sande, aber Pluspunkte hatte Reed damit in seiner allmählich wachsenden FBI-Akte nicht gesammelt.
Deans Platten verkauften sich in Südamerika weitaus besser als in den USA, wo er schnell in Vergessenheit geriet. Seine erste LP nahm er in Chile auf, drei weitere folgten in Argentinien. Dort lebte er in den nächsten Jahren – zuerst mit der tschechischen Gräfin Nyta Doval (in Reggie Nadelsons Buch heißt sie auch de Val), einer attraktiven

Sängerin und Kabarettistin, die starrsinnig die Theorie vertrat, die Kommunisten hätten Dean einer Gehirnwäsche unterzogen.

»Er war ein Idealist«, wusste die Gräfin zu berichten. »Man konnte ihn leicht hereinlegen. Aber er konnte 5000 Arbeitern beibringen, was sie zu wählen hatten.«

Dann traf Dean Patricia wieder, eine junge Amerikanerin mit indianischen Vorfahren, die er schon in Hollywood kennengelernt hatte. Die beiden heirateten 1964 in Mexiko. Im gleichen Jahr drehte Dean dort seinen ersten Film »Guadalajara En Verano« – Sommerzeit. Wen wundert es, dass der Film auf dem Festival in Mexikos aufstrebendem Badeort Acapulco den ersten Preis gewann?

In Argentinien folgten »Ritmo Nuevo Y Vieja Ola« und »Mi Primera Novia« – Meine erste Braut, populärster Film des Jahres 1965. Dean Reed hatte den ersten Gipfelpunkt seiner Karriere erreicht. Jeden Samstagabend zur besten Sendezeit trat er in seiner eigenen Fernsehshow auf.

Jedermann in Argentinien kannte den sympathischen amerikanischen Riesen im hellblauen Gabardin-Anzug mit der Modefrisur und den strahlend weißen Zähnen. Ein männliches Sex-Symbol, bei dessen Anblick die Frauenherzen reihenweise dahinschmolzen. Und die Männer waren nicht eifersüchtig, berichtet Gräfin Nyta. Vielleicht war Reed einfach zu schön, um als Rivale ernst genommen zu werden?

Argentinien durchlebte in jenen Jahren eine kurze demokratische Phase vor der nächsten Diktatur; selbst die kommunistische Partei war wieder zugelassen. Dean, den die krassen sozialen Widersprüche in der Dritten Welt bewegten, hielt sich nicht zurück in den politischen Diskussionen seines Gastlandes und ließ keinen Zweifel aufkommen, wo er stand.

> »Ich konnte meine Lieder singen, ich machte Schallplatten, mein Name stand stets auf den Hitlisten, ich spielte in Filmen die männliche Hauptrolle, und ich konnte dennoch sagen, was ich über die politischen und sozialen Probleme dieser Welt dachte. Ich wandte mich gegen das von der Regierung meines Landes forcierte nukleare Wettrüsten, protestierte gegen die Bombardierung Vietnams und verurteilte die Ausbeutung Südamerikas durch die Monopole meines Heimatlandes. Ich bin immer als ein Amerikaner aufgetreten, der sein verfassungsmäßig verbrieftes Recht in Anspruch nimmt, seine Regierung zu kritisieren, wenn sie gegen die Interessen des Volkes verstößt.«

Dean Reed hatte Freunde in der Gewerkschaftsbewegung, und er lernte den Journalisten und Schriftsteller Alfredo Varela kennen, den führenden Kopf der argentinischen Friedensbewegung. Dem fiel es nicht schwer, seinen jungen Freund zu überreden, als Mitglied der argentinischen Delegation am Weltfriedenskongress in Helsinki teilzunehmen.

Die Tage in Helsinki im Juni 1965 und die daran anschließende überraschende Reise nach Leningrad veränderten Reeds Leben stärker, als es in der ersten Zeit danach schien. Er geriet auf dem Friedenskongress mitten in die heftigen Auseinandersetzungen der chinesischen und der sowjetischen Fraktion, und angeblich gelang es ihm, die Situation durch seinen spontanen Auftritt zugunsten der Sowjets zu entschärfen. Nikolai Pastuchow, Generalsekretär des Komsomol, war begeistert von diesem Amerikaner in Cowboy-Kluft und lud ihn in die Sowjetunion ein.

In Argentinien zeigte man sich weniger angetan von Reeds russischen Kontakten. Als er in seiner Fernsehshow gar ein Interview mit der ersten Kosmonautin Valentina Tereschkowa zeigte, lud ihn die Politische Polizei vor.

Reed lebte zu dieser Zeit mit seiner Frau in einer komfortablen Villa am Stadtrand von Buenos Aires. Eines Abends wurde ein Feueranschlag auf das Haus verübt, das Garagentor mit Hammer und Sichel besprüht. Die Linken boten ihm Schutz an. Aber lange konnte Reed ohnehin nicht mehr in Argentinien bleiben. Nach dem Militärputsch des General Ongania im Juni 1966 wurde er des Landes verwiesen. Mit Zustimmung der amerikanischen Botschaft, wie es heißt.

Es spricht nicht für seinen politischen Instinkt, dass er sich zuerst nach Spanien wandte, wo Franco noch immer uneingeschränkt herrschte. Schließlich kam ihm Pastuchows Einladung zu einer ausgedehnten Tournee durch neun sowjetische Großstädte gerade recht.

Die Jugend zwischen Minsk und Wladiwostok hungerte in jenen Jahren ebenso nach westlicher Musik wie die Jugend überall in der Welt. Begehrt war aber nicht mehr unbedingt nur der amerikanische Rock'n'Roll. Inzwischen gab es die Beatles, die musikalisch mehr zu bieten hatten als ein folkloristisch angehauchter Schlagerstar der späten Fünfziger. Doch an die Beatles war in der Sowjetunion vorläufig nicht zu denken. Dafür durften die Jugendlichen in Moskau und Nowosibirsk Dean Reed live erleben; der zweite amerikanische

Dean Reed bei seinen sowjetischen Fans

Künstler, der nach Pete Seeger überhaupt das »Land Lenins« bereiste, das über sein Ende hinaus weit eher ein Land Stalins blieb.
Reeds Erfolg war unvorstellbar. Er wurde das Ersatz-Idol für alles, wonach die Komsomolzen sich sehnten. Ein echter langhaariger Amerikaner in echt amerikanischer Kleidung, der echte amerikanische Musik machte. Ein Sänger, Schauspieler, Entertainer, ein warmherziger und sympathischer Mensch, ein Star zum Anfassen. Die Mädchen versuchten, ihm die Kleidung vom Leib zu reißen. Die Begeisterung dieses Millionenpublikums übertraf alles, was Reed bis dahin in Südamerika erlebt hatte.
Die Sowjetunion blieb auch fortan das Land seiner großen Konzerttourneen. Während er als Schauspieler in Rom Italo-Western und andere filmische Massenware produzierte, ja noch während seiner Jahre in der DDR zog es ihn beinahe jährlich in die Weiten des Sowjetlandes, wo die Fans seiner harrten, die Mädchen vor allem. Rada hieß eine, die sich nach seinem Tod das Leben nahm, wie Reggie Nadelson herausfand. Rada mit dem großen Busen war eine von zwei bis drei Mädchen, die Reed pro Tag vernaschte, wenn man den Berichten glauben will.

Dass Oleg, sein langjähriger Dolmetscher, ein Mann des KGB gewesen ist, wird man ungeprüft als Tatsache hinnehmen, wenn man sowjetische Verhältnisse kennt. Ein frei und unbeobachtet herumreisender Amerikaner – das war in einem Land unvorstellbar, in dem selbst Touristengruppen aus der DDR nicht ohne Aufpasser blieben. Im Apparat des ZK war es Georgi Arbatow, der sich um Dean kümmerte.

Als Reed sich in der DDR ansiedelte, hieß es allgemein, er sei aus der Sowjetunion gekommen. Wie so viele Gerüchte stimmte auch dieses nicht. Reed hat niemals für längere Zeit im Vaterland der Werktätigen gelebt und keinen einzigen Spielfilm dort produziert. Ein Fernsehfilm zeigt ihn singend auf dem fahrenden Zug der Transsibirischen Eisenbahn, auf einem Riesentruck, der eine Brücke in der Taiga überquert, und bei Kunststückchen auf einem Motorrad. Für Dean Reed agierte nie ein Stuntman. Er fiel vom Motorrad und brach sich eine Rippe. Sollte das der »schwere Unfall« gewesen sein, von dem Nyta Doval zu berichten weiß, in dessen Folge Dean einer »Gehirnwäsche« unterzogen worden sein soll?

Dean liebte die Sowjetunion. Fünf seiner Langspielplatten wurden in Moskau aufgenommen, musikästhetisch dem Geschmack des Landes angepasst und mit sowjetischem Aufnahmestandard. Einige davon erschienen in der DDR als Lizenzausgaben der Firma Melodija. Später zog er es vor, seine Platten bei Supraphon in Prag zu produzieren. Nur eine LP entstand neben etlichen Singles in der DDR.

4

1966/67 ließ sich Reed mit seiner Frau Patty in Rom nieder, wo die Studios von Cinecitta ihm in den nächsten Jahren ausreichende Arbeitsmöglichkeiten boten. »Sein Colt fegte alle zur Hölle«, »Buckaroo« (1967), »Zorros Neffen« (1968), »Die Chrysanthemen-Bande« und »Der Tod klopft zweimal« (1969), »Die Piraten der Grünen Insel«, »Adios Sabata«, »Zwanzig Stufen zum Tode«, »Der Vollstrecker« (1970), »Vier Schlitzohren auf dem Weg zur Hölle« und »Fäuste, Bohnen und ... Karate« (1972) hießen die B-Movies, in denen Reed u. a. neben Anita Ekberg, Nadja Tiller und Ringo Starr vor der Kamera stand. Als Gegenspieler von Yul Brunner musste er in einer Szene von Adios Sabata in einer Mulde im Flussbett stehen, um nicht größer als der Star zu wirken. Darauf gehen angeblich die Größen-

änderung in seinem Pass von 1970 und eine Auseinandersetzung mit Brunner in Santo Domingo zurück.
Auch in Italien, unter den harten Bedingungen des täglichen Filmgeschäfts, verstummte Reeds soziales Gewissen nicht. Immerhin spielte er den schwarzen Rächer Zorro. Als sich die technischen Mitarbeiter der Filmcrew wegen der Bezahlung ihrer ausstehenden Löhne um Hilfe an ihn wandten, hatte Dean eine echt Reedsche Idee. Er täuschte seine eigene Entführung vor. Freilassung nur gegen Zahlung der ausstehenden Löhne. Es soll reibungslos funktioniert haben – erzählte Reed.
Am 2. Mai 1968 wurde Reeds Tochter Ramona Chimene Guevara Price Reed geboren. In einem Brief, den der stolze Vater zwei Tage danach schrieb, erklärte er ihr auf seine überschwenglich-pathetische Art, die noch seine letzten Zeilen als unverwechselbar von seiner Hand erkennen lässt, die Bedeutung jedes einzelnen Namens. Da ist vom tapferen und mutigen Kampf der Indianer die Rede, wie er in Helen Hunt-Jacksons berühmtem Buch »Ramona« geschildert wird, vom weißen Schlachtross und der wunderschönen Frau Chimene des tapferen »El Cid«, von Che Guevara, der sein Leben gelebt habe, um der ganzen Menschheit zu dienen, von Paton Price, der sein Leben der Suche nach der Wahrheit widmete, und von der Ehrlichkeit und Unbescholtenheit des Großvaters Reed. Auch für seine Frau Patty fand Reed hochherzige Worte:

»Sie, die mir die Kraft zum Kämpfen gab. Sie, von der ich gelernt habe, was Liebe ist, was gegenseitige Achtung und Geduld bedeuten. Sie, die verstanden hat, dass ich mit meinem Eintreten für ein besseres Leben der Menschheit auch eine Verpflichtung erfülle ihr gegenüber und Dir, Ramona, die ihr beide Teil dieser Menschheit seid.«

Zwei Jahre später wurde die Ehe in Santo Domingo geschieden. Den Tipp, diesen Ort für eine schnelle und bequeme Trennung zu wählen, soll ihm Jane Fonda gegeben haben.
Es waren die Jahre, in denen Dean Reed ruhelos zwischen Südamerika, Italien und der Sowjetunion herumreiste; Jahre, in denen sich seine politischen Aktivitäten verstärkten, während sich die Musik und ihr Publikum in den USA grundlegend wandelten. Es war die Zeit von Flower-Power und Woodstock, und Dean war fern von dort, wenngleich er die politischen Intentionen der jungen Amerikaner zu teilen schien. In Rom nahm er an einer Protestaktion vor der US-Botschaft teil. Er wurde festgenommen und verlor seine Arbeits-

erlaubnis für Italien. Auch in Chile verhaftete man ihn vor dem US-Konsulat. In Buenos Aires, wohin er 1971 auf Umwegen reiste, wurde er nach einer Pressekonferenz festgenommen und verbrachte drei Wochen in Haft. Natürlich sang er auch dort für die Häftlinge, und er hatte panische Angst davor, zu den Homosexuellen gesperrt zu werden, die johlend nach ihm verlangten.
Er unternahm ausgedehnte Konzertreisen durch die Sowjetunion und trat 1968 sogar in der Mongolei auf. Er sah mehr von Breshnews riesigem Reich als die meisten anderen Ausländer, aber er sah eben auch nur das, was man ihm zeigen wollte. Oder das, was er sehen wollte?
»Er studierte Marxismus-Leninismus«, nimmt Reggie Nadelson an, und tatsächlich beschäftigte sich Dean ernsthaft mit den theoretischen Grundlagen seiner neu gewonnenen Weltanschauung und bezeichnete sich als Marxist. In seinen politischen Statements, zu denen er sich jederzeit und überall verpflichtet fühlte, klingt der Enthusiasmus des Konvertiten mit. An der Kremlmauer ließ er sich am Grab seines Namensvetters John Reed (1887–1920) fotografieren, des amerikanischen Journalisten, der »Zehn Tage, die die Welt erschütterten« schrieb, die erste »wahrheitsgetreue und äußerst lebendige Darstellung« (Lenin) der Oktoberrevolution. Erst nach Stalins Tod durfte das Buch wieder in der Sowjetunion (und in der DDR) erscheinen. Louise Bryant, die Witwe John Reeds, heiratete später den ersten amerikanischen Botschafter in Moskau.
Als der sowjetische Regisseur Sergej Bondartschuk plante, John Reeds Leben zu verfilmen, wollte Dean die Hauptrolle spielen. Bondartschuk aber fuhr nach Kalifornien und bot die Rolle Warren Beatty an. Der drehte 1981 »Reds«, seine eigene Version über John Reed. Der Film, in dem Beatty Regie und Hauptrolle übernahm, wurde mit drei Oscars ausgezeichnet.
Glaubt man Beattys Filmversion, die sich eng an Reeds Leben hält, so war der Journalist (und Gründer der Kommunistischen Arbeiterpartei in den USA, um deren Anerkennung er in Moskau vergeblich kämpfte) ein wortgewaltiger Agitator. Auch sein später Nachfahre Dean liebte es, wortreiche, mitunter geradezu messianische Botschaften zu verkünden, an die er ohne Zweifel glaubte. Deans Friedenslied von 1970 beispielsweise hat elf Strophen und erinnert in seinem Agit-Prop-Duktus an die Anti-Adenauer-Songs, die man in den frühen fünfziger Jahren in der DDR zu popularisieren versuchte.

Dean Reeds offener Brief an den Nobelpreisträger Alexander Solschenizyn, den die sowjetische Massenillustrierte *Ogonjok* 1971 abdruckte, war hingegen kurz:
»Mr Solzhenitsyn, die Gesellschaft meines Landes, nicht die des Ihren ist krank. Die Prinzipien, auf denen Ihre (Sowjet-)Union beruht, sind gesund, rein und gerecht, während die Prinzipien unseres Landes grausam, selbstsüchtig und ungerecht sind.«
Im November des gleichen Jahres kam der Mann, der sich durch solche markigen Worte im sozialistischen Lager beliebt gemacht hatte, zum ersten Mal in die DDR. Im Vorjahr hatte er in Chile den Wahlkampf der Unidad Popular für Salvador Allende unterstützt. Am 1. September 1970, eine Woche vor dem Wahlsieg Allendes, wusch er in einer spektakulären Aktion vor dem amerikanischen Konsulat in Santiago symbolisch ein blutbeflecktes Sternenbanner und wurde verhaftet.
Neun Wochen später war er Ehrengast bei der Amtseinführung des demokratisch gewählten chilenischen Präsidenten, der von Anfang an gegen heftigen Widerstand anzukämpfen hatte. Dean Reed reiste vier Monate lang durch das Land und trat auf Veranstaltungen für die Unidad Popular auf. Auf dem Leipziger Dokumentarfilmfestival 1971 stellte er seinen Chile-Film vor.
Bei dieser Gelegenheit dolmetschte Victor Grossman – eigentlich Stephen Wechsler – zum ersten Mal für Dean Reed, ein aus New York stammender Amerikaner, der als junger Soldat 1952 in die DDR geflohen war. Grossman, in Reggie Nadelsons Buch einigermaßen gehässig dargestellt, gehörte zu der kleinen Gruppe von Amerikanern, die zum Teil schon während des Korea-Kriegs in Deutschlands Osten Asyl gefunden hatten. Der Sänger Aubrey Pankey und seine Frau lebten in der DDR, später auch der Cartoonist Oliver Harrington, zeitweise der Bigband-Arrangeur Billy Moore. Einige DDR-Amerikaner sind als in Westdeutschland agierende CIA-Leute in dem DEFA-Film »For eyes only« zu sehen, dessen Regisseur sich auf diese Weise um Authentizität in Sprache und Gestus bemühte. Den versoffenen amerikanischen Arzt, der die Befragungen am Lügendetektor zu überwachen hatte, spielte ein Mann, dem ein historisch gebildeter Stasi-Offizier den Namen John Reed verliehen hatte. Dieser Reed war Mitte der fünfziger Jahre in die DDR übergetreten, angeblich als amerikanischer Geheimdienstoffizier. Einen Weg zurück in die Staaten gab es für ihn nicht: Dem Verräter drohte der Prozess,

möglicherweise die Todesstrafe. Reed, der sich auf Rundfunk-Erfahrungen beim AFN Hawaii berief, arbeitete nach dem Journalistik-Studium in Leipzig beim englischsprachigen Dienst von Radio Berlin International. Niemand schien dem sympathischen Mann mit den lässigen Manieren des echten Amerikaners zu misstrauen, der mit einer deutschen Frau verheiratet war. Er fiel allenfalls durch seinen erhöhten Alkoholkonsum auf. Drei Jahre nach dem Bau der Mauer jedoch gelang es ihm – ungeachtet der angedrohten Strafe – auf abenteuerlichem Weg in den Westen zu fliehen.

Anthony Summers stieß bei den Recherchen zu seinem Report »J. F. K. Die Wahrheit über den Kennedy-Mord« im Zusammenhang mit Lee Oswalds Übertritt in die Sowjetunion auf amerikanische Überläufer in den Osten. Um die Behauptung zu überprüfen, der amerikanische Nachrichtendienst habe die Sowjetunion auf diesem Wege mit Agenten zu infiltrieren versucht, untersuchte Summers eine höchst unvollständige Liste dieser Überläufer.

»Dokumente des Außenministeriums und neuere Forschungen des Kongreßausschusses zeigen, daß in der Zeitspanne von 1945 bis 1959 nur zwei amerikanische Soldaten in die Sowjetunion oder nach Osteuropa übergelaufen sind. In den achtzehn Monaten bis 1960 wuchs die Zahl der Überläufer mit einer militärischen Vergangenheit plötzlich an. Fünf der Überläufer dienten in den in Westdeutschland stationierten Streitkräften. Zwei weitere waren ehemalige Marineinfanteristen, die bei der Nationalen Sicherheitsbehörde arbeiteten, einer ›sehr geheimen‹ Behörde, die mit dem Entschlüsseln ausländischer Codes beschäftigt war. Von den abtrünnigen Zivilisten hatte einer in der OSS (Office of Strategic Studies), dem Vorläufer der CIA, gedient, ein weiterer war ehemaliger Major der Luftwaffe ... Es ist ungewiß, wie sich das weitere Schicksal dieser Überläufer gestaltete ... Die CIA weigert sich, aus Gründen der ›nationalen Sicherheit‹, über die zwei Überläufer aus der Nationalen Sicherheitsbehörde Auskünfte zu geben. Von den restlichen sieben kehrten vier *nach einigen Jahren* in die Vereinigten Staaten zurück«.

Wie Lee Harvey Oswald. Und wie der falsche John Reed.

Unter diesem Aspekt betrachtet, war der ungediente Cowboy aus Denver ein vergleichsweise unbeschriebenes Blatt, als er den deutschen Arbeiter-und-Bauern-Staat im November 1971 zum ersten Mal und von seiner Zuckerguss-Seite kennenlernte. Dass sich außerdem die Staatssicherheit um ihn kümmerte, berührte Dean Reed kaum. Das Leipziger Dok-Filmfestival war neben den Messen die wichtigs-

te Möglichkeit für die Hauptverwaltung Aufklärung und für die Hauptabteilung II des MfS, internationale Kontakte zu knüpfen und zu pflegen.
Auf dem Empfang für die Gäste des Filmfestivals streckte eine blonde junge Frau Dean Reed ihr Sektglas entgegen. »You are the best-looking man in the world«, sagte sie in mühsamem Englisch. Die Antwort des schönsten Mannes der Welt verstand sie nicht. Victor Grossman musste dolmetschen. Doch das beeinträchtigte die jäh entflammte Liebe der beiden nicht. Während Dean wieder einmal durch die Sowjetunion tourte, begann Wiebke – so heißt die blonde Frau, die zu dieser Zeit noch mit einem Filmemacher aus der DDR verheiratet war – Englisch zu lernen.
Dean war immerhin so nachhaltig beeindruckt, dass er sie aus Moskau anrief. Bald darauf war er wieder in der DDR. Die DEFA hatte ihm die Hauptrolle in der Eichendorff-Verfilmung »Aus dem Leben eines Taugenichts« angetragen, und Dean hatte angenommen. Dass der vierunddreißigjährige athletische Amerikaner in der pseudoromantischen Film-Idylle nicht zu überzeugen vermochte, wunderte niemanden. Mit Dean waren keine berauschenden Filmerfolge zu erreichen, wie sich zeigen sollte. Doch er passte gut in die politische Landschaft des Landes. Das zählte.

5

Die Beziehung zu Wiebke dauerte an. Wiebke wurde schwanger, und sie lernte den gutaussehenden Mann allmählich besser und nicht nur von seinen vorteilhaften Seiten kennen. 1972, vor den Dreharbeiten für den »Taugenichts« in Rumänien, trennten sich die beiden, versöhnten sich jedoch bald wieder. Wiebke begleitete ihn zum Liederfestival ins polnische Ostseebad Sopot. Als er sie schließlich in Moskau fragte, ob sie seine Frau werden möchte, bat sie sich zwei Tage Bedenkzeit aus.
Im Sommer 1973 heirateten sie im sächsischen Döbeln; Dean auch an seinem Hochzeitstag zünftig in adlergeschmücktem Westernhemd. Immerhin ging es in der DDR gerade ein wenig internationaler zu. Die Zeit, in der eifrige und linientreue Pädagogen Oberschüler westlicher Jeans oder des falschen Haarschnitts wegen vom Unterricht ausschlossen, lag noch nicht lange zurück. Westliche Plastiktüten blieben bis zum Ende der DDR in den Schulen verpönt, und

mit der amerikanischen Musik hatte man in der DDR auch 1973 noch Probleme.
Der Sommer 1973 war die Zeit der X. Weltfestspiele in Berlin; zwei amerikanische Friedenskämpfer, Vertreter des »anderen Amerika«, gehörten zu den Stars dieser Festspiele: die schwarze Bürgerrechtskämpferin Angela Davis – und Dean Reed, der am Rande des Festivals für eine Stunde mit seiner Tochter Ramona zusammentraf.
Das Sicherheitsaufgebot in der Hauptstadt der DDR war unübersehbar. Tage vor der Eröffnung des Festivals kursierte der Witz, die Weltfestspiele fielen aus, es fände lediglich ein Treffen der Sicherheitskräfte mit internationaler Beteiligung statt.
Dennoch: Die DDR schien sich nach der breiten Anerkennungswelle ein wenig zu öffnen. Honecker, von dessen Amtsübernahme sich die Genossen, die den blassen Saarländer und seinen mangelnden Intellekt kannten, wenig versprochen hatten, avancierte überraschend zu einer Art Hoffnungsträger, der bereitwillig die Fehler seines Vorgängers Ulbricht einräumte. Er sollte seine Gläubigen schnell genug enttäuschen. Mit der Kultur begann es. Der Rasen, auf dem angeblich viele Blumen blühen durften, wurde bald kurzgeschoren und plattgetreten.
Am 21. Juli 1973 stellte Dean Reed den Antrag, sich auf unbestimmte Zeit in der DDR niederlassen zu wollen und für das Ministerium für Kultur tätig zu sein. Es war das erste Mal, dass er als US-Bürger einen solchen Antrag stellen musste. Einen Monat später entschied die »Ständige Arbeitsgruppe Ausländerfragen« beim Ministerium des Innern der DDR (in Wahrheit aber die Stasi): »Die Genehmigung seines Gesuches liegt im staatlichen Interesse.«
Hat Reed diese freiwillige Wahl seines Aufenthaltsortes jemals bereut? Für ihn galten die strengen Reisebeschränkungen nicht, denen die DDR-Bürger unterlagen. Gemeinsam mit Wiebke konnte er in die USA fliegen. Zehn Jahre war er nicht dort gewesen. Er stellte der Mutter, die inzwischen auf Hawaii lebte, seine neue Frau vor. In San Francisco sah er Ramona wieder. Das Ehepaar besuchte New York und flog weiter nach Kuba, wo Reed hoffte, Fidel Castro zu treffen. Er hatte ein Faible dafür, die revolutionären Führer dieser Welt zu treffen – und sich mit ihnen fotografieren zu lassen. Leider war Castro nicht in Havanna. Die Reeds waren dennoch begeistert von Kuba, besonders von der Musik. Und davon, dass es auf der Insel nicht den überall in Lateinamerika sichtbaren Kontrast zwischen Arm und

Reich gab. In jenen Jahren schien Kuba die Vorteile des realen Sozialismus zu genießen. Und Reed war bereit, nur diese Vorteile zu sehen. In Kuba wie in der DDR, die er allmählich als seine zweite Heimat empfand. Zehn Jahre nach seiner Einreise stellte er rückschauend fest,

»dass ich sehr froh darüber war, in ein sozialistisches Land zu kommen. Denn ich war neugierig darauf, wie die Menschen im Sozialismus leben ... Ich ... war neugierig auf den sozialistischen Alltag. Heute kann ich sagen, dass ich ihn kennen- und liebengelernt habe, mit all seinen Freuden und all seinen Problemen. Und abgesehen davon, dass mich natürlich manchmal Sehnsucht nach meinem Heimatland, den Vereinigten Staaten, befällt, bin ich froh, dass ich in der sozialistischen DDR ein Zuhause gefunden habe. Noch nie zuvor in meinem Leben habe ich so viele Möglichkeiten gehabt, meine künstlerischen Absichten zu verwirklichen, sei es als Sänger und Schauspieler, als Drehbuchautor und als Filmregisseur. Dafür danke ich dem Volk und der Regierung meines Gastgeberlandes aus ganzem Herzen, dafür danke ich meinen Freunden von der Freien Deutschen Jugend, dafür danke ich allen Bürgern, denen ich, so hoffe ich, trotz meiner amerikanischen Staatsangehörigkeit ein Mitbürger geworden bin.«

Hat er den sozialistischen Alltag seiner Mitbürger wirklich in seiner ganzen Schönheit kennen- und auch noch liebengelernt? Als – für DDR-Verhältnisse – sehr gut bezahlter Filmstar genoss er nicht nur materielle Privilegien. Seine Freunde saßen überall im Apparat der DEFA, der Medien und anderer Institutionen; wer einmal mit dem kommunikationsfreudigen Amerikaner zu tun gehabt hatte, fühlte sich ihm verpflichtet. In der Abteilung Agitation des Zentralkomitees der SED war Eberhard Fensch für Künstler dieses Kalibers zuständig, nach Joachim Herrmann oberster Kriegsherr der elektronischen Medien. Mit Fensch verband Reed bald eine persönliche Freundschaft, die ihm in mancher Situation zugute kam – wenn es beispielsweise um die Alimente für seine Tochter Ramona ging, die in Dollars zu zahlen waren. Die waren nun einmal knapp in der DDR, selbst für einen Künstler wie Reed. Nur seine amerikanische Managerin Dixie Lloyd suchte nach Reeds Tod nach einem angeblichen Konto in Westberlin, auf dem sich 300 000 Dollar befinden sollten.

Eberhard Fensch, der in Reeds Leben bis zum letzten Tag eine wichtige Rolle spielen sollte, war einer der jüngeren Kader im Apparat des

ZK. Er kam aus der vorpommerschen FDJ und stieg als Wirtschaftsredakteur beim Rundfunk bis zum Chefredakteur von Radio DDR auf. Ohne Zweifel intelligenter und mit mehr kritischem Verstand begabt als viele Genossen, im Kollegenkreis nicht unbeliebt und überdies musisch veranlagt, galt er im Rundfunk als ein möglicher Nachfolger für den 1980 verstorbenen Vorsitzenden des Staatlichen Komitees, Rudi Singer. Dazu kam es jedoch nicht. Komiteevorsitzender wurde der Parteisekretär des Rundfunks, ein mittelmäßiger Journalist, der auf diese Weise seine Parteikarriere krönte und schnell die Attitüde des Haustyrannen annahm. Seiner Funktion entsprechend stieg er ins ZK der SED auf.

Eberhard Fensch war von Werner Lamberz in die Abteilung Agitation berufen worden; eine Entscheidung, die durchaus im Sinne einer planmäßigen Erneuerung der Medienpolitik zu interpretieren war. In der eisigen Höhenluft des ZK verlor Fensch bald die sympathischen Züge, die man ihm bis dahin nachgesagt hatte. Nach Lamberz' Tod sank er unter Joachim Herrmanns Herrschaft zum Erfüllungsgehilfen im einfallslosen Honecker-Herrmannschen Medieneinerlei herab. Am Ende der DDR sah er sich – gerade von einer Galleoperation genesen – gemeinsam mit dem Fernsehchef Adameck den Hasstiraden seines Vorgesetzten ausgeliefert, der die für den 7. Oktober 1989 vorgesehene Ausstrahlung des DEFA-Films »Einer trage des anderen Last« als konterrevolutionär empfand. In seinem Buch »So und nur noch besser. Wie Honecker das Fernsehen wollte« berichtet er darüber und über seinen Freund Dean Reed.

Fensch zählte neben dem Conferencier Heinz Quermann, dem Chef des Rundfunktanzorchesters Martin Hoffmann und manch anderem DDR-Prominenten zu Dean Reeds engerem Freundeskreis. Dass über Fensch die direkte Linie zu Generalleutnant Paul Kienberg verlief, Chef der Hauptabteilung XX im Ministerium für Staatssicherheit, wird Reed ebenfalls gewusst haben. Die HA XX war zuständig für die Sicherung im Staatsapparat, in den Parteien, Organisationen und Kirchen – und natürlich in Kunst und Kultur – und für die Bekämpfung des »politischen Untergrunds«. Kienberg wiederum, einer der dienstältesten Hauptabteilungsleiter im MfS, war ein enger Freund von Egon Krenz, der viel für Reed übrig hatte. Für ihren BBC-Film interviewte Reggie Nadelson den ewig gestrigen *Bild*-Autor Krenz, der prompt einige Plattitüden über sein Verständnis von Polit-Rock absonderte.

Bezeichnenderweise kommt Eberhard Fensch (Journalistenspruch: Man ist ja schließlich auch nur ein Fensch ...) in Reggie Nadelsons Biografie ebenso wenig vor wie andere wichtige Personen aus Reeds großem Freundes- und Bekanntenkreis.

6

Trotz des Misserfolgs als »Taugenichts« bot die DEFA Dean Reed weitere Hauptrollen an. In »Kit & Co«, einer Jack-London-Adaption, deren Alaska-Szenen in der Sowjetunion gedreht wurden, spielte er zum ersten Mal mit Renate Blume und mit Manfred Krug. Die beiden singenden Schauspieler mochten sich auf Anhieb nicht. In »Blutsbrüder« stand Dean neben seinem späteren Rivalen Gojko Mitic vor der Kamera.
1976 wurde die Tochter Natascha geboren. Da wohnte er mit Wiebke schon in dem Haus auf der Halbinsel Rauchfangswerder, im südlichsten, idyllischen Zipfel der DDR-Hauptstadt am Zeuthener See. Die Ehe mit Wiebke blieb nicht ohne Probleme. Glaubt man Reggie Nadelson, so ging der Macho in Cowboykluft, der ewig die gleichen Lieder sang und sich selbst bewunderte, der an Selbständigkeit und Kultur gewöhnten Frau allmählich auf die Nerven. »Er sieht aus wie ein dressierter Affe«, hätte ihr erster Mann gesagt.
Reeds Freunde sprechen noch heute ungern über seine negativen Charakterzüge und streichen seine guten Seiten heraus: seine offenherzige und zuverlässige Freundschaft, seine Aufrichtigkeit und Hilfsbereitschaft. Und alle erwähnen seinen – übertriebenen – Gerechtigkeitssinn. Als sein DDR-Biograf nach Deans Schwächen fahndete, um die manchmal schier unerträgliche Lobhudelei des Textes ein wenig glaubhafter erscheinen zu lassen, fand er nur Deans amerikanische Essgewohnheiten, seinen Hang zur Unordnung und seine Abneigung gegen das Rasenmähen.
Wiebke, die sich Frau Nadelson gegenüber sehr freimütig äußerte, schob manches in Deans Charakter auf sein Sternbild. Eine Jungfrau. Ein eigensinniger, besessener Perfektionist, unberechenbar und unbeständig, ein Mann, der keinen Widerspruch ertrug und nie lernte, mit den kleinen Widrigkeiten des Alltags zu leben. Seine Stimmung konnte in Sekunden wechseln. Er versank in Wut und Verzweiflung, als einmal die bestellten Kinokarten nicht an der Kasse bereitlagen; aus geringfügigen Anlässen schlug er mit den Fäusten

Während eines Auftritts zum Fest der Jugend, 1976

gegen Wände und Möbel. Sein mitunter ausgesprochen infantiles Gehabe fiel auf.
Hingegen war Dean, was das Show-Business anging, ein gewiefter Profi. Seiner Bildung und Herkunft entsprechend aber blieb er ein Durchschnittsamerikaner, geistig anspruchslos wie die Protagonisten der Dynastie-Serie aus seiner Geburtstadt. Er mochte kaum Musik außer der eigenen, allenfalls noch den Oktoberclub oder die Puhdys; er ging nie ins Theater oder in die Oper. Bücher las er nur gelegentlich: über Politik. Kaum Belletristik, obwohl er Mark Twain, Ernest Hemingway, Romain Rolland und einen in den USA lebenden libanesischen Autor als seine Lieblingsschriftsteller angab. Er interessierte sich nicht einmal für Sport und hatte auch sonst kein Hobby. »Sex und Politik. Das war alles, woran er interessiert war«, teilte Wiebke der überraschten Reggie Nadelson mit.
Dennoch nahm Wiebke in den Prager Supraphon-Studios mit ihrem Mann einen seiner selbstkomponierten Songs auf: »Together«. »Tell

me, you love me«, forderte Dean auf der Platte, und Wiebke bestätigte ihm, dass sie ihn liebe, brauche und achte ... Reggie Nadelson hatte Mühe, ihr Lachen zu unterdrücken, als Wiebke ihr das gefühlsduselige Werk vorspielte.
Indessen schleppte der schöne Ehemann, der auf jede Weise bewundert und geachtet sein wollte, seiner Frau wöchentlich irgendwelche Mädchen ins Haus, denen sie das Kochen beibringen sollte. »Er mochte mein Gulasch«, sagt Wiebke. Ansonsten hatte Reed seinen amerikanischen Geschmack behalten und vermisste in der DDR am meisten die geliebten Hamburger. Vor einem Auftritt in Wien fuhr er vom Flughafen zuerst einmal zu McDonald's.
Seit 1975 flog Dean immer wieder nach Prag. Dort war der Sänger Václav Neckár sein bester Freund; keineswegs ein so systemkonformer Mann wie die meisten von Deans Freunden in der DDR. Neckár erzählte Reggie Nadelson, dass Dean mehrfach Auseinandersetzungen mit den Offiziellen von Pragoconcert hatte, die einmal sogar versuchten, ihn um den in harter Währung vereinbarten Honoraranteil zu betrügen.
In Berlin verschlechterten sich die Beziehungen zu Wiebke. Schließlich forderte er sie in einem Brief auf, das Haus zu verlassen. Angeblich nutzte er nicht einmal seine vielfältigen Beziehungen, um ihr eine Wohnung zu besorgen. Dennoch lebte Wiebke mit der zweijährigen Tochter bald in einem komfortablen Haus auf der anderen Seite des Zeuthener Sees. Reggie Nadelson fragte sich, wie die alleinstehende Wiebke zu dem Haus mit dem Swimmingpool kam, und schob eine Stasi-Story nach, die Deans russischer Dolmetscher Oleg Smirnow angeblich schon 1978 von Dean erfahren haben wollte.
Zu jener Zeit interessierte sich neben Kienbergs HA XX auch die Hauptabteilung II des MfS für Dean Reed, unter Generalleutnant Kratsch zuständig für Spionageabwehr, ausländische Botschaften und Journalisten und später für Ausländer überhaupt. Für Kratschs Leute war der auf Dauer in der DDR ansässige amerikanische Künstler, der wegen seiner Pass- und Steuerangelegenheiten über Kontakte zur US-Botschaft verfügte, von besonderem Interesse. Im April 1976 entwickelte der für das Arbeitsgebiet zuständige Hauptmann Sa. einen ersten Plan zur Kontaktaufnahme mit Reed. Sa. war Reed bereits 1974 durch den IM »Mike« vorgestellt worden. Erst im Juli 1977 genehmigte Sa.s Vorgesetzter He. die inzwischen präzisierte Planung. Es kam zu mehreren Treffen mit Reed, an denen schließlich auch ein

Oberstleutnant Fie. beteiligt war, der von Reed nicht nur Informationen über die US-Botschaft zu erlangen gedachte. Reed erwies sich bis zu einem gewissen Punkt als ein recht aufgeschlossener Informant, an dem die Stasi nichts auszusetzen hatte. Nicht einmal an seinem Verlangen, Mischa Wolf persönlich sprechen zu wollen. »Negative Hinweise« über Reed lagen nicht vor. Anlässlich der Überprüfung als »Einsatzkader« zu den XI. Weltfestspielen 1978 in Kuba« bescheinigte man ihm:

> »Er vertritt einen klaren politischen Standpunkt, stellt sich auf den Boden unserer Gesellschaftsordnung und setzt sich vor allem für die antiimperialistische Befreiungsbewegung in der Welt ein. Es wurden keine Anzeichen bekannt, daß er sich mit politisch negativen Kräften unter Künstlern in der DDR solidarisiert. R. hat in der DDR eine gesicherte Existenz und ließ bisher nicht erkennen, daß er unseren Staat wieder verlassen will.«

7

Inzwischen war Dean, nicht zuletzt dank der Fürsprache seiner einflussreichen Freunde im ZK, für die DDR-Medien eine wichtige Persönlichkeit geworden. Er schrieb für das Fernsehen der DDR ein Drehbuch über den Mann, mit dem er in Allendes Chile gemeinsam aufgetreten war und den er als seinen Freund und Kampfgenossen betrachtete: Victor Jara. Pinochets Schergen hatten ihn bald nach ihrer Machtübernahme umgebracht. »El Cantor« heißt der Film über den in Chile ungeheuer populären Sänger. Der TV-erfahrene Szenarist Wolfgang Ebeling überarbeitete Reeds Buch. Hauptdarsteller und Regie: Dean Reed.
Die Geschichte eines Sängers der Revolution, der für seine Ideale stirbt. Einen solchen Tod wünschte sich auch Dean Reed, wie er mehrfach äußerte. Er hatte sich die Rolle auf den Leib geschrieben, in die er sich so sehr einlebte, dass er »Victor« als Decknamen wählte, falls er mit den Genossen der Abwehr Kontakt aufnehmen wollte.
»El Cantor« wurde an der bulgarischen Schwarzmeerküste gedreht; die Massenszenen mit Pinochets Streitkräften übernahm die bulgarische Volksarmee. Allendes Außenminister Clodomiro Almeyda, die Sängerin Isabel Parra und etliche andere Persönlichkeiten des chilenischen Exils in Europa spielten sich selbst. Dean Reed jedoch entging weder als Darsteller noch als Regisseur seinem größten Fehler:

dem aufgesetzten Pathos, das er für revolutionäres Feuer hielt. Als Sänger erreichte er Jara nicht annähernd.
Wie nicht anders zu erwarten, erhielt »El Cantor« in der DDR durchweg positive Kritiken, fand überraschenderweise aber auch im Westen Anerkennung. Der Film bestätigte nachdrücklich Dean Reeds Engagement als eminent politischer Künstler. In den folgenden Jahren scheute er vor keinem Risiko und auch nicht vor finanziellen Opfern zurück, um diese selbst gewählte Rolle im Film wie im Leben zu verkörpern. Während der Berliner Weltfestspiele 1973 hatte er Jassir Arafat kennengelernt; Ende 1977 flog er auf dessen Einladung in den Libanon, um den PLO-Chef wiederzutreffen. Er sang für die Fedajin und ging mit ihnen in die vordersten Stellungen, bewaffnet mit einer Maschinenpistole und mit Handgranaten. Es war ganz ohne Zweifel ein gefährliches Unterfangen, auf das er sich einließ. So nahe war er dem Krieg, den er so leidenschaftlich mit Worten und Liedern bekämpfte, nie gewesen. Glücklicherweise passierte ihm nichts. Er wurde nur fotografiert, bewaffnet und unbewaffnet, singend im Kreise der Palästinenser. Auch zusammen mit Jassir Arafat, den er zweimal traf.
Arafat, der gewiss wenig Sympathie für die USA empfand, betrachtete Dean als einen Freund und Verbündeten. Einen Verbündeten,

Dean Reed und Jassir Arafat

dessen Möglichkeiten er überschätzte. Er bat Dean, einen Film über den Kampf der Palästinenser zu machen, und sicherte seine politische und finanzielle Unterstützung für das Projekt zu. Dean versprach ihm den Film.
In die DDR zurückgekehrt, verfasste er neben einem Bericht für die Illustrierte *NBI* in kürzester Frist ein Drehbuch mit dem Titel »Tell Zaatar« – der Name eines palästinensischen Flüchtlingslagers. Nach einem Gespräch mit dem Chefideologen im Politbüro der SED, Kurt Hager, übergab er das Buch dem DEFA-Direktor Hans Dieter Mäde und schickte Arafat eine Kopie. Nach seinen Vorstellungen sollte der Film von einem italienischen Produzenten mit einer internationalen Besetzung, dem Drehstab und den technischen Mitteln der DEFA noch im Herbst 1978 realisiert werden.
»Doch die komplizierte Situation im Libanon hat es unmöglich gemacht, daß der Film wie vorgesehen, an den Originalschauplätzen gedreht werden konnte«, heißt es dazu lapidar in Reeds DDR-Biografie. Daran hatte Reed nie gedacht. Die Bauchschmerzen der DEFA-Verantwortlichen waren eher grundsätzlicher Natur, wie aus einem Brief Mädes an Kurt Hager vom Juni 1978 hervorgeht:
»Ausgehend von seinem Besuch bei der PLO am Ende des vergangenen Jahres hat Dean Reed die Geschichte der Liquidierung des Flüchtlingslagers Tell Zaatar darzustellen versucht.
Bei aller Aktualität des Brennpunktes Naher Osten sind wir um mögliche Wirkungen besorgt, wenn wir ein solches Projekt realisieren; denn
1. ist die Geschichte – wie es der Gegenstand nahelegt – im wesentlichen als eine heroische L e i d e n s g e s c h i c h t e notiert und dies leider mit mancherlei naturalistischen Beifügungen, Blut, Sterben, detailliert vorgeführte medizinische Operationen u.ä.;
2. ist gerade der Prozeß, zu dem Bürger unseres Landes viele Fragen haben: das komplizierte Ringen um Einheit auf prinzipieller Grundlage, gänzlich ausgespart. Die patriotische Einheit wird »einfach gesetzt«;
3. ist es für uns überhaupt schwer einschätzbar, ob die direkte Darstellung des politischen und militärischen Geschehens im Libanon, eine solche Art des unverschlüsselten »Eingreifens« der gegenwärtigen Situation angemessen ist.
(Dean Reed schwebt vor, mit zum Teil internationaler Besetzung den Film unter direkter Mitverantwortung und Mitfinanzierung durch die PLO etwa in Libyen zu produzieren. Er hat gleichzeitig mit der Übergabe an uns auch ein Exemplar an Yasser Arafat persönlich übersandt.)

Ich bitte Dich herzlich, das Szenarium lesen zu lassen, weil wir, belehrt durch jüngere Erfahrungen, gerade auf diesem Feld keinen Fehler machen möchten. Ich habe gleichlautend auch Genossen Axen um seinen Rat gebeten.«

Hermann Axen, ZK-Sekretär für internationale Beziehungen, dürfte sich wie alle anderen Beteiligten in dieser vertraulichen Angelegenheit gegen Reeds Projekt ausgesprochen haben. Die Qualität des Drehbuchs wird dabei die geringste Rolle gespielt haben. Auf dem schlüpfrigen internationalen Parkett einen Fehler zu machen, wog hundertmal schwerer als ein schlechter Film mehr im Repertoire.

Dem DEFA-Generaldirektor, der Reed bereits während der Internationalen Filmfestspiele in Karlovy Vary über die Schwierigkeiten des Projekts informiert hatte, blieb die Formulierung der endgültigen Ablehnung überlassen:

»Ich habe versprochen zu schreiben, wenn sich neue Gesichtspunkte ergeben. Inzwischen haben sich Sorgen, über die ich in Karlovy Vary gesprochen habe, verstärkt und ich bin zu der Meinung gekommen, daß wir den Film nicht machen sollten. Die Gründe sind in einem Brief nicht zu beschreiben. Wir werden nach Deiner Rückkehr ausführlich darüber sprechen. Aber ich wollte, daß Du weißt, wie die Dinge liegen. Bei dieser Begegnung nach Deiner Rückkehr werden wir auch über andere Projekte, die Du im Auge hast, konstruktiv weiter beraten.«

Reed mag sich von diesem Versprechen einer konstruktiven Beratung etwas erhofft haben; für den gelernten DDR-Bürger, darin geübt, Zwischentöne und Andeutungen zu entschlüsseln, handelte es sich um eine schlecht kaschierte Generalabsage. Tatsächlich drehte Reed erst drei Jahre später wieder einen Film bei der DEFA.

Möglicherweise aber verstand er besser als erwartet und zog daraus sogar Konsequenzen – zum ersten und wahrscheinlich einzigen Mal während der dreizehn Jahre in der DDR. Er kündigte dem MfS die Freundschaft und an höchster Stelle »im ZK (Büro Honecker) Beschwerde« über die für ihn undurchsichtigen Machenschaften des MfS bezüglich der PLO. Verärgert wies Generalmajor Kratsch, Leiter der Abteilung II, im November 1978 an, »die Zusammenarbeit mit R. abzubrechen. Auch bei Anrufen des R. keine weiteren Treffs organisieren.« Dazu hieß es: »Aus diesem Grunde wurde zu ihm befehlsgemäß der Kontakt abgebrochen.«

8

Das Jahr 1978 war trotz der Trennung von Wiebke und trotz des Ärgers über das gescheiterte Filmprojekt für Reed kein verlorenes Jahr. Er reiste wieder einmal in die Sowjetunion, nahm als Ehrengast am Komsomol-Kongress in Moskau teil und traf seinen Freund und Förderer Boris Pastuchow, einen typischen Apparatschik der Breshnew-Ära. Im Sommer war der Sänger unter den handverlesenen Mitgliedern der DDR-Delegation bei den Weltfestspielen in Havanna. Auf dem Flug nach und von Kuba gab es die von der DDR-Sicherheit gefürchteten Zwischenlandungen in Shannon oder Gander, wo öfter DDR-Bürger die Flucht ergriffen.

Von Reed war derlei nicht zu befürchten; er besaß noch immer seinen amerikanischen Pass und zahlte seine Steuern an den Internal Revenue Service in den USA. In Havanna trat er als markiger Internationalist und unerschrockener Kämpfer für die Gerechtigkeit auf. Die PLO-Delegation verteilte eine Platte mit zwei von Deans Liedern. Dean wurde wieder einmal so gefeiert, wie er es liebte.

Im Herbst verwirklichte er einen lange gehegten Plan und reiste in die USA, den Film »El Cantor« im Gepäck. Seine Mutter hatte ihn stets auf dem Laufenden gehalten, wenn Meldungen über ihn in der US-Presse aufgetaucht waren, wie etwa 1976 ein größerer Bericht im *People's Magazine*:

»Von der Berliner Mauer bis Sibirien ist Dean Reed aus Colorado der größte Star der Popmusik. Reed wird von Russen und Osteuropäern als bekanntester Amerikaner nach Präsident Ford und Henry Kissinger bezeichnet.«

Das stimmte, zumindest was die DDR anging, ganz gewiss nicht, aber für Dean konnte ein Lob nie übertrieben genug ausfallen. Insgeheim glaubte er noch immer, auch in den USA wieder ein großer Star werden zu können.

Er besuchte Paton Price und flog zu seinem Vater. Der hatte für die künstlerische Ader seines Sohns von jeher wenig Verständnis entwickelt; dessen politische Haltung aber ging ihm gänzlich gegen den Strich. Dennoch versöhnte er sich so weit mit Dean, dass sie gemeinsam zum Angeln gingen. »Ich spüre, dass ich seine Liebe und Achtung habe, und dass er mich jetzt mehr liebt als Vern oder Dale, aber er hat es mir nie gesagt«, schrieb Dean nach Berlin. War auch das nur Wunschdenken?

Eigentlich war er nach Amerika gekommen, um seinen Film an der Universität von Minneapolis vorzustellen. Es war ein heißer Herbst im sonst so friedlichen Minnesota; die Farmer protestierten gegen den Landraub durch den Energieriesen North West Coal Company. Erstmalig solidarisierten sich auch die Indianer mit den Farmern. In Delano, einer kleinen Ortschaft westlich von Minneapolis, war für den 29. Oktober eine Protestkundgebung angekündigt. Deans Freunde forderten ihn auf, dort zu singen. Sie brauchten ihn nicht zweimal zu bitten. Dean präsentierte sein reichhaltiges Repertoire an Liedern der Bürgerbewegung, und die Kundgebungsteilnehmer sangen mit. In neunundvierzig Polizeiautos aus Buffalo, dem Hauptort des Wright County, warteten Polizisten auf ihren Einsatz. Erst als die friedliche Demonstration sich auflöste, schritten sie ein. »Power to the People«, stand auf einem Schild, das Dean ihnen entgegenhielt: Die Macht dem Volk. Gegen diesen Anspruch ist das Establishment in aller Welt allergisch.

Dean Reed wurde zusammen mit neunzehn anderen Demonstranten verhaftet. Pressefotografen waren zur Stelle, als man ihn abführte und zum County-Gefängnis transportierte. Er kannte Gefängnisse in Argentinien, Chile und Italien. Diesmal hatte es ihn in seiner geliebten Heimat erwischt. Er verspürte wenig Lust, lange auf einen Prozess zu warten, aber Geld für eine Kaution besaß er nicht. Mit sechs inhaftierten Männern und drei Frauen trat Reed in den Hungerstreik. Nach elf Tagen begann der Prozess vor dem Kreisgericht in Buffalo. Die Anklage lautete auf »trespassing«, das widerrechtliche Betreten von Land, ein vergleichsweise harmloses Vergehen, das keine hohe Strafe erwarten ließ.

Täglich traf eine Flut von Protestschreiben und Telegrammen ein; Egon Krenz' Zentralrat der FDJ versicherte Reed im kämpferischen Propagandaton der fünfziger Jahre seiner Solidarität:

»Die Jugend unseres sozialistischen Vaterlandes, Deiner Wahlheimat, bewundert und achtet Deine leidenschaftliche Parteinahme für die Rechte der Arbeiter, Farmer, der vom Kapital unterdrückten und ausgebeuteten Menschen sowie Deinen Protest gegen die vom USA-Imperialismus verübten Verbrechen. Der Willkürakt der amerikanischen Behörden gegen Eure friedliche Demonstration in Buffalo zeigt einmal mehr das wahre, menschenfeindliche Gesicht des Imperialismus und entlarvt sein Gerede von der Freiheit und den Menschenrechten als das, was es ist: als pure Heuchelei ... Wir sind zu jeder Zeit an Deiner Seite. Freundschaft.«

Dean Reed im Gefängnis

Am 6. November veröffentlichte *Neues Deutschland* auf der ersten Seite das Telegramm, in dem Dean »das Volk der DDR und Erich Honecker« grüßte. Er schrieb kämpferische Briefe an EH und an den Chefideologen Kurt Hager.
Deans Mitangeklagte, vielleicht auch der Richter und die Jurymitglieder in dem Sechstausend-Seelen-Nest Buffalo waren überrascht und beeindruckt von dem Aufsehen und dem Medienecho, das der Prozess dank Dean Reeds internationaler Reputation hervorrief. Joan Baez und Pete Seeger protestierten in Telegrammen an Präsident Carter gegen Reeds Inhaftierung; aus Moskau sandten Dimitri Schostakowitsch und drei andere sowjetische Komponisten Protestschreiben. Im Gerichtssaal hielt Dean Reed eine flammende Verteidigungsrede, in der er sich auf die ehrenhafte amerikanische Tradition des zivilen Ungehorsams im Kampf gegen Ungerechtigkeit berief. Am 13. November 1978 verkündete der Vorsitzende der Jury deren einstimmigen Beschluss: Nicht schuldig. So steht es in Reeds DDR-Biografie. Reggie Nadelson hingegen zitiert die *New York Times* vom 11. November und behauptet, Dean hätte die Wahl zwischen einer Strafe von 500 Dollar oder drei Tagen Haft gehabt – und die Haftstrafe gewählt. Für seine Mitgefangenen hätte er jeden Morgen »Oh what a beautiful morning« gesungen.

Als ein aus den Klauen des imperialistischen Klassenfeindes befreiter Held kehrte Dean Reed in seine sozialistische Wahlheimat zurück, wo ein Transparent »Die Macht dem Volk« wie jede andere Form zivilen Widerstands gewiss eine schärfere Ahndung gefunden hätte als in Minnesota. Gerade hatte in der DDR eine neue Eiszeit eingesetzt; Klaus Poches Film »Geschlossene Gesellschaft« war im November 1978 unter das Verdikt der Partei gefallen. Mit Angriffen auf Stefan Heym und die Unterzeichner eines Briefes an Honecker wurde wenig später die vorletzte Runde im vergeblichen Kampf der Partei gegen die nach Biermanns Ausbürgerung zunehmend aufmüpfigen Künstler und Schriftsteller eingeläutet.

Dean indessen war zu Pfingsten 1979 der Star des Jugendfestivals der FDJ. »Wir sehen den Sieg begreifbar«, sang er vor Tausenden auf dem Bebel-Platz neben der Staatsoper, »wir sehen den Sieg schon hier. Hier geht es um den Menschen – und der sind wir.«

9

Deans neue große Liebe war die Schauspielerin Renate Blume, in erster Ehe mit dem Regisseur Frank Beyer verheiratet und dann mit Gojko Mitic liiert. In den Memoiren, die Mitic 1994 in der *SUPER illu* veröffentlichte, äußerte er sich befriedigt darüber, dass Dean ihm Renate weggenommen hätte, und bezeichnete sie als »eine sehr harte Frau, nicht so emotional wie ich«.

Renate Blume zog mit ihrem Sohn Alexander, genannt Sascha, in das Haus am Schmöckwitzer Damm. Am 22. September 1981, Deans dreiundvierzigstem Geburtstag, heirateten die beiden und feierten mit ihren Freunden auf einem Ausflugsdampfer der Berliner Weißen Flotte. Dean adoptierte Sascha; eigene Kinder konnte er nicht mehr zeugen, wie Reggie Nadelson mitzuteilen weiß. Nach Nataschas Geburt hatte er sich einer entsprechenden Operation unterzogen.

Der Sommer 1981 brachte noch einmal einen großen Erfolg für Dean Reed. Seine Filmklamotte »Sing, Cowboy, sing« war der Hit der Sommerfilmtage und wurde zum populärsten Film des Jahres gekürt. Wieder einmal hatte Dean auch das Drehbuch geschrieben und Regie geführt. »Mildwest in Babelsberg« nannte die *Wochenpost* das Lustspiel, das nicht in Babelsberg, sondern in Rumänien gedreht worden war und den Kritikern fast durchweg missfiel. Das Publikum in der DDR jedoch, bezüglich heiterer Filme nicht gerade verwöhnt, strömte in die Kinos und auf die Freilichtflächen, um Dean und seinen Partner Václav Neckár die unsterblichen Gags der Stummfilmzeit wiederholen zu sehen. Jeder fünfzehnte DDR-Bewohner guckte sich den Film an.

1983 spielte Dean Reed seine letzte Filmrolle in einer Koproduktion, die in seiner Biografie als Japan/West-Berlin angegeben wird. »Races« (Rennsaison) heißt der Film, in dem Reed u.a. neben dem jungen Patrick Steward und Claus-Theo Gärtner vor der Kamera stand, und den Reed-Biograf Ernsting als eine künstlerische Katastrophe bezeichnet, die niemand sehen mochte.

Ansonsten war Dean wie immer viel unterwegs. Nachdem er 1981 ein zweites Mal bei der PLO im Libanon gewesen war – nicht ohne vorsichtshalber einen Abschiedsbrief an Erich Honecker zu hinterlassen –, flog er im August 1983 von Moskau nach Südamerika. In seiner Begleitung befand sich der Dokumentarfilmregisseur Will Roberts, der Material für einen abendfüllenden Film über Dean Reed sammelte. Deans Mutter steuerte Geld für Roberts' Reise nach Chile und den Film bei. Der hatte außerdem eine Hypothek auf sein Haus aufgenommen.

In Chile zeigten sich nach zehn Jahren rechter Diktatur Risse in der Militärherrschaft Pinochets. Zum ersten Mal seit dem Putsch kam es zu größeren Massenaktionen gegen das Militärregime. Vier Tage nach dem 11. August, dem Nationalen Protesttag, der in Santiago 27 Todesopfer gefordert hatte, landeten Reed und Roberts auf dem Flugplatz der chilenischen Hauptstadt. Reed hielt es für seine Pflicht, seine Freunde und Genossen in dieser heißen Phase ihres Kampfes zu unterstützen. Feige war Dean Reed nie. Obwohl als Tourist in das Land eingereist, trat er vier Tage später auf einer Kundgebung der Bergarbeiter in Rancagua auf und sang das verbotene Lied der Unitad Popular: »Venceremos!«

Er sang es auch am nächsten Tag, der Verhaftung immer gewärtig, vor den Studenten der Universität Santiago. Er selbst berichtete:

»Meine Freunde waren sehr besorgt um mich, und zwischen meinen Auftritten, bei denen mich immer wieder viele Menschen vor der Polizei abschirmten, bin ich stets in irgendwelchen Wohnungen versteckt worden. Dort habe ich auch immer übernachtet, und nicht in den Hotels, wo man mich hätte leicht bespitzeln können.

Ich wollte unbedingt bis Sonntag, das war der 21. August, durchhalten; denn für diesen Tag hatte mich Santiagos Erzbischof Enrique Silva, ein entschiedener Gegner Pinochets, eingeladen, in einer großen Kirche in Santiago zu singen. Das aber war dem Diktator offenbar zu viel. Am Freitag umstellten etwa 60 Polizisten das Haus, in dem ich mich aufhielt, und nahmen mich fest. Ich sollte dann ein Revers unterschreiben, demzufolge ich das Land für immer zu verlassen hätte. Doch die zwei Worte ›für immer‹ passten mir nicht, und da ich wusste, dass man mich ohnehin abschieben würde, unterschrieb ich nicht.«

Auf Umwegen brachte man ihn zur abflugbereiten Maschine am Flughafen.

»Keiner sollte mich mehr sehen, keiner sollte mehr Gelegenheit haben, meine Abschiebung in eine Demonstration gegen das Regime umzuwandeln.«

Im April 1984 flog Reed nach Nicaragua, wo sich die sandinistische FSLN im Kampf gegen die Contras befand, und sang auch dort an vorderster Front. Er traf mit Daniel Ortega zusammen, der ein halbes Jahr später zum Präsidenten gewählt wurde, und mit dem späteren Kulturminister Ernesto Cardenal. In der Hauptstadt Managua sang er vor der US-Botschaft ein an Ronald Reagan adressiertes Nicaragualied:

»Sie haben eine Armee, die Unschuldige umbringt, die Menschen in Ketten schlägt. Sie haben Augen, aber sie können die Wirklichkeit nicht sehen. Wenn sie einen Nicaraguaner töten lassen, werden vier neue seinen Platz einnehmen, wenn sie vier töten lassen, werden hundert mehr für den Sieg kämpfen.«

Ein paar Jahre später erwies sich, dass Deans Rechnung nicht aufgegangen war. Zermürbt von sechs Jahren Krieg entschieden sich die Nicaraguaner in ihrer Mehrheit gegen die FSLN und Ortega.

Zu Hause in Berlin ging derweil das Leben weiter. Dean hatte sich ein Motorrad zugelegt und jagte in Zeuthen damit über die Motocross-Strecke. Im Sommer erholte er sich in seinem Ferienhaus auf der Insel Hiddensee. In das Haus am Schmöckwitzer Damm, mit dem geschnitzten R an einem Pfosten im Hof wie daheim in Colorado auf einer Ranch, kamen Besucher aus aller Welt, vor allem aus Amerika. Die Tochter Ramona verbrachte ihre Ferien in Rauchfangswerder. Auch Deans Mutter besuchte die Familie. 1975 war sie schon einmal als Delegierte beim Internationalen Frauenkongress in Ostberlin gewesen.

Und Deans Kumpel aus Hollywood-Zeiten, Phil Everly, verbrachte zwei Wochen mit Dean. Don und Phil, die Everly Brothers, hatten in den späten Fünfzigern zu den wirklichen Stars der amerikanischen und der europäischen Hitparaden gehört. Ältere Fans haben noch heute den Sound von »Wake Up Little Susie« und den Text »Bye bye love. Bye bye happiness. Hello loneliness« im Ohr. Dean sang beide Lieder zusammen mit Phil Everly bei einem Konzert in Karl-Marx-Stadt. Phil amüsierte sich königlich und war sehr beeindruckt von Deans Popularität. In den USA, so glaubte Phil, wäre Dean längst Millionär gewesen.

Der Mann aber, den Dean so gerne in seinem Haus gesehen hätte, kam nicht nach Berlin: sein Vater. Die Fragen von Journalisten nach seinem Sohn Dean beantwortete der zahnlose Alte mit sarkastischem Spott. Es hatte Jahre gedauert, bis er begriff, dass Dean in Ostdeutschland lebte.

Dann aber traf Cyril Reed ein Unglück. Bei einem Unfall mit einer Erntemaschine verlor er ein Bein. 1984 beging Cyril Selbstmord, und Dean erzählte überall herum, sein Vater habe sich umgebracht, weil er sich keine medizinische Betreuung habe leisten können, und er würde es Amerika nie verzeihen, seinen Vater im Stich gelassen zu haben. Auf die Frage eines Reporters, weshalb ihm Dean nicht das Geld für ein künstliches Bein gegeben habe, antwortete er, dazu sei sein Vater zu stolz gewesen.

In Wahrheit hätte Dean kaum genügend Dollars aufbringen können.

10

Der Tod des Vaters war nicht der einzige Schlag, der den alternden Star traf. Er wollte nicht wahrhaben, dass er nicht mehr die Gesundheit eines Fünfundzwanzigjährigen besaß, dass seine Wirbelsäule ihm zunehmend Probleme bereitete, sein Haar ergraute, seine Stimme nachließ und er zum Lesen eine Brille benötigte. Und noch weniger wollte er wahrhaben, dass sein Stern überhaupt im Sinken begriffen war. Bei seinen Konzerten blieben die Besucher aus. Mit den großen Fernsehshows der Anfangsjahre war es längst vorbei. Die Adlershofer Fernsehmacher winkten ab. Deans letzte Show wurde erst nach seinem Tode ausgestrahlt. Auch die DEFA tat sich schwer mit neuen Filmprojekten, und bei den Schallplatten sah es geradezu katastrophal aus. Die Verkaufsziffern der Supraphon-LPs waren von 90 000 pro Jahr tief in den Keller gefallen. Von seinem letzten Album mit

Country-Songs, das er 1985 produzierte, wurden nur noch ein paar Tausend verkauft.

Selbst in der Sowjetunion hatte der Name Dean Reed seinen magischen Klang verloren. Jemand, der mit dem Dinosaurier und erklärten Rock-Feind Breshnew posiert hatte und die Lieder des Komsomol sang, konnte nur ein Verräter an der wahren Idee des Rock'n'Roll sein: ein Mann von gestern, den die Jugend nicht länger als Ersatz-Idol akzeptierte.

Auch seine Bedeutung in der Kulturszene der DDR hatte Reed all die Jahre überschätzt. Abgesehen von seinem schwärmerischen weiblichen Anhang und von den Kulturfunktionären, die propagandistische Wirkung stets höher bewerteten als künstlerische Potenz, hatte ihn das kritische DDR-Publikum nie ernst genommen. Ein Amerikaner, der freiwillig in der DDR lebte – das erhöhte in den Augen der meisten Leute weder das Renommee des Amerikaners noch das der DDR. Bei den Intellektuellen im Lande rief sein Name allenfalls ein mitleidig ablehnendes Lächeln hervor; seinem übertriebenen politischen Engagement standen die Jugendlichen mit wachsender Skepsis gegenüber. Die sentimentale Art, simple Liedchen und pathetische Friedenschoräle zur Gitarre zu singen, war »out«, hoffnungslos veraltet. Davon abgesehen blieben seine Filme und Lieder schlichtes Mittelmaß; er konnte nicht einmal davon träumen, in die Hitparaden der DDR-Sender vorzurücken. Selbst das Jugendprogramm DT 64 spielte seine Lieder nur unter ferner liefen. In dem Standardwerk »Rock. Pop. Jazz. Folk. Handbuch der populären Musik« von Peter Wicke und Wieland Ziegenrücker findet sich unter dem Sammelstichwort »populäre Musik« lediglich ein Bild von Reed, eines der kleinsten von über dreihundert Künstlerfotos. Auf 580 Seiten Text kommt Dean Reed ebenso wenig vor wie in Horst Knietzschs »Filmgeschichte in Bildern«, in der Renate Blume und Gojko Mitic erwähnt sind.

Nicht einmal zum jährlichen Festival des Politischen Liedes lud die FDJ Dean ein, nachdem er sich bei einem Auftritt mit dem Kinderlied von Bettina Wegner unbeliebt gemacht hatte.

Dass eine Brigade des Backwarenkombinats Pasewalk schon zu seinen Lebzeiten den Ehrennamen Dean Reed trug, gehörte zu den eher belustigenden Aspekten von Deans Dasein im real deformierten Sozialismus. Ihm erschien auch das als eine Ehre. Ein Jahr nach seinem Tod wurde eine Oberschule im Potsdamer Wohngebiet Am

Schlaatz nach ihm benannt; ein Stipendium für junge Unterhaltungskünstler trug ebenfalls seinen Namen. Die Absicht seiner Mutter, ein Dean-Reed-Museum einzurichten und den Friedhof mit seiner Grabstelle umzubenennen, fand bei den DDR-Behörden keine Gegenliebe.

Dass er, was die Politik des Staates anging, in dem er lebte, und was seine eigene künstlerische und politische Bedeutung betraf, einem gewissen Realitätsverlust unterlag (wie er für die Oberen dieses Staates typisch war, aber die waren im Schnitt fünfundzwanzig Jahre älter als Reed), ist auch an der Fotoauswahl in seiner Biografie abzulesen, die in fataler Weise an die unter Honecker übliche byzantinische Bildpropaganda erinnert. Dennoch ist es glaubhaft, dass auch Reed gelegentlich Zweifel an der alleinseligmachenden DDR-Realität überkamen; laut geäußert hat er sie nie.

Er glaubte, dass ihn nur ein großer Filmerfolg aus dem Tief herausführen konnte. Zu seinen künstlerischen Problemen kamen mancherlei Schwierigkeiten, auch in der neuen Ehe. Er beklagte sich bei seinen Freunden über Renates Eifersucht; für sie hingegen war es vermutlich schwer, sich mit seinen Allüren abzufinden. Renate Blume war eine prominente Schauspielerin, die schon als Schauspielschülerin in dem DEFA-Film »Der geteilte Himmel« die Hauptrolle gespielt hatte. Ruhm und Ehre hatte sie dann durch die Darstellung der Jenny Marx in einem Fernseh-Mehrteiler über das Leben des jungen Karl Marx errungen. Sie war dafür mit dem Lenin-Preis des Komsomol ausgezeichnet worden. Dean Reed hatte den Preis ein paar Jahre zuvor ebenfalls erhalten. Sein Biograf berichtet von der kleinen Kassette, in der Dean alle seine Orden und Ehrenzeichen aufbewahrte. Und er erwähnt – die Szene spielt um 1984 – das Manuskript für einen neuen Film, an dem Dean zu dieser Zeit arbeitete.

Dieses letzte Filmprojekt, das Dean Reed über mehrere Jahre und bis zu seinem letzten Tag beschäftigte, sollte vor dem Hintergrund des Kampfes der amerikanischen Polizei gegen die am Wounded Knee versammelten Indianer im Jahre 1973 spielen. Für sich hatte Reed die Rolle eines Fotografen erdacht, für Renate Blume die seiner geschiedenen Frau, einer Reporterin, die in der Schlusssequenz den Tod findet.

Am Wounded Knee, einem Bach in der Nähe eines winzigen Dorfes im südwestlichen Süd-Dakota an der Grenze zu Nebraska, liegt eine

der wichtigsten Gedenkstätten der nordamerikanischen Indianer. Hier waren am 29. Dezember 1890 über 220 Sioux, darunter viele Frauen und Kinder, von den Bundestruppen in einem Massaker ermordet worden, das unvergessen blieb. Am 27. Februar 1973 versammelten sich über 200 Mitglieder des American Indian Movement (AIM) unter Russell Means und Dennis Banks im Dorf Wounded Knee und erklärten sich zur »Unabhängigen Oglala Sioux Nation«. Ihre Hauptforderung war die Veränderung der Indianerpolitik der Regierung Nixon. Bundestruppen belagerten das Camp. Erst am 8. Mai 1973 endete die Konfrontation, die zwei Indianer das Leben kostete, mit der Entwaffnung und Evakuierung der Sioux.
Dean glaubte, endlich sein großes Thema gefunden zu haben, und kniete sich in die Arbeit wie noch nie zuvor. Natürlich wollte er selbst wieder die Regie übernehmen. Bei der DEFA trug der Film den Titel »Bloody Heart«, doch Reed nannte sein anspruchsvolles Projekt nie anders als »Wounded Knee«.
Nur wer die Tücken der Ideologie und der sozialistischen Kulturbürokratie kennt, vermag sich vorzustellen, mit welchen Problemen Reed und sein Produzent Gerrit List zu kämpfen hatten, bis das Drehbuch endgültig angenommen, alle Produktions- und Koproduktionsverträge mit der Sowjetunion unter Dach und Fach, alle Schauplätze und Schauspieler ausgewählt, alle materiellen und finanziellen Bedingungen gesichert waren. Die Felsen der Krim sollten die Landschaft von South Dakota abgeben, usbekische und koreanische »Indianer« wurden angeheuert, das beste sowjetische Filmstudio im lettischen Riga als Koproduzent gewonnen.
In die Vorbereitungen für seinen großen Film fiel die lange geplante Reise zum Denver Film Festival im Herbst 1985. Will Roberts »American Rebel« war endlich fertig und sollte dort vorgeführt werden.
Dean nahm sich diesmal etwas mehr Zeit für seine Amerikareise und war anscheinend nicht mehr ganz so versessen darauf, durch spektakuläre politische Aktionen auf sich aufmerksam zu machen. Schon seit längerer Zeit hatte er Verbindung zu seinem Freund Johnny Rosenburg, der ihn 1984 in einer kurzen Fernseh-Sequenz wiedergesehen hatte. Mit Mühe gelang es Johnny, Deans Telefonnummer herauszufinden und ihn anzurufen. Überrascht erfuhr er, was für ein großer Star Dean in der anderen Hälfte der Welt geworden war – ein Star, den niemand in seiner Heimatstadt kannte. Er schrieb ein Lied für Deano, wie die alten Kumpels Dean nannten: »Nobody Knows

Me Back in My Hometown«. Dean war begeistert und sang das Lied beim Moskauer Jugendfestival. Und er versprach Johnny, ihn in Loveland, fünfzig Meilen nördlich von Denver am Fuß der Rocky Mountains gelegen, zu besuchen.

Am 16. Oktober 1985 kam Dean in Denver an. Vorausgegangen waren zu Hause in Rauchfangswerder lange Diskussionen mit Renate, die fürchtete, Dean werde nicht zurückkommen. Dean hinterließ ihr ein seltsames Unterpfand seiner Treue. Er kaufte auf dem winzigen Friedhof nahe ihrem Haus eine Grabstätte und ließ einen Stein mit der Inschrift »Ehepaar Reed« aufstellen. »Unter diesem Stein werden wir gemeinsam begraben werden«, versprach er. Derlei Vorsorge kam damals in Künstlerkreisen der DDR in Mode.

11

Die Begrüßung auf dem Flughafen in Denver verlief enttäuschend für Dean. Er hatte eine Reiterparade und einen Empfang durch den Bürgermeister erwartet, aber dort standen nur Johnny und seine Frau Mona und – von Johnny verständigt – ein Team des örtlichen Fernsehsenders.

Den ersten Zusammenstoß mit der amerikanischen Realität erlebte Dean schon am nächsten Tag als Gast von Peter Boyles Radioshow im Sender KYBG. Boyle war ein scharfer Reagan-Anhänger, der Dean sofort hart als Abtrünnigen anging. Dean blieb anfangs gelassen. »Ich betrachte mich als einen amerikanischen Patrioten. Ich bin ein guter Amerikaner, Peter. Ich kann ein Schwert 360 Grad um meinen Kopf herum schwingen, ohne einen Faden zu zerschneiden. Ich bin keine Marionette.«

Boyle fuhr fort, Dean als Verräter und Kommunisten zu bezeichnen; Dean geriet allmählich in Rage. »Ich nehme Ihnen das übel, Peter. Dean Reed ist nicht das, was Sie sagen. Dean Reed glaubt an die Gleichheit für alle Menschen. Sie klingen wie ein Faschist ...«

Das Ende vom Lied: Boyle warf ihn hinaus. Pfeifend verließ Dean die Hotelhalle, aus der die Sendung lief.

Am gleichen Abend hatte »American Rebel« Premiere im Tivoli Center von Denver. Nach dem Desaster der Boyle-Sendung hielt es die Polizei für angemessen, mit einem größeren Aufgebot präsent zu sein. Doch es passierte nichts. Ein bisschen verständnislos beguckten sich die biederen Bürger von Denver Deans weltweites Erfolgsprogramm,

das Will Roberts getreulich aufgezeichnet hatte. Dean im Gedränge der Fans auf dem Roten Platz, Dean bei den Bergarbeitern in Chile, Dean sitzt bei Arafat und singt »Ghost Riders in the Sky«. Die Fedajin schlagen dazu mit ihren Waffen den Takt. Dean hatte es übrigens fertiggebracht, vor Arafat »My Yiddische Momma« zu singen. Nicht einmal die sowjetische Kulturministerin Furzewa hatte ihn davon abbringen können, das Lied auch in der Sowjetunion vorzutragen.
Bevor Dean das Tivoli Center betrat, sprach ihn eine dunkelhaarige junge Frau an und gab sich als seine Jugendfreundin Dixie zu erkennen. Dean erinnerte sich nicht an das jüngere Mädchen. Dennoch lud er sie in sein Hotelzimmer ein.
Die nächsten Tage verbrachte Dean im Haus der Rosenburgs in Loveland. Am letzten Abend gab er in Johnnys Keller ein Konzert für seine Freunde – das einzige in Amerika. Auch Dixie Lloyd Schnebly war anwesend. In erstaunlich kurzer Zeit gewann sie Deans Vertrauen. Während er in der Öffentlichkeit immer wieder mit denselben zwei, drei Geschichtchen posierte, erzählte er Dixie angeblich unter Tränen, dass er darüber nachdenke, nach Denver heimzukehren. Als er nach Los Angeles abflog, blieb Dixie mit dem Auftrag zurück, sich um Filmrequisiten für »Wounded Knee« zu kümmern – was sie in den folgenden Monaten mit Eifer tat.
In L. A. traf Dean seine inzwischen fast erwachsene Tochter Ramona. Außerdem hoffte er, an alte Verbindungen aus seiner Hollywood-Zeit anknüpfen zu können, doch er stieß auf ein Phänomen, dem er in der DDR bis dahin kaum begegnet war: Er sprach nur mit Anrufbeantwortern. Die Everly Brothers drehten in Australien ein Video, Jane Fonda war ebenfalls abwesend. Es gelang Dean nicht, das Geringste zu erreichen oder wenigstens einen fähigen Agenten zu finden. Er wohnte bei Tillie Price, der Witwe von Paton, die er jeden Morgen schockte, wenn er nackt zum Swimmingpool lief.
Von Los Angeles aus flog Dean zu seinen Freunden nach Minnesota, um auch ihnen »American Rebel« vorzuführen. In Minneapolis traf er sich noch einmal mit Dixie, die danach endgültig zu seiner amerikanischen Managerin avancierte. Sie sollte langfristig Deans Heimkehr vorbereiten. Vom Kennedy-Airport in New York schrieb er ihr vor dem Rückflug nach Berlin:

»... so viele Menschen, so viel Geschichte und vergangene Erfahrungen. Aber alles, so glaube ich, muss eine gemeinsame Zukunft haben, eine Zukunft in Frieden ... Ich glaube, ich habe dabei eine Rolle zu spielen,

diese Veränderungen zustande zu bringen. Es ist Zeit, in mein eigenes Land zurückzukehren und dort zu versuchen, was ich in 32 anderen Ländern getan habe.
Erst einmal werde ich ›Wounded Knee‹ machen, den allerbesten Film, der möglich ist, in der Hoffnung, er wird Gelächter, Begeisterung und Wissen hervorrufen. Ein Schritt nach dem anderen ... Ich werde bald zurück sein.«

In Berlin stürzte Dean sich auf die letzte Überarbeitung seines Drehbuchs. Aber irgendwie hatten sich die Dinge durch die Amerikareise für ihn verändert. Er führte stundenlange Telefongespräche mit Dixie, gelegentlich auch mit Johnny. Nach seinem Tod betrug die letzte Telefonrechnung 2800 Mark. Dabei behauptete Dixie, er hätte sie häufig von einer Telefonzelle direkt hinter dem Checkpoint Charlie angerufen. Fürchtete er abgehört zu werden – was für die Stasi auch bei den Gesprächen aus Westberlin keine Schwierigkeit darstellte – oder wollte er Renate keine zusätzliche Angriffsfläche bieten? Die war ohnehin tief betroffen von Dixies Briefflut und ihren telefonischen Attacken. Dass Dixie alle Telefongespräche aufzeichnete, wussten Dean und seine Frau sicherlich nicht.
Ob Dixie das nur für private Zwecke tat, »weil ich Deans Stimme liebe«, sei dahingestellt. Reggie Nadelson fiel jedenfalls auf, dass Dixie in der Lage war, den internen Funkcode des FBI zu lesen, und auch sonst über mancherlei gute Verbindungen verfügte.
Dixie gründete einen Dean-Reed-Fan-Club und ernannte Deans Mutter und Renate Blume zu Ehrenmitgliedern; sie trieb alle möglichen Requisiten für »Wounded Knee« auf und schickte sie an die DEFA. Dean war begeistert von ihrer Aktivität und schrieb ihr lange Briefe auf seiner Reiseschreibmaschine. Seine Rechtschreibschwächen schob er auf die vier Sprachen, die ihm durcheinandergerieten. Er sprach Spanisch und Italienisch, ein bisschen Russisch und ein annehmbares Deutsch. Mit den Feinheiten der Schriftsprache hielt er sich nicht auf. Seinen Freunden in den USA fielen ein leichter deutscher Akzent und Deans angestaubter Wortschatz auf.
Dixie wollte Deutsch lernen. Dean sandte ihr Videoaufzeichnungen des »Denver Clan« aus dem Westfernsehen. Nach Möglichkeit versäumte Dean keine Folge davon. Dixie konnte die Bänder in den USA wegen der unterschiedlichen Netzfrequenzen und Fernsehnormen nicht abspielen. Dieses technische Problem durchschauten sie

beide nicht. Auch Reggie Nadelson geriet lediglich über die philosophischen Aspekte des Phänomens ins Grübeln. So gewissenhaft sie dem Briefwechsel und den Telefongesprächen der beiden nachspürte, die Genauigkeit im Detail ist ihre Stärke nicht. Die Ereignisse von »Wounded Knee« datierte sie auf 1978, den GAU von Tschernobyl auf Mai 1986 und Václav Neckár nennt sie beharrlich »Nectar«. Beim Anblick der Speisen im »Espresso« am Alex fiel ihrem Produzenten ein besonders freundlicher Satz ein, der ihre Eindrücke von Ostberlin zusammenfasst: »Sieht aus wie Hundekotze.«

12

Dixie und Dean hatten sich eine Menge mitzuteilen in jenem Winter 85/86, und es kann kein Zweifel daran bestehen, dass Dean ernsthafte Pläne hatte, in die USA zurückzukehren. Er diskutierte mit Dixie die Möglichkeiten, in den USA mit einer neuen Platte zu starten, die wie der Film »American Rebel« heißen sollte. Er wollte eine neue Autobiografie schreiben, eventuell sollte Dixie das übernehmen. Und Dean schrieb ihr auch von seinem Traum, in Amerika eine sozialdemokratische (!) Partei zu gründen.

»Mein Leben ist der Aufgabe geweiht, meinen Ruhm und mein Talent zu nutzen, um gegen Ungerechtigkeit zu kämpfen, wo immer und wann immer ich sie antreffe.«

Immerhin war sein Ruhm inzwischen bis zu den Produzenten der größten amerikanischen Fernsehshow gedrungen, den »60 minutes« der CBS. Bill McClure, der Londoner CBS-Produzent, plante einen Beitrag über amerikanische Dissidenten, in dem Victor Grossman, Dean Reed und der Cartoonist Oliver Harrington zu Wort kommen sollten. Doch Dean sprang in letzter Minute ab – behauptet McClure. Dean hatte das Interview mit Mike Wallace, dem Moderator der 60-Minuten-Show, in Moskau immer wieder mit Oleg Smirnow geprobt, aber sein Freund Johnny hatte ihn auf einem Band gewarnt: Der Kerl reißt dich in Stücke!

Wallace, der Mann mit der hypnotischsten Stimme Amerikas, berüchtigt für seine gnadenlosen Kreuzverhöre, kam nach Berlin und traf sich mit Dean im Palasthotel. Im Gegensatz zu McClure, der Dean verachtete und ihn das auch spüren ließ, fanden Dean und Wallace einen Draht zueinander. Wallace war beeindruckt von Renate Blume, und auch Dean gefiel ihm. Er durchschaute Deans naive

Phrasen, hielt ihn jedoch für aufrichtig. Es fiel ihm nicht schwer, Dean zu dem Interview zu überreden. Zwanzig Minuten in Amerikas populärster Talkshow – eine bessere Rückfahrkarte in die Staaten konnte sich Dean nicht wünschen.

Wallace behandelte ihn anfangs durchaus fair. Er zeigte Deans Konzerterfolge, seine Popularität, die Familie, Deans Leben in Rauchfangswerder. Seine Fragen aber waren messerscharf. War Dean wirklich so naiv zu glauben, man könne im amerikanischen Fernsehen den Kommunismus, den Krieg in Afghanistan und die Mauer verteidigen? Wallace hielt ihm die Ausreisewilligen in der DDR vor, Dean schwieg verlegen. Auf die Feststellung, die DDR verkaufe ihre politischen Gefangenen wie Vieh gegen harte Währung – Wallace nannte eine viel zu niedrige Summe –, antwortete Dean, dass er davon nichts wisse.

Sie sprachen über Deans Karriere als »Roter Sinatra« und als »Johnny Cash des Kommunismus«: »Ich bin Dean Reed, und ich bin ein sehr populärer Mann.«

Er gab zu, dass er Amerika sehr vermisse, aber er bliebe in Ostdeutschland, weil er Renate liebe. Das sei das Hauptmotiv in seinem Leben: Liebe.

Dann sang er »My Yiddishe Momma« für Wallace. Der war zu Tränen gerührt.

Der Beitrag, im Februar 1986 aufgezeichnet, sollte ursprünglich im Herbst ausgestrahlt werden. Bis dahin war noch viel Zeit. Dean hatte noch unglaublich viel zu tun für seinen Film. Hinzu kamen die aufwendige Korrespondenz und die Telefongespräche mit Dixie, die seine Frau mehr und mehr nervten. Sie war eifersüchtig und weinte. Dixie schrieb ihr, wie gut sie es in Amerika haben würde.

Renate Blume antwortete ihr mit einem langen, sorgenvollen Brief.

> »Mein Mann hat eine schöne, intelligente und reiche Dame kennengelernt – Dich ... Seit er zurück ist, denkt er nur über Dich nach, nicht über uns. Er ist so aggressiv und ungerecht gegen mein Heimatland, das ihm jede Chance für seine berufliche Entwicklung gegeben hat«,

heißt es darin.

Dann kommt der 20. April, ein Sonntag. In New York strahlt die CBS USA-weit den geschickt geschnittenen Beitrag über Dean Reed aus, »The Defector«. Der Abtrünnige, übersetzt man es mild. Sechzehn Millionen Amerikaner sehen die Show. Deans Freunde sind entsetzt. Sie haben ihn für klüger gehalten.

Dean streitet ab, dass Ostdeutschland eine Kolonie der Sowjetunion sei, und tritt in einen Fettnapf nach dem anderen.
»Sie setzen Ronald Reagan mit Josef Stalin gleich?«
»Ich setze die Möglichkeiten Ronald Reagans mit – mit Stalin gleich«, sagt Dean. Welch ein Sakrileg in Amerika!
Als Dean, gerade in Moskau, von der Sendung und ihrer Wirkung erfuhr, fiel er in tiefe Verzweiflung. »Kaputt«, war sein ganzer Kommentar. Erst Wochen später konnte er sich die Kassette ansehen. Die CBS schickte ihm auch die Briefe, die nur bestätigten, was seine Freunde in den ersten Minuten der Sendung erkannt hatten: Deans amerikanischer Traum war geplatzt. Er hatte den Bogen überspannt.
»Wenn das kein Verräter ist, ist er ein Narr!«, lautet eine der milderen Beschimpfungen, die sich für jemanden mit DDR-Erfahrung lesen wie ein Zerrbild der Leserbriefkampagnen anlässlich der Biermann-Ausbürgerung im Neuen Deutschland.

>»Wenn Reed ein Amerikaner ist, bin ich vom Mars ... Wer hat ihm erzählt, er könne singen? Würde er hier in Texas solches Zeug als Country & Western-Musik zu verkaufen versuchen, würde man ihn von der Bühne lachen.«

»Wir brauchen ihn hier nicht.« – Darüber waren sich alle Briefschreiber einig.

>»Reed ist gegenwärtig auf der richtigen Seite der Mauer und sollte für immer dort gelassen werden ... Er ist ein mittelmäßiges Talent ... Ein geistiger Terrorist. Ein schmutziger Lügner ...«

Erik Durschmied, CBS-News-Mann in Paris und zusammen mit seiner dänischen Frau Annalise, die Dean länger kannte, öfter Gast bei der Familie Reed, offerierte Reggie Nadelson eine andere Version über Reed und die »60 minutes«. Ihm war aufgefallen, dass 1983 ausgerechnet die amerikanische Botschaft Deans unauffällige Abschiebung aus Chile durchgesetzt hatte. Hätte sie das für einen »übergelaufenen« Kommunisten getan?
Diesem Szenario folgte nicht einmal Reggie Nadelson, die an anderer Stelle in ihrem Buch erzählt, Reed hätte sein Flugticket in Santiago mit der American Express Card bezahlt, die ihm Paton Price für den Notfall anvertraut hatte.
Dean Reed jedenfalls war deprimiert in seinen letzten Lebenswochen. Sein Selbstwertgefühl hatte einen weiteren empfindlichen Knacks erlitten. Dixie behauptete, er hätte am Telefon Furcht geäußert. Vor der Stasi? Welchen Grund hätte die gehabt, ihm etwas anzutun, wo

er doch gerade über das größte Fernsehnetz der USA ein eindeutiges Bekenntnis zur DDR und zur Mauer abgelegt hatte? Dixies Glaubwürdigkeit erhöht sich nicht durch die Mitteilung, Dean hätte vorgehabt, »in den Westen zu fliehen«. Er besaß einen gültigen amerikanischen Pass und rief sie aus einer Westberliner Telefonzelle an.

13

Aufgeben wollte Dean seinen amerikanischen Traum dennoch nicht. Er schrieb an seinen ehemaligen Klassenkameraden in Wheat Ridge einen betont optimistischen Brief, und im gleichen Ton auch an Johnny. Für den war eine Welt zusammengebrochen. Er hatte seinen Freund Dean nach vierundzwanzig Jahren wiedergefunden – und nun endgültig verloren, wie er spürte. Er schrieb einen letzten, bitteren Song für Dean und schickte ihm die Kassette:
»Wenn Du nichts Gutes über die USA zu sagen findest
Dann bleibst Du besser, wo Du bist
Im Land des großen Roten Sterns
Aber ich werde Dich immer einen Freund nennen
Ich denke, das will ich bis zum Ende ...«
Die Kassette kam in Rauchfangswerder erst nach Deans Tod an.
Ende Mai fuhr Dean an einem warmen Tag hinüber zu Wiebke nach Zeuthen. Sie war mit einer Übersetzung beschäftigt und hatte wenig Zeit, mit ihm zu reden. Er kündigte an, Natascha öfter sehen zu wollen, bevor er in die USA gehen würde. Gegenüber Dixie hatte er von Oktober 1987 gesprochen. Er gab Wiebke 3000 tschechische Kronen, 1000 Ostmark. In der DDR ein Monatsgehalt.
Ein paar Tage später erlitt er einen leichten Herzanfall. Renate wollte einen Arzt verständigen, Dean lehnte ab. Bis zum Drehbeginn am 24. Juni in Jalta waren es keine drei Wochen mehr; er konnte sich jetzt keine Krankheit leisten.
Am nächsten Tag waren die Beschwerden verschwunden. Am Montag der darauffolgenden Woche, es war der 9. Juni 1986, fand Renate, der Rasen müsse gemäht werden. Eine Arbeit, die Dean hasste, wie er schon seinem Biographen erzählt hatte, und er verspürte auch diesmal keine Lust dazu. Renate bestand darauf. Sie gerieten in Streit, und Dean rannte wütend in sein Arbeitszimmer.
Er schloss sich ein, öffnete dann jedoch die Tür und bot ihr ein makabres Schauspiel. Er nahm eine Machete von der Wand und begann

damit, seinen linken Unterarm zu bearbeiten. »Mein Vater war mutig genug, sich selbst umzubringen, aber ich kann es nicht«, sagte er, während das Blut über seinen Arm lief.
Als »Canutosche Probierschnitte« bezeichnen die Gerichtsmediziner solche für Selbstmörder typischen Versuche, sich bis zu fünfzig derartige Verletzungen beizubringen. Bei Dean Reed waren es
»am linken Unterarm bis zum Handgelenk beugeseitig ca. 50 feine, querverlaufende, parallele, 3 bis 4 cm lange, oberflächliche, glattrandige Hautdurchtrennungen, deren unterste bis in die Lederhaut reicht und blutverkrustet ist, die übrigen liegen in der Oberhaut.«

Jener 9. Juni war der Tag nach der letzten Volkskammerwahl, die unter Honecker stattfand und mit 99,94 Prozent Ja-Stimmen für die Kandidaten der Nationalen Front das erwartete triumphale Ergebnis lieferte. Eberhard Fensch, Reeds Freund und Gönner im Zentralkomitee, war an diesem Tag in Babelsberg. Dort erreichte ihn der Anruf aus dem Büro seines Chefs Joachim Herrmann: Dean Reed hat einen Selbstmordversuch unternommen.
Fensch fuhr sofort nach Rauchfangswerder und hatte dort ein Stunden dauerndes Gespräch mit Reed. Der sprach über alle seine Ängste, Sorgen, Schwierigkeiten – auch in der Ehe mit Renate. Am Schluss jedoch versprach er Fensch in die Hand, ein solcher Vorfall würde sich nicht wiederholen.
Drei Tage später kam es nach dem Abendessen zu einer neuen Auseinandersetzung zwischen den Eheleuten. Dean hatte seine allabendliche Radedorm-Tablette bereits eingenommen und telefonierte danach mit dem Produzenten Gerrit List in Babelsberg. Der hatte aus Moskau gute Nachrichten mitgebracht. Am 10. Juni, zwei Tage zuvor also, waren die endgültigen Verträge für »Wounded Knee« unterzeichnet worden. Dean wollte nicht länger warten und kündigte an, er werde sofort zu ihm kommen. Ein paar Minuten später, es war schon nach zweiundzwanzig Uhr, setzte er sich in seinen Lada und fuhr los.
Erst am nächsten Morgen, es war Freitag, der 13. Juni 1986, erfuhr Renate Blume im DEFA-Studio Babelsberg, dass ihr Mann nicht bei Gerrit List angekommen war. List hatte nichts Ungewöhnliches dabei gefunden, dass Dean seinen abendlichen Plan anscheinend aufgegeben hatte. Dean neigte zu spontanen Entschlüssen. Vielleicht steckte ja auch eine andere Frau dahinter ...

Gerrit List begann herumzutelefonieren. Renate Blume rief im Großen Haus am Werderschen Markt an, wo an diesem Tage auf der 2. Tagung des Zentralkomitees nach dem X. Parteitag die Abteilungsleiter im ZK bestätigt worden waren. Zum letzten Mal. Aber das ahnte noch niemand.

Renate Blume hat in ihren Gesprächen mit Reggie Nadelson auch nach der Wende die Rolle Eberhard Fenschs bei der Suche nach Dean Reed nicht erwähnt. Fensch jedenfalls, eingedenk der Ereignisse drei Tage zuvor, setzte Himmel und Hölle in Bewegung, um Dean zu finden. Aber weder die PLO-Vertretung in der DDR noch die SED-Kreisleitung Stralsund, die Dean auf Hiddensee suchte, konnte helfen. Gegen Mittag entschloss sich Fensch, seinen Vorgesetzten Herrmann zu informieren, bevor der zu seiner täglichen Beratung mit Honecker ging. Innerhalb einer Stunde wussten der Generalsekretär und wenig später auch Generalleutnant Paul Kienberg im MfS, dass Dean Reed verschwunden war. Kienberg veranlasste den Einsatz der Untersuchungsspezialisten aus der Abteilung IX/7. Inzwischen bearbeitete auch die Volkspolizei den Vermisstenfall und leitete die verdeckte Fahndung nach Reeds Auto ein. Doch weder der Polizei noch der Staatssicherheit gelang es, eine Spur des Verschwundenen zu finden. Auch ein Unfall war nirgendwo gemeldet worden. Dean fuhr gerne schnell.

Gerrit List kümmerte sich um Renate, die mehr und mehr in Panik geriet. Er rief bei Václav Neckár in Prag an, telefonierte mit allen Leuten, die ihm einfielen. Niemand wusste etwas. Am Samstagvormittag meldeten die Rettungsschwimmer vom Zeltplatz Zeuthener See, der nur einen Kilometer von Reeds Haus entfernt liegt, dass seit Freitag früh ein Lada im Dickicht hinter ihrem Turm stehe. Die Polizei fand schnell heraus, wem der WAS 1500 mit dem Kennzeichen ILT 8-05 gehörte: Dean Reed. Die diensthabende Gruppe der Kriminalpolizei übernahm die Spurensicherung. Kurz darauf war auch Oberstleutnant P., der Leiter des Dezernats II im Berliner Polizeipräsidium, Leben und Gesundheit, am Auffindungsort. Von der Staatssicherheit rückte der stellvertretende Abteilungsleiter IX/7, Oberstleutnant H., mit zwei Untersuchern und einem Techniker beim Stützpunkt der Wasserschutzpolizei an, wo man ihnen den Weg zum Fundort des Autos wies.

Die Kripo hatte ihre Untersuchungen im und am Fahrzeug abgeschlossen und keine besonderen Auffälligkeiten festgestellt. Man hatte die verschlossene Tür geöffnet und Papiere im Wagen gefunden. Der Kofferraum, in dem sich eine Decke befand, stand offen. Das Abschleppseil lag ohne Verpackung seitlich hinter dem Wagen. Alles wurde säuberlich auf Kleinbildfilm dokumentiert. Oberstleutnant H., der den Detailfetischismus seiner höheren Vorgesetzten einzuschätzen wusste, forderte seinen Untersuchungsführer auf, eine zusätzliche Dokumentation anzufertigen, im Format 6 x 6 und in Farbe. Das MfS verfügte über wesentlich bessere technische Hilfsmittel als die Kriminalpolizei.

Erst bei der nochmaligen Nachsuche im Fahrzeug bemerkte der Untersuchungsführer eine Papierrolle auf der Ablage über dem Lenkrad: das auf schlechtem Papier hektografierte Drehbuch von »Bloody Heart«.

Auf der Rückseite waren 15 Seiten handschriftlich nummeriert und in großer, ungelenker Handschrift beschrieben, jeweils nur 12 bis 15 Zeilen auf einer Seite.

»ZK. Mein Freund und Gen. Eberhard Fensch –
Es tut mir Leid mein Freund. Du warst ein Vorbild für mich – wie so viele ehrliche Socialisten von Chile bis Lebanon.
<u>Mein Tot hat nichts mit politik zu tun</u> – Lass unsere feinde – die Faschisten und Reactionere es nichts so ausnutzen ...«

Je weiter der Oberstleutnant H. und sein Kollege P. von der Kripo lasen, umso größer wurde ihre Gewissheit, dass es sich um den Abschiedsbrief von Dean Reed handelte – eines verzweifelten Mannes, der heftige Vorwürfe gegen seine Frau erhob, die ihn mit ihrer krankhaften Eifersucht terrorisiere und ihn einen schlechten amerikanischen Showman nenne. Für die Vorgänge des Abends, die Reed beschrieb, rief er den Sohn Sascha als Zeugen an. »Ich liebe Renate«, hieß es schließlich,

»... aber ich kann kein Weg finden aus von meine Problem. Ich muß ein schweres wichtiges Film drehen in eine Woche – Mit Renate kann nicht gut gehen wenn sie mich ständig anschreit daß ich nur ein Showman bin und keine Mut habe mich selbst umzubringen. Sie werft mich schon genug vor – Yezt muß ich auch das horen bis mein Tod?
Der einsege Art Defa zu retten mit den S.U. ist wenn ich Tod bin – Ich hätte viel liebe auch in Libanon oder Chile gestorben – im Kampf gegen unserer Feinde. Die Verbrecher die meine Freund überall gefoltert und umgebracht haben.
Aber ich schafe daß auch nicht jezt.

Lass alle vorschnellen Menschen die Hände zu einander reichen und zusammen wird ein besseres geistiges und friedlicheres Leben schaffen —

Lebt wohl meine Marlene
Christbeus bitte an meine Mutti die ich so liebe und war so ein Vorbild für mich. An Ramona meine Tochter, an Natascha meine Tochter und an Gisela mein Sohn —

Ich umarme Dich —
Dein Rog
12/6/86

Die letzte Seite des Abschiedsbriefs

Meine Grueße an Achim (Joachim Herrmann, J.E.) und Dank für alles – Sei nicht bose – Es gibt keine anderen weg.
...
– Bleib mal ehrlich und aufgeschloßen wie du bist. Bleib mal mutig auch gegen unsere eigenen wiederspruke zu kämpfen. Es tut mir so leid daß ich nicht mit mein Freund Victor gefallen bin. Aber jeder hat sein eigenes Schicksall.
Ich habe viel geliebt und habe versucht mein Kraft und Talent zu witmen an alle menschen der meine Hilfe brauchten.
Ich hoffe mein Leben hat ein Wert gehabt für meine Freund in Nicaragua, Chile, Argentina, Uruguay und das Palestinesches Volk.
Es wird die einige Lösung für Defa – wenn ich sterbe – weil ich kann nicht daß Gelt von das Volk nehmen für ein Film, die moglickte weise nie zu ende kommt weil jeden Tag meine Frau wird mich weiter foltern und quälen – Und es gibt nicht genug Zeit eine anderen Schauspielerin zu finden.
...
Eberhard – Du warst immer ein Treuer Freund – Hass mich bitte nicht. Ich war am ende Gestern – Und alles wäre besser geworden wenn Renate hätte schon Heute nicht angefangen mich als feigling zu nennen.
...
Meine Gruße auch an Erich – Ich bin nicht mit alles einverstanden, aber Socialismus ist noch nicht erwacksen. Es ist die einzigen Losung für die haupt Problemen für die menscheit der Welt
Ich liebe Dich und viele andere – In Chile, Argentina, Uruguay, Palestina, S.U., CSSR und der D.D.R. die meine zweite Heimat war für eine kurze Zeit.
Lass alle vorschritlecke Menschen die Hände von ein andern nehmen und zusammen ihr wirt ein besseres, gerechtiges und Freundliches Welt schaffen –
Lebt wohl – Meine Liebe bitte an meine Mutti die ich so liebe und war so ein vorbild für mich. An Ramona meine Tochter, an Natascha meine Tochter und Sascha mein Sohn –
    Ich umarme Dich
    Dean Reed
    12/6/86«

Für die untersuchenden Kriminalisten war der Sachverhalt klar. Vorerst hatten sie ihren jeweiligen Dienstherren in – getrennten – Sofortberichten über den Stand der Ermittlungen zu informieren. Der 72-jährige Generaloberst Friedrich Dickel, seit 1963 Innenminister und Chef der Deutschen Volkspolizei, war kein besonderer Freund seines sechs Jahre älteren Kollegen Erich Mielke. Da das Präsidium der Volkspolizei in der Hauptstadt der DDR zu jener Zeit jedoch nicht einmal über brauchbare Kopiertechnik verfügte, übernahm es das MfS, zwei Kopien des Briefes als Anlage zu den Berichten an die beiden Minister zu fertigen.

Seinen Adressaten erreichte der Abschiedsbrief nie. Angeblich entschied Mielke, ihn Fensch auszuhändigen, und sandte ihn ans ZK. In Wahrheit aber verblieb das Original nach Abschluss der Untersuchung in einem verschlossenen Umschlag als Anhang zur Akte zuerst im Polizeipräsidium und später im Ministerium des Innern. Erst der Nachfolger des Kripochefs Nedwig übergab 1990 die Akte samt Brief dem Gemeinsamen Landeskriminalamt in Berlin. Archivierte Akten der Staatssicherheit zu dem »besonderen Vorkommnis« existieren mit großer Wahrscheinlichkeit nicht, da die Abteilung IX/7 – wie auch in anderen Fällen – lediglich Unterstützung und Ermittlungshilfe für die Kriminalpolizei leistete.

Während Eberhard Fensch erst sehr viel später eine ungenaue Maschinenabschrift des an ihn gerichteten Briefes erhielt, lasen Honecker und vermutlich auch Herrmann unmittelbar nach Mielke und Dickel Deans Abschiedszeilen, aus denen seine Selbstmordabsicht eindeutig hervorging. Dennoch entschied der Generalsekretär, ohne zu zögern: Es war ein Unfall! Ein weltbekannter amerikanischer Friedenskämpfer brachte sich nicht ausgerechnet in der DDR aus Verzweiflung um. Eilig wurde die Vorbereitung einer Zeitungsnotiz angewiesen: Tod Dean Reeds nach tragischem Unfall. Dabei war an einen Badeunfall gedacht; Freunde und Bekannte entsannen sich, dass Dean nach eigenen Angaben beim Schwimmen nicht tauchen durfte. Hing das mit einer Krankheit zusammen?

Später verbreitete sich das Gerücht, Reed wäre bei gefährlichen Dreharbeiten verunglückt. Der Brief, von dessen Existenz nicht einmal Renate Blume etwas erfahren durfte, wurde als Staatsgeheimnis behandelt.

14

Zu diesem Zeitpunkt war die Leiche Dean Reeds noch nicht gefunden. Seit Sonnabendmittag lief rings um den Zeuthener See eine verstärkte Suchaktion nach dem Toten. Zwei Fährtenhunde verfolgten vergeblich Spuren vom gefundenen Fahrzeug zur nahen Badestelle. Von der Schmöckwitzer Brücke ab durchkämmte Bereitschaftspolizei zwei Tage lang das ausgedehnte Waldgebiet auf dem Schmöckwitzer Werder, dessen Südspitze Rauchfangswerder heißt. Bei strahlendem Sommerwetter suchte die Wasserschutzpolizei, personell verstärkt durch Angehörige des MfS, alle Buchten, Inseln und Ufersäume rings um den See ab. Die Männer schreckten im Schilf jedoch nur Liebespaare und Angler in ihren Booten auf.
Erst am Dienstag, dem 17. Juni 1986 – es war der Tag, an dem Honecker sich in der Volkskammer ein allerletztes Mal seinen alten Staatsrat neu bestätigen ließ – entdeckte ein aufmerksamer Wasserschutzpolizist morgens gegen 8.20 Uhr vor dem Schilf in der Nähe der Badestelle und des Autofundorts eine im Wasser treibende männliche Leiche. Exakt wird die Auffindungsstelle »südlich Bootsanlegesteg Zeltplatz Zeuthen 2, nördlich vom Rettungsturm DRK gegenüber Ortslage Zeuthen« angegeben.
Die Wasserschutzpolizei zog den Körper vorsichtig mittels einer Bootsleine zum Ufer und legte ihn dort auf einer gelben Plasteplane ab. Diesmal war die Staatssicherheit zuerst am Fundort. Kein Zweifel, der Mann mit dem langen Haar, bekleidet mit Jeans, lammfellgefütterter Jeansjacke und halbhohen grauen Sportschuhen, war der Gesuchte.
Wieder wurde eine umfangreiche Fotodokumentation angefertigt, die Bestandteil der Polizeiakte wurde. Aus der Bootsleine der Wasserschutzpolizei, die auf einigen Fotos deutlich erkennbar ist, machten erst Journalisten einen geheimnisvollen »Strick um den Hals«. Auch für die Annahme von Deans Mutter, ihr Sohn hätte bei seiner Auffindung unter einem Bootssteg zwei dicke Jacken getragen, finden sich in der Akte keine Belege. Dean trug unter dem hellblauen Oberhemd nicht einmal ein Unterhemd.
Die Sektion der Leiche fand noch am gleichen Tag unter der Sektionsnummer 312/86 im Institut für Gerichtliche Medizin der Humboldt-Universität zu Berlin durch dessen Direktor Prof. Dr. sc. med. Otto Prokop und seinen Stellvertreter Prof. Dr. sc. med. Georg

Radam in Anwesenheit eines weiteren Mediziners und der Staatsanwältin Gr. statt. Die Staatssicherheit hätte die Möglichkeit gehabt, diese Sektion wie im Fall des vorgeblichen Honecker-Attentäters von Militärärzten in Saarow-Pieskow durchführen zu lassen, wie Ernsting es annimmt, sah dazu jedoch keine Veranlassung. Radam, der 1990 durch Gift starb, war ohnehin ihr Mann. Außerdem war man an einer eindeutigen Bestimmung der Todesursache interessiert, und dafür gab es keinen kompetenteren Fachmann als die weltweit geachtete gerichtsmedizinische Kapazität Otto Prokop. Nichts spricht für das, was Reggie Nadelson und zahlreiche Journalisten andeuten: dass Prokop sich bei der Formulierung der Ergebnisse dieser Obduktion beeinflussen ließ.

Tatsächlich hat Reggie Nadelson, die von dem Abschiedsbrief zu spät erfuhr und das vollständige Sektionsprotokoll nicht kannte, nur einen von der Staatssicherheit unter polizeilichem Deckmantel speziell für die Familie gefertigten »Abschlussbericht betreffend den Tod unter verdächtigen Umständen des US-Bürgers Dean Cyril Reed« gelesen. Als Ergebnis der Autopsie und der polizeilichen Untersuchung wurde dort geschlussfolgert, es sei keine Grundlage für einen Selbstmord vorhanden. »Es kann angenommen werden, dass Dean Reed durch einen Unfall ertrank.« (Rückübersetzung aus dem Amerikanischen J.E.). Ein britischer Gerichtsmediziner fand nichts Auffälliges an dem im Abschlussbericht (verkürzt) zitierten Autopsiebericht.

Im originalen Sektionsprotokoll lauten die
»Hinweise auf einen Todeseintritt durch Ertrinken:
Stark überblähte, relativ trockene Lungen mit deutlichem Elastizitätsverlust des Gewebes, nach Art des ›Emphysema aquosum‹.
Keine PALTAUF'schen Flecke unter dem Lungenfell.
Mageninhalt (...) nur mäßig verwässert.
Streifige Entfärbung der Bauchschlagader-Innenwand an ihrer Vorderseite.
Keilbeinhöhle feucht, Flüssigkeit mittels Kanüle nicht aspirierbar. Warzenfortsatzzellen deutlich unterblutet, ebenso die Mittelohrräume auf beiden Seiten.«

Prokop, der selbst die »Gaumenmandelentfernung beiderseits lange Zeit vor dem Tode« feststellte und eine »augenscheinliche leichte Verfettung der Leber« vorfand – Dean Reed trank jedoch kaum Alkohol –, nannte als

»Zeichen des plötzlichen Todes:
Viel faules, vollständig flüssiges Leichenblut, deutliche akute Blutfülle der inneren Organe. Schwellung des ... Gehirns.
...
Die Obduktion ergab keine Hinweise auf pathologisch-anatomische Veränderungen, die in der Lage wären, einen Todeseintritt auf natürliche Art zu erklären.
Es fanden sich keine Anhaltspunkte für eine Gewalteinwirkung von fremder Hand.
Hingegen fanden sich an typischer Stelle sog. CANUTOsche »Probierschnitte«, wie sie im Rahmen von Selbsttötungen sehr oft zu sehen sind. Sie waren sehr oberflächlich.
Der Leichnam wies Zeichen längeren Aufenthaltes im Wasser auf, so daß davon auszugehen ist, daß der Verstorbene bald nach dem Vermißtwerden in das Wasser gelangt sein dürfte.«

Ernsting folgert daraus: »Der Gerichtsmediziner hatte festgestellt, daß Dean Reed am 12. Juni zwischen 22 Uhr und Mitternacht ertrunken war« – eine angebliche Feststellung, die kein Gerichtsmediziner unterschreiben würde. Im Protokoll heißt es weiter:
»Auch unter Berücksichtigung der starken postmortalen Veränderungen dürfte der Tod des Betroffenen am ehesten durch Ertrinken eingetreten sein. Mitursächlich hierfür könnte die nachgewiesene Medikamenteneinnahme des Betroffenen gewesen sein.
Die in Organen und Körperflüssigkeiten des verstorbenen gefundenen Wirkstoffmengen des Psychopharmakons Nitrazepam (= Radedorm R) liegen – bei aller Vorsicht in der Beurteilung bei fortgeschrittener Fäulnis – deutlich im toxischen Bereich. Nach Einnahme solcher Dosen dürften in der Regel stark sedative (dämpfende) bis hypnotische Wirkungen auftreten, die ein Ertrinken fördern und beschleunigen können.«

Die Einnahme einer erhöhten Dosis Radedorm erklärt also am ehesten, weshalb der überdurchschnittlich gute Schwimmer Dean Reed ertrinken konnte: Er wollte es. Schon einmal, als ihn im Winterurlaub die Nachricht vom Tod Paton Price' erreichte, hatte er seine Frau Renate durch die Einnahme einer Überdosis Radedorm geschockt.
Radedorm – 20 Tabletten à 5 mg Nitrazepam für zwei Mark – findet sich im amtlichen Arzneimittel-Verzeichnis der DDR als rezeptpflichtiges Sedativum, Hypnotikum und – Antiepileptikum zur Anwendung bei BNS- und myoklonisch-astatischen Anfällen, speziellen Formen der Epilepsie also.

Epilepsie ist eine Anfallskrankheit mit sehr differenziertem Erscheinungsbild. Einige Formen treten besonders in der beginnenden Pubertät zum ersten Mal auf und können durch Schlafentzug provoziert werden. Immerhin erleiden etwa 5 Prozent aller Menschen in ihrem Leben einen epileptischen Anfall; 60–70 Prozent der Patienten können heute durch eine Langzeittherapie mit antikonvulsiven Medikamenten frei von Anfällen gehalten werden. Nahm Dean Reed deshalb jeden Abend eine »Schlaftablette«? Kaum einer von seinen engen Freunden und niemand in der Familie hat je davon gesprochen: Dean Reed litt seit seiner Jugend an dieser Krankheit.

15

Am 18. Juni erschien in den Zeitungen der DDR die *ADN*-Meldung über den tragischen Unfalltod Dean Reeds, die eine Flut von Gerüchten auslöste. Wie immer in dem Land, in dem es nur die Honecker-Herrmannsche Einheitspresse gab, wussten alle aus zuverlässigster Quelle ganz genau, was da passiert war, Flüstereien über Drogenmissbrauch und Partys mit minderjährigen Mädchen machten die Runde. Für die westliche Öffentlichkeit wurden die Umstände des Todes von Dean Reed dadurch kompliziert, dass Reed für Sonnabend, den 14. Juni, ein Interview mit dem englischen Journalisten Russell Miller von der *Sunday Times* vereinbart hatte. Als Miller am Freitagnachmittag in Rauchfangswerder anrief, teilte ihm Renate Blume mit, Dean läge im Krankenhaus, und Gerrit List ergänzte unter einem erfundenen Namen, Dean würde nicht vor Dienstag zu erreichen sein. Miller kehrte nach London zurück und veröffentlichte nach Deans Tod diese verdächtigen Behauptungen, die sich leicht mit der Situation erklären lassen, in der sich Renate Blume und List befanden.

Am Dienstag war es Gewissheit geworden: Dean war tot. Das Opfer eines Unfalls, wie die Polizei nun offiziell mitteilte. Oder war es in Wahrheit die Staatssicherheit? Die führte nämlich alle Verhandlungen mit der Familie. Auch mit Patty, der ersten Frau, mit der Tochter Ramona und mit Ruth Anna Brown, als die aus Hawaii anreiste, um an der Trauerfeier für ihren Sohn teilzunehmen. Dixie kam nicht. Wohl aber Will Roberts. Er und Ramona bezweifelten die ihnen mitgeteilte Unfallversion von Anfang an, aber die Männer, die sich ihnen als Offiziere der Kriminalpolizei vorgestellt hatten, beharrten hartnä-

ckig darauf. Angeblich sollen sie Ruth Anna Brown auch erklärt haben, in der DDR gäbe es keinerlei Verbrechen. Das ist unglaubwürdig: Die – sicherlich frisierte – Kriminalstatistik der DDR wies spätestens seit den frühen achtziger Jahren in den Statistischen Jahrbüchern des Landes auch die Tötungs- und Gewaltverbrechen aus.
Deans Freunde in aller Welt waren schockiert von der Todesnachricht. »Erst Dean, dann ich«, soll Oleg Smirnow in Moskau gedacht haben, und für Václav Neckár »begann ein Leben in Furcht«, nachdem ihm ein Journalist aus Leipzig die Nachricht übermittelt hatte. »Bis dass der Tod uns scheide«, hatte ihm sein Freund Dean ein Jahr zuvor in das Dean-Reed-Buch geschrieben. Jetzt dachte Neckár über die Zusammenarbeit von Stasi und tschechoslowakischem Geheimdienst nach, und über die Mädchen aus dem horizontalen Gewerbe, die Dean gekannt hatten und für den Staatssicherheitsdienst arbeiteten. Eine hieß Ophelia ...
Dennoch fuhr Václav Neckár nach Berlin, um im Krematorium Baumschulenweg an der Trauerfeier für den verlorenen Freund teilzunehmen, die zu einem letzten spektakulären Ereignis um den toten Schauspieler und Sänger wurde. Sie fand am Dienstag, dem 24. Juni 1986 statt – dem Tag des geplanten Drehbeginns für »Wounded Knee«. Die Trauerrede hielt der stellvertretende Kulturminister Horst Pehnert.
Auch die Herren von der DDR-Staatssicherheit waren in der mit pinkfarbenen Nelken geschmückten Feierhalle anwesend, und was sich hier abspielte, ging ihnen ebenso an die Nieren wie der restlichen Trauergemeinde. Ungebeten erhob sich Will Roberts und erklärte, Deans Asche sollte in den Meeren der Länder verstreut werden, die Dean liebte. Jeder solle sich erheben und noch einmal kräftig für Dean applaudieren, der den Beifall so sehr geliebt hatte. Und tatsächlich standen alle auf und klatschten ein letztes Mal für Dean, dessen Stimme aus dem Lautsprecher zu ihnen drang.
Am Morgen, an dem Deans erste Frau Patricia und seine Mutter wieder abreisten, saßen sie im Palasthotel noch einmal den höflichen Herren von der »Kriminalpolizei« gegenüber. Der Vorgesetzte von Oberstleutnant H. im MfS hatte früh um sieben Uhr noch einmal im Zentralkomitee der Partei nachgefragt, ob man den Frauen nähere Auskünfte zum Tode Dean Reeds mitteilen dürfe. Die Antwort war eindeutig: Es bleibt bei der Unfallversion. Nichts durfte den Glanz des Staatsratsvorsitzenden trüben, der sich gerade ein letztes

Mal in seinem hohen Amt hatte bestätigen lassen und nun unterwegs zum Staatsbesuch in Schweden war.
Glaubt man dem Untersuchungsführer des MfS, so ist ihm das morgendliche Gespräch mit den beiden Frauen nicht leichtgefallen. Aus seiner Sicht gab es keinerlei Gründe, den eindeutigen Selbstmord Reeds zu verschweigen und den Brief und die Abschiedsgrüße zurückzuhalten.
Die Echtheit des Briefes war inzwischen erwiesen. Der »Auswertungsbericht über umstrittene Schreibleistungen« mit der Nummer 1364/86 vom 19. Juni 1986 kommt nach Auswertung der Schriftzüge auf der Drehbuchrückseite, einer weiteren Schriftprobe und Reeds Kalender von 1985 zu folgenden Ergebnissen:

»Die umstrittenen Schreibleistungen (Blatt 1–15) sind zügig geschrieben worden, enthalten keine Fälschungsmerkmale und stammen von ein und derselben Person.

Die bei der Untersuchung der umstrittenen Schreibleistungen herausgearbeiteten Schriftmerkmale, die in ihrer Gesamtheit einen Merkmalskomplex darstellen, der zur Identifizierung eines Schreibers ausreicht, konnten in den Schriftproben im hohen Maße konstant wiedergefunden werden.

Aus diesen Untersuchungsbefunden ergibt sich nachstehende
<u>Schlußfolgerung:</u>
Die umstrittene Schreibleistungen (Blatt 1–15) stammen von
Dean R e e d ,
geb. am 22. 09. 1938«

Unterzeichnet ist dieser Auswertungsbericht vom langjährigen Sachverständigen für Handschriftenuntersuchung im Berliner Präsidium der Volkspolizei, Hauptmann der Kriminalpolizei Arno R., Gutachter in zahlreichen Strafverfahren.
Renate Blume, die von der Existenz des Briefes erst nach der Wende erfuhr und das Original vermutlich nie zu Gesicht bekam, behauptete in Peter Gehrigs Film dennoch, es handle sich um eine Fälschung. Weshalb aber sollte die Stasi mit erheblichem Aufwand eine solche Fälschung angefertigt haben? Um sie anschließend ängstlich geheim zu halten und in den Akten (und nicht einmal in den eigenen!) zu vergraben? Wozu überhaupt eine die Suizid-Absicht eindeutig belegende Fälschung, wenn bereits vor der Auffindung der Leiche die offizielle Unfallversion feststand?
Sieht man davon ab, dass der Schriftsachverständige zum vorsätzli-

chen Fälscher erklärt würde, bleibt die Frage offen, wer dem Briefschreiber die Details der ehelichen Auseinandersetzung am Abend des 12. Juni 1986 mitgeteilt haben könnte, und weshalb der Sohn Sascha in dem Brief ausdrücklich als Zeuge dieser Auseinandersetzung erwähnt wird. Der Adressat des Briefes, Eberhard Fensch, hält das Schreiben jedenfalls – ebenso wie andere Freunde Reeds – für echt; ein in Inhalt, Ausdruck und Schrift überzeugendes letztes Zeugnis des toten Sängers.

Für die Genossen von der Abteilung IX/7 im MfS hatte die Affäre Reed ein Nachspiel. Im Spätsommer des gleichen Jahres 1986 verschwand Prof. Hans Koch spurlos, Mitglied des Zentralkomitees der SED und Direktor des Instituts für marxistisch-leninistische Kunst- und Kulturwissenschaft an der Akademie für Gesellschaftswissenschaften beim ZK der SED. Auch er hatte einen Abschiedsbrief hinterlassen. Als man seine Leiche nach monatelanger Suche endlich fand (und nur anhand der Autoschlüssel zu identifizieren vermochte), setzten sich die Genossen vom MfS zum ersten Mal durch: Der offizielle Nachruf enthielt die Information, Koch habe »im Zustand von Depressionen Selbstmord begangen«.

16

Der Rest ist rasch erzählt. Alle Filmverträge für »Wounded Knee« wurden am Tag der Trauerfeier für Dean Reed sang- und klanglos annulliert. In Moskau war man sicherlich froh darüber, keine ausländische Filmcrew auf der Krim bewachen zu müssen. Der Super-GAU von Tschernobyl lag gerade acht Wochen zurück – und Tschernobyl ist nur achthundert Kilometer von der Krim entfernt.

Dean Reed geriet schnell in Vergessenheit. Niemand fragte mehr nach seinen Platten und Filmen in jenen letzten drei Jahren der DDR, die auf seinen Tod folgten. Eine Weile noch schossen die Spekulationen über seinen Tod ins Kraut, dann schien auch das niemanden mehr zu interessieren. Einzig im fernen Amerika rätselten Deans Mutter, seine Tochter, Will Roberts und Dixie weiter über den seltsamen Unfalltod durch Ertrinken. Deans Mutter, die bis zu ihrem Tod im Jahr 2000 wieder in Colorado lebte, verstieg sich zu immer kühneren Mordtheorien. 1991 ließ sie die Urne mit Deans Asche nach Denver überführen. Will Roberts plante einen aufwendigen Film über Deans Leben, verkaufte die Rechte daran jedoch schon

Ende 1987 an den Produzenten Ed Pressman. Dixie sandte angeblich zwei Privatdetektive nach Ostberlin, die 37 000 Dollar von ihr kassierten. Im Sommer 1987 erhob Deans Tochter Ramona Klage gegen die Regierung der DDR und forderte 2,5 Millionen Dollar Schadenersatz. Das Federal Judge in Los Angeles wies die Klage ab. In der DDR wusste niemand etwas von den Privatdetektiven und von Ramona Reeds Klage.

Schließlich verschwand Dixie. Johnny Rosenburger, der annahm, amerikanische Neonazis hätten Dean getötet, erblickte ihr Bild auf einem Fahndungsplakat in seinem heimatlichen Postamt. Sie hatte sich einer polizeilichen Vorladung durch Flucht entzogen. Als sie Reggie Nadelson von einem unbekannten Ort aus anrief, erging sie sich in geheimnisvollen Andeutungen darüber, dass Dean noch am Leben sei.

Abgesehen von sporadisch aufflackernden Pressemeldungen und gelegentlichen Interviews mit Renate Blume schien nach 1995 auch in der ehemaligen DDR niemand mehr sonderlich interessiert an Dean Reed. Peter Schrenks Kriminalroman »Sangers Fluch« blieb weitgehend unbeachtet. In Kiel und Berlin fanden sich Dean-Reed-Fans, die eine Website im Internet gestalten, in der Memoiren-Literatur ehemaliger DDR-Größen finden sich Kapitel über Reed. In der University of Massachussetts Press veröffentlichte Victor Grossman 2003 »Crossing the River: A Memoir of the American Left, the Cold War and the Life in East Germany«, in dem er seine Zusammenarbeit und Freundschaft mit Reed ausführlich würdigt.

Seit Dezember 2001 schließlich rissen die Meldungen über Tom Hanks Filmprojekt »Red Elvis« für Steven Spielbergs Dreamworks-Studio nicht mehr ab. Nachdem sich Hanks im Januar 2003 unter starker Anteilnahme der Presse mit Egon Krenz und weitaus weniger beachtet auch mit Günter Reisch und Victor Grossman getroffen hatte, zweifelte niemand mehr an der Ernsthaftigkeit des Projekts, bei dem Hanks zum ersten Mal Regie führen wollte. 2004 meldeten die Blätter Renate Blumes und Alexander Reeds Vertragsabschlüsse mit »Dreamworks«. Bei seinem Berlin-Besuch im September 2004 äußerte sich Hanks allerdings ausweichend zum Stand der Vorarbeiten, und auch die ins Kraut schießenden Spekulationen über den vermeintlich unmittelbar bevorstehenden Beginn der Dreharbeiten zum Jahreswechsel 2007/08 in Babelsberg erwiesen sich als Luftnummer. Renate Blume selbst äußerte sich seit 2005 nur noch vorsichtig, verschreckt vermutlich auch durch die gezielte Indiskretion, mit der *Bild* am 20. Juli 2004 das alljährliche Sommerloch mit einer ganzen Seite und der Sensationsmeldung gefüllt hatte:

> »Eines der größten Geheimnisse der DDR ist gelüftet. In einem Berliner Archiv tauchte jetzt der Abschiedsbrief des Show-Stars Dean Reed (†47) auf ... Das Dokument, das *Bild* als Kopie zugespielt wurde, ist eine Sensation. 18 Jahre nach Reeds Tod ist nun klar: der Sänger und Schauspieler beging Selbstmord.«

Selbst das Fernsehen und die seriöse Presse verzichteten nicht darauf, die vierzehn Jahre alte Sensation, seit 1995 in den »Besonderen Vorkommnissen« nachzulesen, erneut aufzuwärmen. Aber so ist das eben mit den alten Hüten. Manchmal scheut man sogar die Kosten für das Umdämpfen. Dem Urteil der renommierten Gerichtsmediziner Geserick, Vendura und Wirth in »Zeitzeuge Tod« ist jedenfalls nichts hinzuzufügen:

> »Was bleibt, ist der völlig unspektakuläre, tragische Tod eines Verzweifelten, dem seine außergewöhnliche Biographie in einer besonderen politischen Zeit zu erneutem, gnadenlosen und unverdienten Medieninteresse verhalf.«

Ausgewählte Literatur

Bräuer, Hans Dieter, Dean Reed erzählt aus seinem Leben, Berlin 1980; erw. u. akt. Leipzig/Dresden 1984.

Ernsting, Stefan, Der Rote Elvis. Dean Reed oder Das kuriose Leben eines US-Rockstars in der DDR, Berlin 2004.

Fensch, Eberhard, So und nur noch besser, Berlin 2003.

Fricke, Karl Wilhelm, Die DDR-Staatssicherheit, Köln 1989.

Geserick, Gunther/Vendura, Klaus/Wirth, Ingo, Endstation Tod. Gerichtsmedizin im Katastropheneinsatz, Leipzig 2003.

Dies., Zeitzeuge Tod. Spektakuläre Fälle der Berliner Gerichtsmedizin, Leipzig 2002.

Grimmer, Reinhard/Irmler, Werner/Opitz, Willi/Schwanitz, Wolfgang (Hrsg.), Die Sicherheit. Zur Abwehrarbeit des MfS, 2 Bde., Berlin 2002.

Knietzsch, Horst, Filmgeschichte in Bildern, Berlin 1984.

Lang, Jochen von, Erich Mielke. Eine deutsche Karriere, Berlin 1991.

Laszewski, Chuck, Rock'n'Roll Radical: The Life & Mysterious Death of Dean Reed, o. J.

Loest, Erich, Durch die Erde ein Riß. Ein Lebenslauf, Hamburg 1981.

Medwedjew, Roy, Das Urteil der Geschichte, 3 Bde., Berlin 1992.

Modrow, Hans/Arnold, Otfrid, Das große Haus, Berlin 1994.

Nadelson, Reggie, Comrade Rockstar. The Search for Dean Reed, London 1991.

Nitsche, Rudolf, Diplomat im besonderen Einsatz. Eine DDR-Biographie, Schkeuditz 1994.

Przybylski, Peter, Tatort Politbüro, Berlin 1991.

Riedel, Heide, Rundfunk und Fernsehen in der DDR, Köln 1977.

Schabowski, Günter, Das Politbüro, Hamburg 1991.

Schrenk, Peter, Sangers Fluch, Berlin 1998.

Simon, Günter, Tisch-Zeiten. Aus den Notizen eines Chefredakteurs 1981 bis 1989, Berlin 1990.

Ullrich, Klaus/Heinrich, Eberhard, Befehdet seit dem ersten Tag, Berlin 1981.

Wicke, Peter/Ziegenrücker, Wieland, Rock. Pop. Jazz. Folk. Handbuch der populären Musik, Leipzig 1985.

Erinnerungen sozialistischer Rundfunkpioniere, Berlin o.J.

Dank

Für ihre Anregungen, für die Mitarbeit und die Vermittlung von Quellen danke ich neben denen, die nicht genannt sein möchten:
Dr. Otfrid Arnold
Arno Bade
Sergej Bensch
Rainer Bratfisch
Hans-Dieter Bräuer
Manfred Drews
Hilda und Ralf Eßling
Eberhard Fensch
Horst Gerlach
Gabriele Gordon-Wolff
Victor Grossman
Egon Grübel †
Lothar Hornbogen
Heinz Werner Höber †
Günter Kowalke
Karl Heinz Külckens †
Gisela Kuschnierz
Ingrid Lamberz
Andreas Meinetsberger
Wolfgang Mittmann †
Heinz Niemann
Gertraude Paasche
Dr. Ingrid Pietrczynski
Karl Ryborz
Dr. Bärbel Schönefeld
Peter Schrenk
Wolfgang Schwentner †
Freimut Seidel
Wolfgang Stelter
Dr. Achim Ulrich

Archive und Institutionen

Ehem. Archiv der Militärstaatsanwaltschaft der DDR
Ehem. Archiv des Gemeinsamen Landeskriminalamtes
Ehem. Historisches Rundfunkarchiv Berlin
Polizeihistorische Sammlung Berlin
Bundesarchiv – Stiftung Archiv der Parteien und Massen-
   organisationen
Staatsanwaltschaft Neuruppin

Alle Abbildungen mit freundlicher Genehmigung der genannten
Personen und Institutionen bzw. aus dem Archiv des Autors.
Berechtigte Honoraransprüche bleiben gewahrt.

ISBN 978-3-360-00766-7

4., korrigierte Auflage
© 2011 (2006) Verlag Das Neue Berlin, Berlin

Umschlaggestaltung: Buchgut, Berlin
Druck und Bindung: CPI Moravia Books GmbH

Ein Verlagsverzeichnis schicken wir Ihnen gern:
Das Neue Berlin Verlagsgesellschaft mbH
Neue Grünstr. 18, 10179 Berlin
Tel. 01805/30 99 99
(0,14 €/Min., Mobil max. 0,42 €/Min.)

Die Bücher des Verlags Das Neue Berlin
erscheinen in der Eulenspiegel Verlagsgruppe.

www.das-neue-berlin.de